中国魏晋南北朝史学会会刊

第六卷

中国魏晋南北朝史学会 编

广西师范大学出版社
·桂林·

出版统筹：汤文辉
出 品 人：乔祥飞
责任编辑：朱时予
责任校对：杨　磊
责任技编：王增元
书籍设计：徐俊霞
　　　　　王玲芳

图书在版编目（CIP）数据

中国魏晋南北朝史学会会刊. 第六卷 / 中国魏晋南北朝史学会编. -- 桂林：广西师范大学出版社, 2025.9.
ISBN 978-7-5598-8329-2

Ⅰ. K235.07-55

中国国家版本馆 CIP 数据核字第 20258YR274 号

广西师范大学出版社出版发行

（广西桂林市五里店路 9 号　邮政编码：541004）
　网址：http://www.bbtpress.com
出版人：黄轩庄
全国新华书店经销
三河市三佳印刷装订有限公司印刷
（河北省三河市杨庄镇杨庄村　邮政编码：065200）
开本：710 mm×1 000 mm　1/16
印张：20　　　字数：285 千
2025 年 9 月第 1 版　　2025 年 9 月第 1 次印刷
定价：88.00 元

如发现印装质量问题，影响阅读，请与出版社发行部门联系调换。

本刊编委会(以姓氏笔画排列):

王　欣　　孙英刚　　张学锋　　张荣强　　尚永琪

范兆飞　　周　群　　章义和　　楼　劲　　戴卫红

魏　斌

本卷主编：章义和

本卷助理编辑：蔡田雨

目　录

第一部分　2023年度魏晋南北朝史研究综述

2023年魏晋南北朝史研究综述 / 蔡田雨　堵嘉锋　　3
西方学界中国中古史研究的破壁与省思
　　——Early Medieval China 创刊30年来研究综述 / 章泽玮　　50

第二部分　专题研究综述

20世纪以来魏晋南北朝政治思想研究综述 / 胡秋银　　79
超越胡汉对立及其可能：北齐政治史研究的述评与反思 / 樊泳泽　　115
近20年造像文字所见北朝地域社会研究综述 / 谭秋含　　138
南朝陵墓考古发现与研究综述 / 许志强　　160
魏晋北朝农牧交错带研究综述
　　——以陕北至内蒙古中部为中心 / 陈　阳　　180

第三部分　会议综述

新材料·新命题·新视野
　　——第六届吐鲁番学国际学术研讨会"出土文献"组的
　　　总结发言 / 张荣强　　195

"中古时期的河西走廊与丝路文明高峰论坛"会议综述 / 武　鑫　贾小军　200

"丝绸之路暨北朝时期固原区域文化国际学术研讨会"会议综述 / 刘　卓　206

第四部分　专论

隋及唐初的亲王与地方僧团之关系 / 孙英刚　215

马长寿先生民族史研究中的唯物史观思想

　　——以《突厥人和突厥汗国》为例 / 雷姝婧　233

第五部分　书评

历史研究就需要这样的大视野

　　——评楼劲《魏晋南北朝隋唐立法与法律体系：

　　敕例、法典与唐法系源流》/ 唐燮军　261

佐藤达郎《漢六朝時代の制度と文化・社会》评介 / 胡怡波　269

探索名号背后的政治文化

　　——评郭硕《北魏时代的名号变迁与政权转型》/ 徐慧慧　281

第六部分　学人纪念

追思黄烈先生的中国古代民族史研究

　　——"纪念黄烈先生诞辰一百周年国际学术会议"上的

　　　发言 / 楼　劲　291

"纪念王仲荦先生诞辰110周年国际学术研讨会"会议综述 / 司家民　295

"纪念万绳楠先生百年诞辰研讨会"述要 / 周　莹　305

作者研究或学习所属单位　312

【第一部分】

2023年度魏晋南北朝史研究综述

2023 年魏晋南北朝史研究综述

蔡田雨　堵嘉锋

引　言

任何学术取得发展都建立在对前人研究成果的继承和突破之上。本年度魏晋南北朝学界共有《王仲荦著作集》《黎虎文集》《万绳楠全集》三种前辈学人著作全集编辑出版，另有收录祝总斌先生成果的两部论文集《君臣之际：中国古代的政权与学术》《门阀时代：魏晋南北朝的政治与制度》出版，这些作品集中展现了几位先生治史的学术脉络及研究成果，为学界留下了宝贵的学术财富。[①]

在接续前辈学者遗风余烈之外，本年度亦有许多新的研究成果问世，从

[①] 王仲荦：《王仲荦著作集》（全13册），中华书局，2023年；黎虎：《黎虎文集》（全12卷），中国社会科学出版社，2023年；万绳楠：《万绳楠全集》（全8册），安徽师范大学出版社，2023年；祝总斌：《君臣之际：中国古代的政权与学术》，北京大学出版社，2023年；祝总斌：《门阀时代：魏晋南北朝的政治与制度》，北京大学出版社，2023年。

不同层面拓展了魏晋南北朝史研究的深度和广度,推动了学科体系的整体发展。兹设政治、军事、经济与社会、思想与文化、民族关系与中外交流、历史地理、考古文博七个门类,对这些成果加以回顾总结。

一、政治

对史料进行整理是史学工作开展的基础,作为"南朝五史"的最新成果,张金龙主持修订的《南史》[①]在吸收前人旧校的基础上新增补撰校勘记1200余条。两晋南朝起居注内容多散佚于各类史料当中,鉴于此,陈爽作《两晋南朝起居注辑存》[②],对包括《晋武帝起居注》《晋泰始起居注》在内的20余种两晋南朝起居注进行了完整的辑录和整理。鲁力《魏晋南北朝方镇年表新编·宋齐梁陈卷》[③]全面梳理了宋、齐、梁、陈四代方镇年表。

魏晋南北朝是中古政治思想和政治实践的关键形成期,楼劲《中古政治与思想文化史论》[④]一书以探究中古时期的"王朝体制"为中心,对魏晋以来的"禅让革命""制定法运动"、十六国北朝的"北族革命"、北魏天兴定历等诸多重要命题展开分析,并澄清了如"汉魏以来儒学衰落和子学萎缩"等长期以来被学界误解的诸多问题。

作为皇权政治的核心,皇位继承以及由此而衍生出的宗室问题不能被简单粗暴地视为整理"帝王家谱",而是理解魏晋南北朝时期诸多政治现象的关键所在。姜望来《皇位传承与中古政治》[⑤]一书即着眼于此,以两晋南北朝的

---

① 李延寿撰,张金龙等修订:《南史》,中华书局,2023年。
② 陈爽:《两晋南朝起居注辑存》,载武汉大学中国三至九世纪研究所编《魏晋南北朝隋唐史资料》第48辑,上海古籍出版社,2023年,第320—373页。
③ 鲁力:《魏晋南北朝方镇年表新编·宋齐梁陈卷》,上海古籍出版社,2023年。
④ 楼劲:《中古政治与思想文化史论》,上海人民出版社,2023年。
⑤ 姜望来:《皇位传承与中古政治》,中国社会科学出版社,2023年。

"皇太弟"、宗王政治、宗庙变迁等问题为切入点，系统梳理了两晋至隋唐时期皇位传承中的相关个体、家族以及影响皇位传承之民族传统、门阀政治等关键因素。廖基添《"立子杀弟"与北魏皇位继承问题》[1]讨论北魏前期诸帝对宗室近属展开普遍性的、惯例性的政治清洗（即"立子杀弟"）现象，认为这一政治惯例发轫于道武帝而终于献文帝，实质上反映出北魏前期由部族传统下的兄终弟及制转变为华夏式的嫡长子继承制的过程。冯璇《何以解王：中古时代的"王太子"与"一字王"》[2]对"王太子"这一具有特殊地位的专名加以梳理，指出在汉魏禅代之际，曹操出于代汉的目的精心设计了其与曹丕的名号，打造出超脱于诸王之上的"一字王"册命模式和可比拟皇太子的"王太子"名号。赫兆丰《孝武帝出镇皇子府佐安排对刘宋后期政治的影响》[3]指出在刘宋孝武帝时期，出镇皇子的重要府佐多与皇帝存在密切的故旧私恩关系，然而孝武帝这种高度集权的统治方式也为其身后留下权力真空的混乱埋下了伏笔。

自陈寅恪先生首发"关陇集团"一说以来，这种透过个体而聚焦其背后具有相似政治背景群体的研究方法便为治中古政治史者所广泛采用，并由此衍生出诸如地域集团、血缘集团、民族集团等一系列研究成果。冯博文《新郡置立与地域性军政集团——对东晋荆州武宁、绥安、长宁三郡的考察》[4]针对武宁、绥安、长宁三郡地望与置立过程进行梳理，指出三郡的设立皆为组织、征发蛮流武装，实际上是桓玄军政集团立帅统兵的组织手段。楼劲《〈封

---

[1] 廖基添：《"立子杀弟"与北魏皇位继承问题》，《史学月刊》2023年第12期，第5—15页。

[2] 冯璇：《何以解王：中古时代的"王太子"与"一字王"》，载武汉大学中国三至九世纪研究所编《魏晋南北朝隋唐史资料》第48辑，第197—210页。

[3] 赫兆丰：《孝武帝出镇皇子府佐安排对刘宋后期政治的影响》，《中南大学学报（社会科学版）》2023年第3期，第216—224页。

[4] 冯博文：《新郡置立与地域性军政集团——对东晋荆州武宁、绥安、长宁三郡的考察》，载武汉大学中国三至九世纪研究所编《魏晋南北朝隋唐史资料》第47辑，上海古籍出版社，2023年，第43—57页。

魔奴墓志〉释疑——"崔浩之狱"研究的又一线索》①基于墓志对"崔浩之狱"事件提出了新的补充认识:封魔奴与崔浩结有宿怨,而太武帝令其西使张掖,参与造作意义重大的石谶,一方面是为了维护拓跋焘、晃父子上继祖宗君位相承的天命基础,另一方面则是太武帝对崔浩及其亲近士人群体所发出的危险政治警告。

钱久隆《东魏北齐政权中的"西来武人"——从"督将家属多在关西"说起》②跳出传统的"胡汉冲突"研究视角,指出高欢所谓"督将家属多在关西"所针对的是兼具北镇旧人和关陇降将双重身份的一批特殊人群,他们投靠高欢,是贺拔岳之死导致关中势力联盟破裂后东、西魏国力悬殊下的政治选择,以及孝武帝之死导致的政治反噬。这批西来武人东归高欢后虽然积极向高氏统治者靠拢,但最终还是在高氏与怀朔勋贵的激烈斗争下沦为牺牲品。廖基添《文武解体:北齐衰亡史新论》③将北齐政治舞台上活跃的主要人群析分为宗室、勋贵、士大夫、文吏和恩幸五种政治身份,从军队将领与士大夫离心这一"文武解体"的视角重新审视了北齐政治史。刘雅君《吏治路线与门阀传统——南齐政治中的双重脉络及其关联》④指出吏治路线与门阀传统并存是萧道成淮阴豪强势力与建康门阀合作建国的结果,而到了永明、建武之际,双重政治脉络日趋失衡,这是造成南齐瓦解的重要原因之一。李磊《天康、光大政局与陈朝政权运行机制变迁——基于统治集团重构视角的政治分

---

① 楼劲:《〈封魔奴墓志〉释疑——"崔浩之狱"研究的又一线索》,《中国文化》2023年第3期,第324—332页。
② 钱久隆:《东魏北齐政权中的"西来武人"——从"督将家属多在关西"说起》,《历史教学(下半月刊)》2023年第3期,第44—56页。
③ 廖基添:《文武解体:北齐衰亡史新论》,《中华文史论丛》2023年第4期,第1—92页。
④ 刘雅君:《吏治路线与门阀传统——南齐政治中的双重脉络及其关联》,《苏州大学学报(哲学社会科学版)》2023年第5期,第183—192页。

析》①指出陈宣帝的政治根基薄弱，因而其夺位入篡主要依靠对前朝旧臣的分化与改造，随后又依靠毛喜、孔奂、徐陵、吴明彻等人，通过控制禁中、禁兵、吏部尚书等关键机构或职位来保障统治稳定性。

政治斗争常常促成制度的形成和变化，而又深刻地为后者所影响。制度史历来是魏晋南北朝史学界的研究重点和长项之一。张鹤泉《魏晋南北朝史论稿》《北朝封爵制度论稿》②总结了作者多年来在官制和礼制方面的研究成果，对包括两晋郊祀礼、迎气祭祀礼、北朝封爵制度在内的诸多重要问题展开讨论。黄桢《汉唐间的制度文献与制度文化》③以中古前期的官制、礼制文献为研究对象，重新清理"汉官六种"、《齐职仪》等重要的制度文献，考察制度著述从取材、撰写到传播的各个环节，兼及时人对此的阅读和再生产过程，进而观察汉唐间制度文化的变迁。

在官制研究方面，庞博《北魏前期北族官职的汉译与改写——以"下大夫"为中心》④认为北魏前期官制中的"下大夫"包含了分别来源于北方民族与中原王朝的两种官职，孝文帝亲政以前出现的下大夫即《文成帝南巡碑》中的"折纥真"，而此后的下大夫则属于华夏式官职序列的一部分，提醒学界注意今本《魏书》所呈现的北魏前期官制与原本的官制实态之间的距离。柴芃《"魏明故事"试释：魏晋时期的爵位进级》⑤对曹魏时期的"增位"、西晋五等爵的实际运行和普封爵的终止及其与"进位"的关系展开讨论。刘啸

---

① 李磊：《天康、光大政局与陈朝政权运行机制变迁——基于统治集团重构视角的政治分析》，《苏州大学学报（哲学社会科学版）》2023 年第 1 期，第 184—192 页。
② 张鹤泉：《魏晋南北朝史论稿》，长春出版社，2023 年；张鹤泉：《北朝封爵制度论稿》，长春出版社，2023 年。
③ 黄桢：《汉唐间的制度文献与制度文化》，上海古籍出版社，2023 年。
④ 庞博：《北魏前期北族官职的汉译与改写——以"下大夫"为中心》，《中国史研究》2023 年第 4 期，第 108—126 页。
⑤ 柴芃：《"魏明故事"试释：魏晋时期的爵位进级》，载复旦大学历史学系、《中国中古史研究》编委会编《中国中古史研究》第 10 卷，中西书局，2023 年，第 1—24 页。

《从职位到官位：以魏晋南北朝的中正为例》①赓续唐长孺、严耕望对中正的研究，认为在隋代废除中正前，魏晋南北朝中央朝廷所任命的中正都属职位性质，即便北齐将中正纳入比视官，也仍由中央官兼领，不具备独立地位。而北朝州郡辟除的中正虽然也是"比视官"，却属于独立的官位。赵卫齐《北魏公主汤沐邑的虚封特征》②指出北魏前期初步建立起公主封号和虚封汤沐邑结合的制度模式，孝文帝后公主汤沐邑与其身份等级之间的表达关系更加紧密，公主汤沐邑具有由洛阳京畿向外扩散、近密远疏的分布格局。

在近年的中古史研究中，皇帝侧近官员及其权力运行是一个独特的关注点。徐冲《魏晋"侍臣"与汉魏之际的内朝革新》③针对侍臣特殊群体的构成、功能及渊源展开研究，认为侍臣具有"亲尊合一"的特殊地位，其滥觞自汉献帝即位至出关中东归的六年间士人精英推动的内朝革新，随后由许都汉廷和曹氏魏国分别以侍中尚书和散骑之制巩固和发展了这一制度革新成果，并为魏晋王权所继承。胡鸿《尚书侍郎复置与梁代政治文化》④从制度设计和政治文化背景两方面分析梁天监三年（504）复置尚书侍郎一事，指出梁武帝将提升尚书侍郎的官阶和清望度作为一种对尚书郎中的激励手段，并强调尚书侍郎的"侍"字反映出中古官制史中侍臣范围的扩大。李磊《近侍政治与陈朝晚期政局》⑤关注陈后主陈叔宝身边的近侍群体，认为太建年间的东宫近侍群体在至德二年（584）更替为"狎客"及"便佞亲幸"，而至德、祯明之

---

① 刘啸：《从职位到官位：以魏晋南北朝的中正为例》，《文史哲》2023年第5期，第106—121、167页。
② 赵卫齐：《北魏公主汤沐邑的虚封特征》，载武汉大学中国三至九世纪研究所编《魏晋南北朝隋唐史资料》第48辑，第229—248页。
③ 徐冲：《魏晋"侍臣"与汉魏之际的内朝革新》，《北京大学学报（哲学社会科学版）》2023年第4期，第59—69页。
④ 胡鸿：《尚书侍郎复置与梁代政治文化》，载北京大学历史学系主办《北大史学》第25辑，社会科学文献出版社，2023年，第127—156页。
⑤ 李磊：《近侍政治与陈朝晚期政局》，《社会科学》2023年第9期，第35—44页。

际陈朝政治由士大夫政治转向凸显皇权专制的佞幸政治,是导致其灭亡的重要内因。何良五《修订本〈梁书〉勘误一则》①一文针对中华书局修订本《梁书·刘孺传》中所记载的"(刘孺弟)起家著作郎"提出异议,认为此处"著作郎"当为"著作佐郎"之误。

在礼制研究方面,礼制文书是本年度研究的热点话题。聂溦萌《礼的运作:魏晋南北朝的仪注文书与礼典编纂》②聚焦于"仪注文书"这一类礼仪事务处理文书,指出与仪注相关的机构主要是尚书和太常,两晋刘宋时期历次施行的仪注文书构成存档和查阅、援引的基本单位,齐梁朝廷在档案整理的基础上进一步修成《五礼仪注》,成为国家的正式礼典。吴凌杰《走向五礼:汉唐之际正史"礼"类典志的变迁与意义》③认为魏晋时期正史"礼"类典志的体例,受马班、汉制的影响较深,尚未被当时"礼"类典志所采纳,而礼典以其自身的专门性,对五礼制度的吸收要早于同时期的正史"礼"类典志。

赵永磊《晋成帝时期皇帝礼仪变异》④指出晋成帝与王导之间的"殊礼",实际上是将东汉至西晋时期君臣"殊礼"推向极致,变异的政治仪式体现并调节着错位的君臣关系。杨英《统孝于忠:西晋〈新礼〉对汉魏丧服及相关"故事"的调整》⑤指出西晋《新礼》调整了汉魏以来的丧服服叙制度,一方面确立了跟晋代五等爵制和官制相匹配的服丧原则和具体细节,使汉魏以来随意性较大的丧服服叙制度归拢到君统的原则之下;另一方面确定"弟子为师"

---

① 何良五:《修订本〈梁书〉勘误一则》,《中国史研究》2023 年第 4 期,第 203 页。
② 聂溦萌:《礼的运作:魏晋南北朝的仪注文书与礼典编纂》,《北京大学学报(哲学社会科学版)》2023 年第 4 期,第 70—81 页。
③ 吴凌杰:《走向五礼:汉唐之际正史"礼"类典志的变迁与意义》,《史学理论研究》2023 年第 3 期,第 52—62、158 页。
④ 赵永磊:《晋成帝时期皇帝礼仪变异》,载高翔主编《中国历史研究院集刊》2023 年第 2 辑(总第 8 辑),社会科学文献出版社,2024 年,第 44—75 页。
⑤ 杨英:《统孝于忠:西晋〈新礼〉对汉魏丧服及相关"故事"的调整》,《社会科学战线》2023 年第 4 期,第 103—118 页。

及"寄公为所寓"之服，使私人关系不能干扰官僚等级制度。牛敬飞《北魏庙制问题再探》[1]在辨析曹魏景初郊庙制度与郑学关系的基础上重新解读北魏初年郊庙之祀，指出北魏一朝的宗庙系统自始至终深受汉法汉制影响，其中鲜卑旧俗甚少，而迁洛之后孝文帝以太祖道武帝配祀圆丘，实现了郊庙共主，既打破了郑学禘祀之配不入庙说，也是实践郑学郊丘分立理念后的新发展。严耀中《萧梁"母子同陵""长子位"及相关风波》[2]一文分析了昭明太子萧统在丁贵嫔陵寝墓侧所谓"长子位"行蜡祭所引发的政治风波，进而指出萧衍、萧统父子在礼制及治学要点上存在重大认识分歧。

在法制史方面，周东平主编的《〈魏书·刑罚志〉译注》[3]以中华书局2017年修订本《魏书·刑罚志》为底本，对《魏书·刑罚志》中所涉及的重要法律概念进行梳理和分析，并附有典型案例分析。高然《成汉法制史考论》[4]通过梳理成汉法制的基本面貌，认为成汉国家法制在整体上表现出了简单化、随意性的特征。

政治文化与政治斗争、政权更迭、制度兴废等存在互动关系，当中既包含对基本政治伦理的构建及解释，也包含对社会政治心态和政治氛围的塑造。由陈侃理主编的《变动的传统：中国古代政治文化史新论》[5]围绕"祭祀""历法""灾异""佛教""华夷""正史""典志""谱学"八个主题展开，重新观察、论述与中国古代政治相关的种种惯习、心态及其变迁，力求从多角度解析和重塑中古时期的政治文化史。

---

[1] 牛敬飞：《北魏庙制问题再探》，《历史研究》2023年第5期，第166—182、223—224页。
[2] 严耀中：《萧梁"母子同陵""长子位"及相关风波》，载武汉大学中国三至九世纪研究所编《魏晋南北朝隋唐史资料》第47辑，第58—71页。
[3] 周东平主编：《〈魏书·刑罚志〉译注》，人民出版社，2023年。
[4] 高然：《成汉法制考论》，《法律史评论》2023年第2期，第175—187页。
[5] 陈侃理主编：《变动的传统：中国古代政治文化史新论》，上海古籍出版社，2023年。

档案文书是朝廷实现对地方进行有效治理的重要参考，章义和、韩旭在《略论长安献帝朝廷的地方控制》①中指出，东汉末年王允携去的兰台、石室图书秘纬帮助长安的献帝中央掌握一些地方信息，具备了管理地方的依据。作为一种对虚拟空间的形式分配，汉末三国时期的"遥领"制度反映出不同势力对组建以自身为中心的"天下"和"正统"秩序的追求。胡世明《汉末三国时期魏蜀吴三方遥领诸问题新探》②认为三国多将遥领地域设置在敌对一方的疆域或势力范围之内，是为了通过这种具有职官和地理双重属性的虚拟政治空间，建立以自身为中心的政治秩序。李彦楠《三国时期的遥领与正统观念》③的关注点则集中在魏、蜀、吴遥领的时空特征与背后正统观念的差异，指出魏遥领时间存续短暂，空间分布范围有限，这与降将密切相关；蜀前期遥领时间存续长，空间分布集中于邻近地区，这与招怀边民密切相关；蜀后期和吴遥领时间存续长，空间分布不限于邻近地区，但吴遥领依然处于实际控制区辐射下，这与交分天下盟约密切相关。

曹魏根据《禹贡》对州郡进行调整的出发点也与"遥领"制度类似，王东洋《"依古典定九州"：汉魏之际的州郡调整与大一统思想的历史传承》④指出曹操的这一举措，一方面是出于扩大直辖地盘、压缩孙权势力范围、制造孙刘政治矛盾的现实政治考量；另一方面则宣示天下大定，传承《禹贡》九州体系中所蕴含的大一统思想。

政治传统不是僵化的"故事"合集，而自有其独特的生成语境和背景。

---

① 章义和、韩旭：《略论长安献帝朝廷的地方控制》，《河北师范大学学报（哲学社会科学版）》2023年第2期，第129—136页。
② 胡世明：《汉末三国时期魏蜀吴三方遥领诸问题新探》，载武汉大学中国三至九世纪研究所编《魏晋南北朝隋唐史资料》第47辑，第1—17页。
③ 李彦楠：《三国时期的遥领与正统观念》，《文史》2023年第3辑，第279—288页。
④ 王东洋：《"依古典定九州"：汉魏之际的州郡调整与大一统思想的历史传承》，《史林》2023年第2期，第86—93页。

胡祥琴《"汉魏故事"与曹魏政权合法性的构建》①通过对曹丕以禅让取代东汉这一历史事件的分析，指出先秦以来政治文化中的"尊贤"与"亲亲"这对看似矛盾的政治理论在此被加以整合，成为曹魏构建政权合法性的理论资源。单敏捷《孙吴权臣执政与"政治性格"》②提出"政治性格"说，即执政者的特点不因时间推移、个别政治人物或政治集团的主观意愿而改变，具有很强的韧性，进而指出孙吴形成了难以接受执政者太过强势的鲜明特点。针对东晋开国史叙述中常采用的"中兴"语境，李浩搏《〈世说敬胤注〉所见东晋建国佚史考》③提出了不同意见，指出晋元帝在建国之初曾试图谋划一条有别于"中兴"与"割据"，以"建小晋于大晋之中"为旨要的"创革"路线。李磊《陈朝的文化认同与江左王朝的政治存续》④指出陈朝的士族文化认同使得其政权性质趋同于晋宋齐梁，延续了江左王朝的政治传统。

谣言、谶纬和祥瑞在中古时期的政治伦理塑造中扮演着重要角色。郑云霄《"牛继马后"谣谶的造作生成》⑤认为"牛继马后"这一谣谶系桓玄及其幕僚出于篡夺晋室的需要造作而成，其将"牛继马后"谣谶羼入所谓辽东本《晋阳秋》之中，以此增强可靠性，进而动摇东晋政权之合法性，在这一过程中，《玄石图》被视作一种重要的谶纬资源加以重新改造和解释。王永平《符

---

① 胡祥琴：《"汉魏故事"与曹魏政权合法性的构建》，《史学集刊》2023 年第 5 期，第 86—94 页。

② 单敏捷：《孙吴权臣执政与"政治性格"》，《史学月刊》2023 年第 8 期，第 5—15 页。

③ 李浩搏：《〈世说敬胤注〉所见东晋建国佚史考》，《史学史研究》2023 年第 4 期，第 13—24 页。

④ 李磊：《陈朝的文化认同与江左王朝的政治存续》，《华东师范大学学报（哲学社会科学版）》2023 年第 5 期，第 25—34 页。

⑤ 郑云霄：《"牛继马后"谣谶的造作生成》，《南京晓庄学院学报》2023 年第 2 期，第 34—43、123 页。

瑞神异与梁陈鼎革：以陈霸先为中心的考察》①注意到陈霸先发迹过程中大量的符瑞神异事迹，认为有关其出生之相关传说乃至军政活动诸关键时节的种种神异现象，无不是陈霸先授意并由其亲信僚属精心策划而成，而此举一方面旨在塑造其政权合法性，另一方面则意图假借神异以缘饰其社会身份。

中古时期，托称刘、李、张氏的起兵举事代代而起，针对这一现象，冯渝杰、姜密《神圣姓氏与中古权力竞逐——以刘、李、张氏为中心》②指出，刘、李、张氏这些姓氏因为与道教和汉家政治间的关联而被时人赋予神圣色彩，起兵者们通过建立以神圣姓氏为枢纽的虚拟关系网络，进而获得了对抗实际权力控制的重要力量。

二、军事

军政制度的核心是武官制度和兵制。张鹤泉《魏晋南北朝将军制与都督制论稿》③主要研究魏晋南北朝时期的将军制与都督制，考察了军号将军与州刺史、都督诸州军事、征讨都督的关系，同时还对征讨都督这一官职的发展脉络和功能进行了深入剖析。郑昊《从都督到大总管：南北朝后期荆襄地区军政格局的嬗变》④认为从北魏末到北周初，荆襄地区的军政格局在军政区划和军政制度上都发生了变化，随着荆州都督区的不断扩大，总管制最终取代了此地原先的都督制，成为荆襄地区的最高军政长官。

---

① 王永平：《符瑞神异与梁陈鼎革：以陈霸先为中心的考察》，《南京晓庄学院学报》2023年第2期，第23—33页。
② 冯渝杰、姜密：《神圣姓氏与中古权力竞逐——以刘、李、张氏为中心》，《复旦学报（社会科学版）》2023年第6期，第20—30页。
③ 张鹤泉：《魏晋南北朝将军制与都督制论稿》，长春出版社，2023年。
④ 郑昊：《从都督到大总管：南北朝后期荆襄地区军政格局的嬗变》，《军事历史》2023年第5期，第24—30页。

吴晓丰《北朝至唐初的库真与宫府宿卫》[1]针对库真这一宿卫武职在北朝至唐初的历史变迁展开研究，指出随着宿卫制度的演进，库真这一带有原始游牧主家务组织色彩的职务虽进行了体系调整，但最终仍难以融入服务于朝廷的官僚体制，反映出北方民族与中原王朝两种不同行政系统间的碰撞与冲突。张钊《再论吴明彻彭城丧师及其前因后果》[2]从陈朝兵制入手，对吴明彻彭城丧师一事加以梳理，指出南朝中央政府的动员能力低下，并在此基础上对唐长孺所提出的"兵制南朝化"命题进行了再思考。

正所谓"兵马未动，粮草先行"，在军事行动当中，军粮保障供给是个重要的问题，但相关研究还较为稀少，张鹤泉《北魏国家保障军粮供给问题的考察》[3]针对北魏国家在军粮征集、储藏管理、转运的全过程展开研究，指出北魏国家征集军粮主要依赖田租，但也以屯田和和籴加以补充，而转运军粮的人力在太武帝以后则由归顺北魏的少数民族部落民变为服徭役的编户民。

在军事地理方面，宋杰《晋阳与北朝后期的东西战争》[4]针对晋阳在北朝后期东西战争及其攻防策略中产生的作用展开研究，梳理了高欢以晋阳为军政中心的战略布局、东魏与西魏数次交锋的得失与北周东征晋阳的历程。

李浩搏《〈陈书·高祖纪上〉所见侯安都"定南中诸郡"事释证与推论——以军事地理为中心的考察》[5]从南中地区在军事上的战略地位出发，指

---

[1] 吴晓丰：《北朝至唐初的库真与宫府宿卫》，《中国史研究》2023年第4期，第127—147页。

[2] 张钊：《再论吴明彻彭城丧师及其前因后果》，载武汉大学中国三至九世纪研究所编《魏晋南北朝隋唐史资料》第48辑，第273—294页。

[3] 张鹤泉：《北魏国家保障军粮供给问题的考察》，《地域文化研究》2023年第1期，第63—75页。

[4] 宋杰：《晋阳与北朝后期的东西战争》，《军事历史研究》2023年第1期，第1—15页。

[5] 李浩搏：《〈陈书·高祖纪上〉所见侯安都"定南中诸郡"事释证与推论——以军事地理为中心的考察》，《中国历史地理论丛》2023年第1期，第151—158页。

出绍泰二年（556）七月侯安都"定南中诸郡"一事使陈朝与周迪等南中酋豪建立了密切的合作关系，从此南中政局变得相对稳固，有利于陈朝平定内乱、拓展疆域。谢振华《北魏设立广州及其防御格局的转换》[1]则针对北魏置广州及迁治的过程展开研究，指出在元颢入洛后，广州的防御格局随皇权与相权的对抗而转移，其防御格局的转换与中国政治格局从"南北"转向"东西"同步，隐含着内陆边疆的变迁史。

三、经济与社会

张金龙《北魏社会经济制度研究》[2]以孝文帝时代实行的均田制、三长制、新税制等几项重要社会经济制度为中心，阐释其设立和演变的原因，探究相关制度的内涵、因革及其相互关系，力图反映出北魏社会经济制度变迁的全貌。

田制问题是研究农业社会经济问题的基础，针对北魏均田令中的桑田是否必须用于植桑及其所有制属性问题，王勇《再论北魏均田令中的桑田——基于农学视角的考察》[3]主张北魏均田令中的桑田是指桑粮间作的农田，而北魏之所以将桑田定为世业，主要是因为植桑给农田带来的附加价值，同时也有限制大土地所有制的意图。在《孙吴田亩类型与性质新证》[4]一文中，凌文超指出孙吴租、税、限田皆分为"常限"与"余力"两部分。"常限"的本质为限亩，而"余力"田则是在"常限"（限亩）之外，吏民行有余力而耕种的

---

[1] 谢振华：《北魏设立广州及其防御格局的转换》，《中国历史地理论丛》2023年第2期，第76—84页。

[2] 张金龙：《北魏社会经济制度研究》，中华书局，2023年。

[3] 王勇：《再论北魏均田令中的桑田——基于农学视角的考察》，《史学集刊》2023年第2期，第97—107页。

[4] 凌文超：《孙吴田亩类型与性质新证》，载武汉大学中国三至九世纪研究所编《魏晋南北朝隋唐史资料》第47辑，第18—42页。

田地。针对"余力田"这一概念，李浩搏《吴简〈嘉禾吏民田家莂〉"余力田"新释》①持有不同见解，他认为"余力"当释为编户化的以蛮人为代表的流民，"余力田"是授予这一群体的优惠田种，并且在嘉禾五年（236）《田家莂》中，"余力田"并不存在旱田。

在税制方面，凌文超《孙吴州吏田租考辨》②通过分析走马楼吴简中关于州吏田租的相关记载，认为吴嘉禾年间州吏享有优惠的租田（复田）限40亩，田租执行统一的标准，并且当时并不存在州吏田租米亩收额多样性、州吏田租与郡县吏趋同的情形。张荣强《郴州晋简与中古时期财政年度变革》③则根据郴州苏仙桥晋惠帝时期木简，判断汉代江南地区基于稻作生产采用的田租预算方式和孙吴因此创设的"岁终为断"的财政年度，共同构成了西晋统一后全国财政预算体制的制度基础，从财政史角度呼应了"唐代南朝（江南）化"的研究命题。

无论是田制还是税制，都离不开对户籍制度的高度依赖，国家通过编订户籍赋予个体以社会身份，进而加以管理。张荣强《从户版到纸籍：战国至唐代户籍制度考论》④即着眼于户籍制度变迁，从造籍日期与官方年龄、出土简牍考释与研究、课役与身份、简纸更替与制度演进四个方面对战国至唐代户籍制度的形成与发展进行分析，其中关于简纸更替的部分为学界讨论中古时期国家行政制度和社会控制方式变化提供了全新视角。苏俊林《身份与秩序：走马楼吴简中的孙吴基层社会》⑤以走马楼吴简为中心，重点关注孙吴的

---

① 李浩搏：《吴简〈嘉禾吏民田家莂〉"余力田"新释》，《中国社会经济史研究》2023年第1期，第13—22页。

② 凌文超：《孙吴州吏田租考辨》，《中国农史》2023年第1期，第72—83页。

③ 张荣强：《郴州晋简与中古时期财政年度变革》，《社会科学》2023年第4期，第52—59页。

④ 张荣强：《从户版到纸籍：战国至唐代户籍制度考论》，科学出版社，2023年。

⑤ 苏俊林：《身份与秩序：走马楼吴简中的孙吴基层社会》，广西师范大学出版社，2023年。

身份等级秩序及其演变过程，对包括孙吴家庭结构、士伍与公乘、姓氏使用、吏民身份序列在内的诸多问题展开讨论。

张荣强在《长沙吴简中"右某家口食"类户籍簿的性质》①中主张与承担赋役功能的"凡口若干"类户籍簿相比，"右某家口食"著录全部人口的基本信息，更具有基础台账的性质。连先用《吴简所见"嘉禾五年都乡春平里㮃簿"集成——再论吴初临湘侯国的里制与户籍整顿》②指出吴初临湘侯国的户籍整顿存在一个过程，"新占民"最重要的来源是本郡，甚至本乡的非户籍人口，而吴简所见"黄簿民"与"新占民"分张以及各里规模整齐划一为50户上下的格局则形成于嘉禾四年底（235）。韩树峰、郭慧琼《汉晋户籍文书的判断标准》③对学界以往多以记载户口信息及著录"某年籍"作为认定汉晋户籍依据的观点提出异议，认为应当将标注户主作为判断户籍的标准之一，并基于此指出孙吴《吏民人名年纪口食簿》、晋《楼兰户口簿稿》、前秦《建元籍》、西凉《建初籍》等文书均非户籍，其中《吏民人名年纪口食簿》系孙吴政府为征发徭役而制作的册书。

在社会史研究中，黎虎先生遗稿《南北朝时期的地主》④提纲挈领地提出应将南北朝时期的地主分为"皇权地主"和"吏民地主"两类加以讨论，前者是政治性地主，后者是经济性地主，而包含"皇权地主"与"吏民"矛盾在内的皇权与"吏民"的矛盾，依然是南北朝时期社会的主要矛盾。

区域社会史为观察魏晋南北朝时期的社会生活提供了独特的视角。段彬

---

① 张荣强：《长沙吴简中"右某家口食"类户籍簿的性质》，《北京师范大学学报（社会科学版）》2023年第2期，第81—89页。
② 连先用：《吴简所见"嘉禾五年都乡春平里㮃簿"集成——再论吴初临湘侯国的里制与户籍整顿》，《文史》2023年第1辑，第57—84页。
③ 韩树峰、郭慧琼：《汉晋户籍文书的判断标准》，《中国史研究》2023年第4期，第89—107页。
④ 黎虎：《南北朝时期的地主》，《文史哲》2023年第6期，第5—27页。

《高欢侍佛图与北朝晚期的肆州地域社会》①对北魏末期至北齐时代"俗杂华夷"的肆州社会展开研究,认为肆州当地乡豪有别于中原士族,主要依附于尔朱氏、高氏而以军功宦迹起家,因此其造像活动的兴衰也与当时的国家政治局势息息相关,进而指出在一些特定的地域社会研究中仍需重视来自国家权力的塑造。谢振华《淮荒扰动与南北对立之际的郁洲——以新出〈北魏尹平墓志〉为中心》②聚焦于6世纪滨海地域社会,从墓志出发,重新审视天监十二年(513)郁洲刺史张稷被杀一案,认为张稷之死属梁魏朐山之战余波,暴露出了郁洲岛上尖锐的土客矛盾。林子微《六朝荆襄边缘地带的"沮中"》③以鄂西沮水流域的"沮中"地带为研究对象,指出沮中由于群山环抱、人口分散而成为主要交通网的空隙,而高昂的军政统治成本又限制了南北政权对此地的严密管理,从而使得沮中成为吸纳边缘人群和宗教信徒到此生活、修行的沃土。占磊《南朝"东境"的自然灾害与麦作》④认为包括吴、吴兴、义兴和南徐州部分地区及以会稽为首的浙东诸郡是建康和缘淮地区之粮仓,为了应对频繁的自然灾害,南朝政府在"东境"等地长期推广麦作,使这一地区成为南方最稳定且核心的麦作区。

鲁西奇《中古早期江南的农民——以郭世道父子为中心》⑤以《宋书·孝义传》中所记载的郭世道、郭原平父子为研究切入点,指出中古早期江南地区

---

① 段彬:《高欢侍佛图与北朝晚期的肆州地域社会》,载复旦大学历史学系、《中国中古史研究》编委会编《中国中古史研究》第10卷,第51—102页。

② 谢振华:《淮荒扰动与南北对立之际的郁洲——以新出〈北魏尹平墓志〉为中心》,《安徽大学学报(哲学社会科学版)》2023年第4期,第61—68页。

③ 林子微:《六朝荆襄边缘地带的"沮中"》,《中华文史论丛》2023年第4期,第93—132、408页。

④ 占磊:《南朝"东境"的自然灾害与麦作》,《中国农史》2023年第4期,第72—81页。

⑤ 鲁西奇:《中古早期江南的农民——以郭世道父子为中心》,《江海学刊》2023年第5期,第201—215页。

农民生活的世界，可以区分为作为生产生活单位的家庭、作为互助单位的村里、作为市场网络的区域经济体系，以及作为控制与管理体制的郡县乡里体系四个层次。谢振华《六朝时期的南海商人及其贸易网络》①认为"南海商人"这一地域身份标签是南海贸易整合不同地域、身份人群的结果，而这些海商独特的经营策略是通过与传法高僧结成共生关系，依托高僧规避官府盘剥及获取商机。

家族、家庭与婚姻是本年度社会史研究中的热点话题。陈鹏《"戎秩"与"虏姓"：西魏-北周的"官族"认定和谱录撰述》②认为西魏-北周根据"戎秩"等级认定官族，建立了以"虏姓"为外在姓氏的军功贵族体制，一方面推动列入官族者的家族史重塑，另一方面则冲击了传统门阀制度。《世传谱学：中古谱学世家及其家学特点》③则指出中古谱学世家以东晋南朝平阳贾氏、琅邪王氏和唐代河东柳氏三家为代表，贾氏累世传学，是最典型的谱学世家；王氏谱学侧重于为现实政治服务；柳氏谱学则实为其家传史学的组成部分。邹芳望《"层累造成"的高欢家族世系——以高氏家族墓志所见"饰官"与"改名"为中心》④认为高欢一族与渤海高氏结为同宗是一种基于家族利益而产生的"通谱联宗"行为，从北魏末到北齐，高欢家族对其先世谱系信息的各个方面不断进行修饰和完善，最终定格在魏收《魏书》中。

范兆飞《安知同穴者——从傅永故事看北朝女性的合葬与权力》⑤针对北

---

① 谢振华：《六朝时期的南海商人及其贸易网络》，《山东社会科学》2023 年第 11 期，第 163—170 页。
② 陈鹏：《"戎秩"与"虏姓"：西魏-北周的"官族"认定和谱录撰述》，载北京大学历史学系主办《北大史学》第 25 辑，第 217—248 页。
③ 陈鹏：《世传谱学：中古谱学世家及其家学特点》，《史学史研究》2023 年第 1 期，第 1—11 页。
④ 邹芳望：《"层累造成"的高欢家族世系——以高氏家族墓志所见"饰官"与"改名"为中心》，《敦煌学辑刊》2023 年第 2 期，第 193—204 页。
⑤ 范兆飞：《安知同穴者——从傅永故事看北朝女性的合葬与权力》，《中华文史论丛》2023 年第 1 期，第 51—90、401—402 页。

魏傅永丧葬故事展开研究，指出在北朝的多妻家庭中，并无严格规定前妻为尊的原则，而以胡太后为代表的国家权力介入傅永葬地归属的裁决，则体现出女主政治的色彩。陆路《北朝元氏家族与汉族士族婚姻考》[①]结合出土文献与传世文献全面梳理了北朝时期元氏家族与汉族士族的婚姻关系，为元氏及相关家族、北朝政治社会等研究提供了相关学术资料和研究视角。刘军《北魏前太和时代宗室婚姻与民族融合》[②]梳理了前太和时代拓跋宗室的婚媾网络，指出早期宗室的择偶标准重视政治性的集团归属和体制内的阀阅世资，不重视族属成分，客观上促进了民族融合。

四、思想与文化

玄学是魏晋六朝时期特有的一种文化现象。严耀中《从天人合一到性情自然——汉魏六朝儒学发展的一条主线》[③]从人在天人关系中的地位出发，指出魏晋六朝玄学中所主张的"性情自然"是在汉代儒学"天人合一说"的基础上阐发而成，体现了魏晋六朝玄学之儒学属性。李磊《名教的证成：袁宏与东晋玄学经史观》[④]认为与曹魏西晋玄学家将名教与自然作为相对的范畴、通过注疏集解和论赋铭赞来展开讨论不同，以袁宏为代表的东晋玄学家的思想特点是将名教与自然视作证成的对象，他们通过史论这一载体，在玄学的

---

① 陆路：《北朝元氏家族与汉族士族婚姻考》，《陕西师范大学学报（哲学社会科学版）》2023年第4期，第148—166页。
② 刘军：《北魏前太和时代宗室婚姻与民族融合》，《中央民族大学学报（哲学社会科学版）》2023年第3期，第81—91页。
③ 严耀中：《从天人合一到性情自然——汉魏六朝儒学发展的一条主线》，《中华文史论丛》2023年第1期，第1—23、400页。
④ 李磊：《名教的证成：袁宏与东晋玄学经史观》，《中山大学学报（社会科学版）》2023年第6期，第10—19页。

理路中探讨名教治道问题。

在玄学勃兴的同时，魏晋南北朝也是中国早期史书编纂、传播的重要时段。张宗品《〈史记〉的写本时代：公元十世纪前〈史记〉的传写与阅读》[1]关注汉唐之间《史记》的传写、阅读史，指出公元前1世纪到公元10世纪正是《史记》在问世后受到删削、续补和注解的关键时期。吴圣武《〈文心雕龙·史传〉与〈世说新语注〉缺载范晔〈后汉书〉原因蠡测》[2]认为二书缺载范著《后汉书》的原因不是由于范晔谋逆，而是与该时期范书本身存在一些缺陷，相较于早期诸家后汉书并不出众有关。李大师提出"将拟《吴越春秋》，以备南北"的修史设想，而经由其子李延寿完成，靳宝《备南北：〈吴越春秋〉与〈南史〉〈北史〉编纂》[3]立足于这一设想，阐释了《吴越春秋》与《南史》《北史》在体裁、体例以及撰述思想间的多重关联。陈铮《〈历代名画记〉引〈梁书〉考》[4]做出详细考辨，认为《历代名画记》中所征引的内容与姚思廉《梁书》有较大差异，当归于更早的谢吴之书。伏煦《傅玄〈魏书〉底本与"三史故事"考论》[5]指出西晋学者傅玄所著《傅子》不仅仅是一部纯粹的个人学术汇编，其外篇与中篇都具有史著属性，中篇系傅玄《魏书》底本，而外篇则包含傅玄对汉魏礼仪与制度旧例的整理。

---

[1] 张宗品：《〈史记〉的写本时代：公元十世纪前〈史记〉的传写与阅读》，上海古籍出版社，2023年。
[2] 吴圣武：《〈文心雕龙·史传〉与〈世说新语注〉缺载范晔〈后汉书〉原因蠡测》，《史学史研究》2023年第2期，第118—122页。
[3] 靳宝：《备南北：〈吴越春秋〉与〈南史〉〈北史〉编纂》，《史学史研究》2023年第1期，第12—22、80页。
[4] 陈铮：《〈历代名画记〉引〈梁书〉考》，载武汉大学中国三至九世纪研究所编《魏晋南北朝隋唐史资料》第47辑，第91—117页。
[5] 伏煦：《傅玄〈魏书〉底本与"三史故事"考论》，《国学学刊》2023年第3期，第82—95、141页。

在知识史研究方面，王家葵辑校的《本草经集注（辑复本）》[1]为探究时人的动、植物知识体系提供了重要资料。《本草经集注》系陶弘景整理魏晋以来流传的《本草经》而成，原作已经亡佚数百年，王家葵以宋本《证类本草》为主，利用敦煌、吐鲁番出土的《本草经集注》残本及《新修本草》残写本对其进行最大限度的辑佚复原。曲柄睿《佣书成学：中古知识的结集、生产与传播》[2]关注中古时期常见的抄书、修撰类书和编订节略本等现象，指出这些经由不断抄录而结集的知识，已经摆脱了原有书籍物理形式和编纂结构的双重限制，成为按照新的目的与需要整合生产出来的新知识，提醒学界注意古代社会的知识生产与传播方式。

鲁西奇《汉唐时期的海潮知识》[3]提出汉唐时期关于海潮的认识主要有两个源头：一是立足于观察的经验性认识，来自具有海洋生活经验的滨海人群，通过观察潮汐变化设计高低潮时推算表并加以利用；二是立足于想象与演绎的观念性认识，主要来自知识精英，他们提出了诸多阐释潮汐成因及其变化的理论，二者相辅相成。王世藩《"千岁仙鼠"与"鸟鼠之讥"——中古信仰世界中的蝙蝠知识与意象》[4]指出在中古时期的观念世界中，蝙蝠兼具"神仙"与"精怪"两种面向，同时提出汉地佛教的蝙蝠知识是与道教知识系统以及求仙知识、精怪故事融会共生的结果。谢一峰《从六博到樗蒲——秦汉魏晋间博戏宇宙论意味的淡化与消解》[5]从博局的图示构成等四个方面对六博、樗蒲两种博戏进行比较研究，指出秦汉时期的六博均体现出丰富、完备而深刻

---

[1] 陶弘景著，王家葵辑校：《本草经集注（辑复本）》，凤凰出版社，2023年。
[2] 曲柄睿：《佣书成学：中古知识的结集、生产与传播》，《北京师范大学学报（社会科学版）》2023年第1期，第142—151页。
[3] 鲁西奇：《汉唐时期的海潮知识》，《历史地理研究》2023年第4期，第1—19页。
[4] 王世藩：《"千岁仙鼠"与"鸟鼠之讥"——中古信仰世界中的蝙蝠知识与意象》，载武汉大学中国三至九世纪研究所编《魏晋南北朝隋唐史资料》第48辑，第295—319页。
[5] 谢一峰：《从六博到樗蒲——秦汉魏晋间博戏宇宙论意味的淡化与消解》，《形象史学》2023年第3期，第155—170页。

的宇宙论色彩,而魏晋之后,晚出之樗蒲的宇宙论意味已经淡化与消解。

在文化史方面,王术臻对《文心雕龙》进行了重新校理。①李华《归葬:三至六世纪士族个体安顿与家国想象》②一书围绕六朝士族归葬这一话题展开探讨,指出永嘉南渡后的士族归葬仪式既反映出个体对于生命终极价值的思考和漂泊无依的情感倾向,又常常与家国重建的过程息息相关,此外还对归葬这一现象中所包含的六朝士族文化、家族内部的连接与分化以及考古学中的晋制等诸多问题提出了新的看法。田晓菲《从白门到紫陌:"地"在文化史中的隐显与浮沉》③揭示了从南朝到唐代,建康/金陵和"江南"在文本的话语层次上所经历的建构过程:南朝诗歌通过对"金陵帝王州"的想象和对"江南佳丽地"的再现,逐渐把建康从偏安王朝的行政总部改变为帝国名都,经过唐代诗人的继承和发展,从而把建康写入文化版图。王彬《从刘昼"恨不学属文"看魏齐之际的习文风气》④通过分析北齐刘昼的仕进道路,指出魏齐间文才已经稳定地成为举秀才制度的标准,在此情况下,属文不仅是一种可供鉴赏的趣味,更是时人基于现实利害关系做出的选择。

将山林、寺观、城市等对象视为一种文化"景观"来加以研究的思路,无疑为魏晋南北朝史研究带来了新的活力。魏斌《北魏洛阳的汉晋想象——空间、古迹与记忆》⑤基于北魏洛阳与汉晋洛阳存在的都城空间叠加关系,以正光初年出现于洛阳的隐士赵逸及其古迹指认行为为线索,指出北魏洛阳的

---

① 刘勰撰,王术臻校笺:《文心雕龙校笺》,上海古籍出版社,2023年。
② 李华:《归葬:三至六世纪士族个体安顿与家国想象》,东方出版中心,2023年。
③ 田晓菲:《从白门到紫陌:"地"在文化史中的隐显与浮沉》,《北京大学学报(哲学社会科学版)》,2023年第3期,第137—148页。
④ 王彬:《从刘昼"恨不学属文"看魏齐之际的习文风气》,《文史哲》2023年第4期,第101—116、166—167页。
⑤ 魏斌:《北魏洛阳的汉晋想象——空间、古迹与记忆》,《北京大学学报(哲学社会科学版)》2023年第3期,第113—124页。

都城建设中混合了汉晋氛围、胡族习惯和佛教因素，同时又在氛围层面上着意塑造出拓跋政权与汉晋国家的连续性。针对天柱、云峰和大基三山的北魏郑道昭题刻，《孝思与神仙：云峰诸山北朝题刻的形成》①一文认为这些题刻延续了汉晋以来传统的神仙世界想象和修仙观念，体现出孝思与神仙的对应关系，既是一组表达个人修仙观念的题刻，也是一组叠加的纪念碑。陈阳《邺城与晋阳之间：北齐"两都制"对地方景观和空间的塑造》②指出由于在东魏北齐时期皇帝与大臣频繁往来于晋阳与邺城之间，对地方景观等产生了很大的影响，使得位于两地之间交通要道上的滏口和辽阳山不再是简单的地理坐标，而是被赋予了一定的政治礼仪和宗教功能。

宗教是社会文化的重要组成部分，在佛教史方面，富世平全面整理慧皎《高僧传》③，对汤用彤旧校进行增补删改，并增加了一部分校勘记。本年度针对佛经文献进行专门整理的文章有袁勇《〈贤愚经〉敦煌写本缀合研究》、郭丹《辽宁省博物馆藏敦煌〈大般涅槃经〉缀合研究》、窦怀永与徐迪《敦煌本〈普门品〉残卷缀合十一例》、李博《题名安世高译〈尸迦罗越六方礼经〉译者考辨》、钟芳华《七寺、敦煌发现十六卷本〈佛说佛名经〉经名探微》等。④

---

① 魏斌：《孝思与神仙：云峰诸山北朝题刻的形成》，《中国史研究》2023年第3期，第89—106页。
② 陈阳：《邺城与晋阳之间：北齐"两都制"对地方景观和空间的塑造》，载武汉大学中国三至九世纪研究所编《魏晋南北朝隋唐史资料》第48辑，第28—47页。
③ 慧皎撰，富世平点校：《高僧传》，中华书局，2023年。
④ 袁勇：《〈贤愚经〉敦煌写本缀合研究》，《中华文史论丛》2023年第4期，第133—161、408—409页；郭丹：《辽宁省博物馆藏敦煌〈大般涅槃经〉缀合研究》，载郝春文主编《敦煌吐鲁番研究》第22卷，上海古籍出版社，2023年，第221—252页；窦怀永、徐迪：《敦煌本〈普门品〉残卷缀合十一例》，载郝春文主编《敦煌吐鲁番研究》第22卷，第253—270页；李博《题名安世高译〈尸迦罗越六方礼经〉译者考辨》，《世界宗教研究》2023年第1期，第45—59页；钟芳华：《七寺、敦煌发现十六卷本〈佛说佛名经〉经名探微》，载武汉大学中国三至九世纪研究所编《魏晋南北朝隋唐史资料》第47辑，第72—90页。

阳清《释僧祐〈萨婆多部师资记〉及其佛教史学价值》[①]根据《出三藏记集》中的记载，指出释僧祐《萨婆多部师资记》系一部以记录律藏萨婆多部大德高僧生平及其行迹为主的僧人类传，具有较强的学理性和佛教史意义。洪绵绵《试论谢灵运〈佛影铭〉的经典依据与闻法因缘——兼及佛教编辑经典"前文本"的典故意义》[②]指出谢灵运创作《佛影铭》的经典依据主要是六卷《泥洹》的"阐提"概念，般若经论、《观佛三昧海经》等观想经典关于观想的内容，而谢氏关于"阐提"概念、《观佛三昧海经》"前文本"的闻法因缘则是与觉贤、法显的交游。严世伟《南北朝成实论学新证——P.2335〈成实论义疏〉考》[③]推断失名P.2335很可能属梁代三大法师之一僧旻的《成实论义疏》，而当中的《成实论》引文之所以与现行鸠摩罗什译本有所不同，可能是由于作者所依据的是萧子良等人删节之后的本子。裴长春《南朝时期〈仁王经〉的流传与仁王会的形成》[④]推断《仁王经》从"疑经"到"正典"的转变得益于梁武帝时期来华的真谛三藏，而基于《仁王经》而形成的"仁王法会"则具有彰显般若思想的讲经传统和推崇此经护国护民内涵的政治传统的双重意义。

社邑是佛教在基层民众中传播的重要组织形式，刘淑芬《中古的社邑与信仰》[⑤]针对中古时期佛教在基层社会的发展状态展开研究，所关注的问题涵盖社邑的运作及转型、佛教的修习与仪式、佛教与社会救济、圣僧与罗汉信

---

① 阳清：《释僧祐〈萨婆多部师资记〉及其佛教史学价值》，《宗教学研究》2023年第3期，第62—70页。
② 洪绵绵：《试论谢灵运〈佛影铭〉的经典依据与闻法因缘——兼及佛教编辑经典"前文本"的典故意义》，《中华文史论丛》2023年第1期，第25—49页。
③ 严世伟：《南北朝成实论学新证——P.2335〈成实论义疏〉考》，《中华文史论丛》2023年第4期，第163—179页。
④ 裴长春：《南朝时期〈仁王经〉的流传与仁王会的形成》，《世界宗教研究》2023年第10期，第30—38页。
⑤ 刘淑芬：《中古的社邑与信仰》，上海古籍出版社，2023年。

仰等诸多方面。高海燕、魏文斌《新见甘肃合水县双柳树佛教造像碑考析》[1]推断甘肃合水县发现的一通北朝佛教造像碑为北周初年双柳树造像碑,属于社邑造像碑,造像记反映了北朝陇东地区少数民族融合、聚居、结社及佛教信仰状况。博爱武德于府君义桥石像碑是东魏时期集佛教造像与记载武德郡僧俗修建义桥为一体的功德碑,赵彤梅《博爱武德于府君义桥石像碑研究》[2]从武德郡的历史地理、民间信仰、邑义组织的修桥义举、造像形制等方面对其进行研究。

李智君《佛所王土:中古中国佛教地理研究》[3]从神圣空间角度入手,以汉唐佛教对中国佛教地理格局的影响与建构过程为中心,对诸如西域求法高僧的空间认知、于阗的佛教信仰空间、汉晋河西地缘政治与汉译佛经中心转移等问题进行了系统阐述。

黎俊溢《"大和上"佛图澄——早期僧人的受戒问题》[4]认为"大和上"这一称号是对佛图澄"戒师"身份的强调,并认为佛图澄不但标志着佛教戒律从封闭流传转向主动流播,同时还确立了道安、慧远等僧人对戒律的认识,进而推动了佛教广律的译出和传播。方圆《南方的自觉——傅大士教团所见南朝实践性佛教》[5]一文在既有研究的基础上重新审视南朝佛教在义学主题之外的基层实践性佛教,对傅大士教团的宗教性格、舍身苦行行为以及其背后蕴含的末法思想理路进行分析,并在此基础上指出傅大士及其教团中具有强烈的实践性精神,提醒学界关注南方佛教传统中的多样性。针对梁武帝所推

---

[1] 高海燕、魏文斌:《新见甘肃合水县双柳树佛教造像碑考析》,《考古与文物》2023年第3期,第98—106页。

[2] 赵彤梅:《博爱武德于府君义桥石像碑研究》,《中原文物》2023年第4期,第127—132页。

[3] 李智君:《佛所王土:中古中国佛教地理研究》,上海古籍出版社,2023年。

[4] 黎俊溢:《"大和上"佛图澄——早期僧人的受戒问题》,《中国佛学》2023年第1期,第181—194页。

[5] 方圆:《南方的自觉——傅大士教团所见南朝实践性佛教》,载武汉大学中国三至九世纪研究所编《魏晋南北朝隋唐史资料》第48辑,第249—272页。

行的素食改革，陈志远《再论梁武帝的素食改革》①指出梁武帝素食化改革大体遵循了自身—宗庙—郊祀—僧尼的顺序，背后反映出东晋南朝佛教思潮的集中表达，推动了佛教日后将保守的部派戒律与大乘菩萨行进行结合的趋势。而通过对《断酒肉文》及其所引佛典加以分析，陈志远认为其中既包含儒、佛，又包含了小乘戒律和大乘经，体现了南朝独有的"知识型"佛教特点。

韩昇《北周武帝之死及其宗教文化政策》②认为北周武帝死于服食丹药所引起的慢性砷中毒，并进一步指出武帝禁佛并非由于道士挑唆，而是为了通过禁佛而自居中华正统，确立政权的合法性，建构尊崇儒学的北周政权文化。宋祖雄、王永平《论南北朝时期益州佛教风尚变迁》③指出益州的佛教风尚于刘宋到萧梁时期经历了从禅学到义学的转换，而后梁魏之交的动乱使得此地义学凋零，关中佛教重禅诵的风气影响渐盛。

在道教史方面，郜同麟《拘校道文：敦煌吐鲁番道教文献研究》④收集并校勘了目前所知的敦煌吐鲁番道教文献，对敦煌道教文献的形态及复原、道教文献文本生成演变方式、佛教道教关系、道教仪式文范的发展及结构、道教文献语言文字研究等方面做了探讨。此外，本年度针对道教文献进行专门整理的研究还有尚飞《BD11193道教〈灵书紫文〉写卷研究》、张雁勇《〈真灵位业图〉纂者为陶弘景新证——兼与广濑直记等先生商榷》等。⑤

---

① 陈志远：《再论梁武帝的素食改革》，载北京大学历史学系主办《北大史学》第25辑，第157—216页。

② 韩昇：《北周武帝之死及其宗教文化政策》，《学术月刊》2023年第7期，第163—178页。

③ 宋祖雄、王永平：《论南北朝时期益州佛教风尚变迁》，《中国佛学》2023年第1期，第31—46页。

④ 郜同麟：《拘校道文：敦煌吐鲁番道教文献研究》，中国社会科学出版社，2023年。

⑤ 尚飞：《BD11193道教〈灵书紫文〉写卷研究》，载郝春文主编《敦煌吐鲁番研究》第22卷，第15—32页；张雁勇：《〈真灵位业图〉纂者为陶弘景新证——兼与广濑直记等先生商榷》，《地域文化研究》2023年第1期，第92—108页。

张晓雷《汉晋时期〈道德经〉宗教化历程考论》[1]对汉晋时期《道德经》的宗教化历程进行梳理，指出西汉前期社会上流传的老子以修道而长寿的观念是《道德经》宗教化的诱因，东汉时老子的神格化又直接推动了《道德经》的宗教化，此后《道德经》同神仙方士之学合流的趋势愈加明确，直至汉末天师道将《道德经》奉为宗教经典。吕鹏志、杨金丽《〈太上灵宝五符序〉所见黄初平传考释》[2]在康儒博的研究基础上进一步论证黄初平传最早的出处并非葛洪《神仙传》，而是古灵宝经的先导《五符序》，并对其中所记载的黄初平成仙故事和信仰内涵进行了分析。

姜望来《迁都就嵩：寇谦之对嵩岳之经营与孝文帝迁都考略》[3]指出寇谦之神圣化嵩山为拓跋皇权服务的核心在于将中岳为地中之儒家传统观念与晋宋时代已经出现的"中国阳气纯正"的道教观念加以结合，以"三阳地"代称嵩岳，进而使嵩岳能够为北魏皇权扩张提供支撑，成为兼融道教、儒家、地理、天文等各方面信仰与观念之圣地。《唐前五岳先生考论》[4]一文更进一步指出，在魏晋南北朝时期南北政权、东西政权时常对峙，佛教与道教对名山愈趋重视的特殊背景下，道教五岳先生称谓从东晋南朝时在南方兴起，到北周末年大规模传入北方，而其中嵩岳尤其成为各方势力竞相争夺的焦点。

除了佛教和道教，魏晋南北朝时期时人的信仰世界中还往往呈现出更为丰富的图景。颜敏《中古郊庙歌辞中的太一信仰与政治、社会变迁》[5]认为中

---

[1] 张晓雷：《汉晋时期〈道德经〉宗教化历程考论》，《宗教学研究》2023年第5期，第30—38页。

[2] 吕鹏志、杨金丽：《〈太上灵宝五符序〉所见黄初平传考释》，《宗教学研究》2023年第5期，第11—22页。

[3] 姜望来：《迁都就嵩：寇谦之对嵩岳之经营与孝文帝迁都考略》，《世界宗教研究》2023年第6期，第32—39页。

[4] 姜望来：《唐前五岳先生考论》，《宗教学研究》2023年第5期，第39—45页。

[5] 颜敏：《中古郊庙歌辞中的太一信仰与政治、社会变迁》，《天津大学学报（社会科学版）》2023年第3期，第263—269页。

古时期的"太一神"并未完全消歇,而是在宋、梁、陈三代的国家祭祀中复起,其中包含了三代君主强烈的政治和社会意图。谢振华《中古北族于弥信仰源流考》①针对"于弥"这一中古北族生殖崇拜的对象展开研究,指出其原义为胎盘、胞衣,作为被游牧族群尊奉为保护母婴的生育神灵,于弥信仰自汉至唐先后影响了匈奴、鲜卑、党项等诸多民族,为"边地半月形文化传播带"的文化共性增添了新证。

五、民族关系与中外交流

东胡系民族史料大多散见于典籍之中,向来检索、查阅不易。有鉴于此,张久和、王石雨先后出版了《东胡资料辑录·乌桓(丸)资料辑录》《秦汉三国时期东部鲜卑资料辑录》《宇文鲜卑资料辑录·段部鲜卑资料辑录》《慕容鲜卑资料辑录》四部作品,对东胡系民族进行了全面的资料汇总及整理。②

探讨族源/族属是民族史研究中最基本的命题。薛启明《卢水胡源出西域塞种考》③指出"卢水胡"族源应来自帕米尔-喀喇昆仑地区的早期塞种人。吴洪琳、吴曼玉《十六国时期的白部及其相关问题》④探讨了十六国时期的白部,指出白部在族属上应属于乌桓,得名于其居地白山,与白房、素和氏无

---

① 谢振华:《中古北族于弥信仰源流考》,《宗教学研究》2023年第2期,第146—153页。

② 张久和、王石雨编:《东胡资料辑录·乌桓(丸)资料辑录》,中华书局,2023年;张久和、王石雨编:《秦汉三国时期东部鲜卑资料辑录》,中华书局,2023年;张久和、王石雨编:《宇文鲜卑资料辑录·段部鲜卑资料辑录》,中华书局,2023年;王石雨、张久和编:《慕容鲜卑资料辑录》,中华书局,2023年。

③ 薛启明:《卢水胡源出西域塞种考》,《南开史学》2023年第1期,第3—42、241—242页。

④ 吴洪琳、吴曼玉:《十六国时期的白部及其相关问题》,《西北民族论丛》2023年第1期,第10—25、285—286页。

涉。白部与铁弗匈奴关系密切，曾联合对抗拓跋鲜卑，最终失败被并入拓跋氏的北魏政权体系中。吴洪琳、张梓轩《十六国北朝时期的素和氏及和士开族属问题》[1]指出和士开一族来自河西或西域地区，其中改姓和氏之素和氏应源自素和国，非檀石槐之支裔，而和士开一族与素和氏没有关联，应来自河西及西域地区的和氏。

在南方地区，鲁西奇借鉴了人类学家对东南亚人群的研究，认为"俚""獠"的汉文族称并不能清晰地反映出其族类认知，其《中古时代的"獠"》[2]认为"獠"本质上是以华夏为主体的山外人对山里人的称谓，并非族、族类或民族，汉晋南北朝文献中记载的"獠"是华夏人群对南方"山地人群"的通称，他们一般居住、活动在更深的中高山地，一般不著籍，与王朝国家的关系相对疏远，而汉晋南朝文献记载的岭南地区的"俚"一般居住、活动在山区的河谷地带乃至低山丘陵地区，且以不同形式归附朝廷。张兢兢《六朝南方"俚""獠"的书写变迁史》[3]认为"俚""獠"概念作为专称随三国时期吴蜀政权对南方边地的开拓而出现，东晋南朝对岭南统治的深化使得作为专称的"俚"获得较清晰的界定，而獠人入蜀后华夏对巴蜀统治的弱化模糊了华夏政权对"獠"概念的认知，"獠"作为泛称出现，"夷獠"逐渐成为南方蛮、俚、獠等族群新的总称。

魏晋南北朝时期族群互动频繁，民族关系复杂。李希光《汉晋时期夫余与挹娄关系新探》[4]勾勒了汉晋时期夫余与挹娄关系变化的过程，挹娄在汉代

---

[1] 吴洪琳、张梓轩：《十六国北朝时期的素和氏及和士开族属问题》，《西域研究》2023年第2期，第16—25、170页。

[2] 鲁西奇：《中古时代的"獠"》，《文史》2023年第4辑，第45—80页。

[3] 张兢兢：《六朝南方"俚""獠"的书写变迁史》，《文史》2023年第4辑，第81—96页。

[4] 李希光：《汉晋时期夫余与挹娄关系新探》，《黑龙江民族丛刊》2023年第6期，第81—86页。

臣属夫余，在夫余的影响下得以发展；东汉末年东北亚民族格局重组，挹娄抓住这一契机反叛夫余。李爽《柔然与北燕关系研究》①探讨了柔然和北燕的关系，指出柔然与北燕在地域上并不接壤，没有直接的利益冲突，二者通过和亲结成了抗击北魏的政治和军事同盟，保证了双方的区域安全。吴正浩、周伟洲《北魏〈鄯乾墓志〉〈鄯月光砖志〉与西域鄯善国》②通过两方墓志补证了南北朝时西域门户鄯善国、车师前部及其与内地政权的关系。

民族融合也是魏晋南北朝民族史研究的重要命题之一。冯培红《鱼国之谜：从葱岭东西到黄河两岸》③研究了西域鱼国及其部族东西迁徙的历史，对以虞弘夫妇为代表的鱼国人的东迁入华及其融入中华民族问题做了深入研究。尚丽新《十六国民族融合大潮中的刘萨诃》④指出刘萨诃不仅促进了佛法在中国北方不同民族中的传播，也使他成为北方民间颇具影响力的佛教神，民间神与圣僧的双重身份使其对十六国民族融合造成深刻的影响。休官是十六国北朝陇右地区的一个杂胡部族，于志刚《十六国北朝时期的休官与天水权氏——中古早期民族融合的个案考察》⑤认为中古陇右汉族大姓天水权氏因长期与氐、屠各等族错居杂处、通婚联姻，逐渐胡化，融入休官。

保宏彪《北魏太武帝时期的关陇治理与民族融合》⑥指出太武帝时期的关陇治理推动了族际通婚和多民族经济交流，促进了文化认同和民族融合。周

---

① 李爽：《柔然与北燕关系研究》，《地域文化研究》2023 年第 1 期，第 129—134 页。

② 吴正浩、周伟洲：《北魏〈鄯乾墓志〉〈鄯月光砖志〉与西域鄯善国》，《西域研究》2023 年第 2 期，第 38—45 页。

③ 冯培红：《鱼国之谜：从葱岭东西到黄河两岸》，甘肃教育出版社，2023 年。

④ 尚丽新：《十六国民族融合大潮中的刘萨诃》，《世界宗教文化》2023 年第 3 期，第 165—172 页。

⑤ 于志刚：《十六国北朝时期的休官与天水权氏——中古早期民族融合的个案考察》，《西北民族论丛》2023 年第 1 期，第 26—41、286 页。

⑥ 保宏彪：《北魏太武帝时期的关陇治理与民族融合》，《民族学论丛》2023 年第 4 期，第 21—32 页。

莹《十六国北魏重"故事"现象与中华民族共同体意识的孕育发展》[1]指出十六国北魏时期重视周汉魏晋"故事"现象是十六国北魏中华认同的反映,体现了中华民族共同体意识的孕育发展。胡玉春《4~6世纪北方游牧民族族源叙事中的"华夏认同"——以铁弗匈奴、拓跋鲜卑、柔然为例》[2]指出其族源叙事将本族源流归入华夏谱系,既是为了争取正统、巩固统治,也体现出北方游牧民族对"炎黄子孙"的身份认同和对"中华"的政治认同。

张云华《婚制变革与拓跋鲜卑的文明进程——兼论华夏文明的基本特征》[3]认为拓跋鲜卑得益于献帝拓跋邻时期开启的姓氏和"十氏百世不通婚"制改革,异姓族通婚形成的新血缘与族群关系具有超越种族界限的早期民族的性质,是构成早期鲜卑国家的社会基础。北族人名和姓氏的华夏化是北魏华夏化改革的举措之一,凌文超《北魏羌人的姓名改革与华夏化》[4]以羌人王遇姓名的华夏化切入,考察了北魏羌人的姓名改革的过程,指出改汉姓,成为高门大姓,从而长期享有政治文化权利,是各部族姓名华夏化的主要推动力。

本年度围绕中外交流的研究成果主要集中在《职贡图》、丝绸之路和东亚世界三个方面。南朝梁元帝所作《职贡图》画像与题记是研究南北朝时期中外关系和周边国家部族的重要史料,赵灿鹏《南朝梁元帝职贡图题记释文校证》[5]对《职贡图》的绘纂过程、流传版本、内容体制等问题进行了梳理,并汇录、整理、校释了《职贡图》现存题记。叶原、高丽《异质与差序:宋摹本

---

[1] 周莹:《十六国北魏重"故事"现象与中华民族共同体意识的孕育发展》,《民族学论丛》2023年第3期,第12—18页。

[2] 胡玉春:《4~6世纪北方游牧民族族源叙事中的"华夏认同"——以铁弗匈奴、拓跋鲜卑、柔然为例》,《内蒙古社会科学》2023年第5期,第100—106页。

[3] 张云华:《婚制变革与拓跋鲜卑的文明进程——兼论华夏文明的基本特征》,《中国史研究》2023年第1期,第68—83页。

[4] 凌文超:《北魏羌人的姓名改革与华夏化》,《民族研究》2023年第6期,第78—88、140—141页。

[5] 赵灿鹏:《南朝梁元帝职贡图题记释文校证》,社会科学文献出版社,2023年。

萧绎〈职贡图〉中的使节形象》①指出宋摹本萧绎《职贡图》中的使节形象既凸显了周边诸国文化风俗的异质性,还担负着彰显、划分诸国文化风俗间的差序功能,其用意在于建构梁朝的"天下"秩序。

石云涛《魏晋南北朝丝绸之路与对外关系史研究》②研究了魏晋南北朝时期的丝绸之路与对外关系,探讨了北魏和南朝萧梁时期的中西交通,3—6世纪草原丝绸之路的利用,海上丝路交通,域外器物、植物、动物和香料的输入与中古社会等问题。罗帅《丝绸之路南道的历史变迁:塔里木盆地南缘绿洲史地考索》③探究了丝绸之路南道的兴衰、变迁及规律,对各个绿洲的历史与地理,包括其地名演变、地望变迁、思想文化、物产经济等方面进行了全方位、系统化的研究。尚永琪《汉唐海洋文献辑录》④以东海、黄海及渤海为中心,对汉唐时期涉及海洋的资料进行爬梳。涂丹、刁培俊系统梳理了魏晋南北朝至隋唐时期海上丝绸之路的发展历程。⑤

李磊《南北朝后期东亚的政治格局及其重构》⑥阐述了南北朝后期政局变化影响下东亚政局重构的历史过程,指出从梁陈之际到隋朝统一的40年间,东亚政治格局有三次重要变化。"神剑-王权"叙事是汉唐中国旨在神化皇权、树立王朝统治合法性的重要方式,冯渝杰《汉唐中国的"神剑-王权"

---

① 叶原、高丽:《异质与差序:宋摹本萧绎〈职贡图〉中的使节形象》,《美术》2023年第8期,第106—113页。
② 石云涛:《魏晋南北朝丝绸之路与对外关系史研究》,社会科学文献出版社,2023年。
③ 罗帅:《丝绸之路南道的历史变迁:塔里木盆地南缘绿洲史地考索》,甘肃教育出版社,2023年。
④ 尚永琪编:《汉唐海洋文献辑录》,中国社会科学出版社,2023年。
⑤ 陈支平、王子今主编,涂丹、刁培俊著:《魏晋南北朝至隋唐时期:海上丝绸之路的逐步发展》,鹭江出版社,2023年。
⑥ 李磊:《南北朝后期东亚的政治格局及其重构》,《江海学刊》2023年第1期,第200—208页。

叙事及其对日韩越的影响》①研究了这一叙事的生成与流转及其对日本、韩国、越南的深入影响，指出神剑的内涵和象征在产生与流传的过程中映现出古代东亚地区专制王权的内在特征和汉字文化圈内权势升降转移的一个面向。

六、历史地理

史籍所载政区建制，并非通贯一代的定制，而是此代中某一特定时期的切面，由此明确所载政区建制的年代断限显得尤为重要。张仲胤《王隐〈晋书·地道记〉断限考》②重新审视王隐《晋书》各辑本，推断王隐《晋书·地道记》的断限年代当在西晋武帝以后。而《〈春秋释例〉所见西晋泰始、太康政区》③一文则在考察《春秋释例》文本、搜集佚文的基础上，复原出西晋泰始、太康时期的部分政区情况。

对史籍中所记载的地望和路线进行厘清与考订是史地研究的基础。殷晴《汉唐西域城市研究》④整体考察了汉唐时期西域的城市，对城镇发展、地方建置等诸多方面均做了深入探究。张仲胤《〈宋书·州郡志〉"陶侃前治沔阳"考》⑤指出《宋书·州郡志》所谓"陶侃前治沔阳"为陶侃治沌阳之误。余国江

---

① 冯渝杰：《汉唐中国的"神剑－王权"叙事及其对日韩越的影响》，《学术月刊》2023年第8期，第177—192页。
② 张仲胤：《王隐〈晋书·地道记〉断限考》，《文史》2023年第3辑，第41—56页。
③ 张仲胤：《〈春秋释例〉所见西晋泰始、太康政区》，《中国典籍与文化》2023年第3期，第129—138页。
④ 殷晴：《汉唐西域城市研究》，载朱玉麟主编《西域文史》第17辑，科学出版社，2023年，第1—48页。
⑤ 张仲胤：《〈宋书·州郡志〉"陶侃前治沔阳"考》，《历史地理研究》2023年第4期，第144—146页。

《北齐广陵城位置商兑》①推翻胡三省旧说，指出陈宣帝太建北伐攻取北齐的广陵为东广州广陵，而非新息广陵。云中宫是北魏明元帝的出生地，其址未详，《水经注》依照《魏土地记》认为云中宫在云中城与成乐城之间，张文平、赵菲《〈水经注〉关于"云中宫"位置记载的文本分析及地望考辨》②认为云中宫在云中城东北40里处的大黑河南岸。曹臣明《北魏平城时期代北与中山地区之间的通道及变化》③梳理了代北地区通向中山地区（冀中平原）的飞狐陉、蒲阴陉和天门关道三条道路。董广强《与麦积山石窟相关的历史古道——麦积崖道考》④指出北魏时期在麦积山石窟附近存在着一条通往陕西和四川地区的道路。

在考订位置的基础上，针对一些被学者常用的概念进行了详细辨析。刘屹、尚飞《说"悬度"》⑤区分了汉代石山"悬度"和东晋以后"悬度"两种"悬度"的不同，指出"悬度"只是一个形容道路艰险的汉语修辞性词语，而非一个固定不变的地理概念，指对某处天险屏障的译名或特指命名。段彬《何以八陉——"太行八陉"概念的形成与反思》⑥指出"陉"的本义指山路经行的某一节点或路段，不应完全等同于道路，"太行八陉"概念的出现与东晋

---

① 余国江：《北齐广陵城位置商兑》，《中国历史地理论丛》2023年第4期，第139—142、154页。

② 张文平、赵菲：《〈水经注〉关于"云中宫"位置记载的文本分析及地望考辨》，载山东大学《东方考古》编辑部编《东方考古》第21集，科学出版社，2023年，第407—413页。

③ 曹臣明：《北魏平城时期代北与中山地区之间的通道及变化》，载中国人民大学北方民族考古研究所、中国人民大学历史学院考古文博系编《北方民族考古》第15辑，科学出版社，2023年，第206—224页。

④ 董广强：《与麦积山石窟相关的历史古道——麦积崖道考》，《敦煌研究》2023年第3期，第35—41页。

⑤ 刘屹、尚飞：《说"悬度"》，《敦煌研究》2023年第5期，第125—135页。

⑥ 段彬：《何以八陉——"太行八陉"概念的形成与反思》，《中国历史地理论丛》2023年第2期，第121—129页。

末年刘裕的北伐计划有关，陉口的选择与命名皆由晋宋之际的战略形势决定，是一组特定时期的军事地理概念。杨萧杨《汉唐崤山道路新考》①指出隋以前的崤山南路应以"南大岭道"为主，而过去被学界视为崤山南路唯一道路的"雁翎关道"是在隋大业初年"开莎栅道"后才成为主要道路。

地理学的演进往往与王朝地方治理模式的变化息息相关。徐成、杨计国《汉魏六朝地理书的演进》②指出汉魏六朝地志系统与州郡地记分立的基础在于中央管控地方与地方官府治理区域社会分属不同模式，而随着官僚行政与区域社会治理有机整合，地志系统与州郡地记也逐渐在北朝后期合流为图记形式。在此政治趋势下，汉魏六朝时期实行的上计制度最终于隋代消亡，取而代之的是地方对中央的朝集、计帐与图经呈报制度。徐帆《从政教传统到"助于笔端"——汉晋至唐宋地理总志的风俗书写演变》③提出随着六朝地志的兴起，由《汉书·地理志》所奠定的"政教式风俗"书写范式逐渐转变为"博物式风俗"书写范式。李昊林《试析裴秀提出"制图六体"的原因——兼谈西晋时期重视地图学之风气》④认为裴秀所主持的魏末咸熙分封激发了西晋精英阶层对于地图测绘和道里数字的关注，裴秀于司空任上编绘《禹贡地域图》以及总结"制图六体"正是在这种风气影响下的表现。

作为存在于魏晋南北朝时期的一种特殊政治地理现象，侨州郡县历来是史地研究的重点关注对象。针对历来在侨、实性质上存在争议的山阳郡，胡

---

① 杨萧杨：《汉唐崤山道路新考》，《河南社会科学》2023 年第 3 期，第 87—95 页。
② 徐成、杨计国：《汉魏六朝地理书的演进》，《历史研究》2023 年第 1 期，第 49—72、220 页。
③ 徐帆：《从政教传统到"助于笔端"——汉晋至唐宋地理总志的风俗书写演变》，《史学理论研究》2023 年第 5 期，第 48—59、158 页。
④ 李昊林：《试析裴秀提出"制图六体"的原因——兼谈西晋时期重视地图学之风气》，载武汉大学中国三至九世纪研究所编《魏晋南北朝隋唐史资料》第 48 辑，第 211—228 页。

伟《东晋山阳郡置立考》①主张山阳郡直到义熙九年（413）土断前都并无实土，也不具备安置侨流的规划与条件，可能长期保持军戍的状态。李彦楠《从寄治到实土：刘宋前期雍州政区变化与荆雍关系调整》②复原了刘宋前期雍州政区和政治的互动关系以及雍州的实土化进程，认为皇权政治需要是构成刘宋前期雍州政区变化的直接因素。冯培红《东魏、北齐凉州考》③指出东魏、北齐时期的凉州为侨置州，其设立与河西凉州及灵州等地民众的东徙及安置有关，拓展了陈寅恪提出的"北齐西胡化"的观点，认为西胡化在东魏时期就已流行。

政治地理格局的形成与变动往往受到诸多因素的影响。冯雅颂、张仲胤《梁陈诸郡等第变迁与政治地理格局演变》④依据官班制运行原则与陈朝官员转迁轨迹复原出陈朝20余郡的等第，认为陈朝江表诸郡等第的调整受到政治进程、人口流徙、政区析置等因素的影响，而这种调整也与陈朝疆域变迁共同重塑了陈朝的政治地理格局。衡州位处江、湘、广诸州的联结点，是南朝梁陈时代岭南最早析置的州，张兢兢《南朝梁陈南岭政治地理格局研究——以衡州为中心》⑤指出衡州政区的反复分合反映出王朝政府与地方势力的博弈过程，并非一味安抚豪酋。

翟飞《山河之间：十六国北魏时期的五原城》⑥考察了十六国北魏时期的五原城，指出十六国北魏时期五原城农业经济发达，交通条件优越，具有重要

---

① 胡伟：《东晋山阳郡置立考》，《历史教学（下半月刊）》2023年第3期，第36—43、56页。

② 李彦楠：《从寄治到实土：刘宋前期雍州政区变化与荆雍关系调整》，《中国历史地理论丛》2023年第4期，第66—73页。

③ 冯培红：《东魏、北齐凉州考》，《社会科学战线》2023年第2期，第104—116页。

④ 冯雅颂、张仲胤：《梁陈诸郡等第变迁与政治地理格局演变》，《历史教学（下半月刊）》2023年第6期，第43—50页。

⑤ 张兢兢：《南朝梁陈南岭政治地理格局研究——以衡州为中心》，《中央民族大学学报（哲学社会科学版）》2023年第4期，第170—176页。

⑥ 翟飞：《山河之间：十六国北魏时期的五原城》，《中国边疆学》2023年第1期，第108—130页。

的军政战略地位，这种地位在一定程度上也是地缘政治的产物。唐晓峰《北京的中古时代：一次重要的历史地理转向》①指出中古时期北方长城防线的南移使得蓟城并入了长城防御体系，从而开始由军事特区演化为政治特区的转向。

除了从外部的建置沿革层面探究魏晋南北朝时期的政区，从内部出发剖析城市当中具体的空间结构及其功能也是一种重要的研究思路。张学锋《倭国使臣所见南朝都城——建康》②以接待外国使节的"客馆"位置为线索，揭示了六朝建康作为帝都的外交礼仪功能，指出东晋南朝都城外交礼仪空间的设置在很大程度上影响了北朝隋唐都城。

七、考古文博

一批魏晋南北朝时段的考古简报和发掘报告在本年度正式公布，在考古简报方面，涉及曹魏西晋时期的有山西夏县裴介村魏晋墓等③，涉及六朝时期的有广州市越秀区横枝岗南朝刘宋墓等④，涉及十六国时期的有陕西西安焦村

---

① 唐晓峰：《北京的中古时代：一次重要的历史地理转向》，《江汉论坛》2023年第3期，第113—116页。

② 张学锋：《倭国使臣所见南朝都城——建康》，《南京学研究》2023年第1期，第119—129页。

③ 丁金龙等：《山西夏县裴介村两座魏晋墓发掘简报》，《中国国家博物馆馆刊》2023年第2期，第30—37页；吴通等：《江西南昌市蛟桥镇东汉、西晋墓发掘简报》，《南方文物》2023年第4期，第59—69页；吴琳、汪茂东：《安徽淮南谢家集区北梨园村西晋墓发掘简报》，《东南文化》2023年第6期，第28—33、193页；龚开源等：《陕西咸阳布里村西晋墓M17发掘简报》，《考古与文物》2023年第6期，第64—76页。

④ 程浩：《广州市越秀区横枝岗南朝刘宋墓》，《考古》2023年第3期，第64—81页；李冰等：《浙江宁波穿山港铁路沿线汉至六朝墓葬发掘简报》，《江汉考古》2023年第3期，第40—50、82页；冯志军、高浩、谢园园：《南京市玄武区红山六朝墓发掘简报》，《东南文化》2023年第6期，第42—53、199页；张百祥：《广州市黄埔区百草岗东晋墓M2、M7发掘简报》，《东南文化》2023年第6期，第34—41、191—192、194—195页；张雪芬、江滔：《四川成都福感寺遗址佛教造像埋藏坑清理简报》，《文物》2023年第11期，第66—84页。

十六国墓等①，涉及北朝时期的有山西大同七里村北魏墓群等②。在发掘报告方面，涉及两晋时期的有《临泽黄家湾滩汉晋墓发掘报告》等③，涉及南北朝时期的有《北周豆卢恩家族墓地发掘报告》④。这些一手考古资料的披露为后续研究奠定了基础。

在魏晋南北朝都城考古方面，都城空间复原重建始终是热点话题。钱国祥《曹魏西晋洛阳都城的空间格局复原研究》⑤进一步复原研究了曹魏西晋洛阳都城的空间格局。史砚忻《十六国北朝时期长安城平面布局蠡测》⑥提出了

---

① 辛龙、杨军凯、郭永淇：《陕西西安焦村十六国墓 M34 发掘简报》，《考古与文物》2023 年第 2 期，第 54—61 页；王音等：《陕西西咸新区北杜村十六国墓发掘简报》，《考古与文物》2023 年第 2 期，第 44—53 页；刘呆运等：《陕西咸阳底张村十六国墓 M54 发掘简报》，《考古与文物》2023 年第 2 期，第 3—16 页；耿庆刚等：《陕西咸阳坡刘村十六国墓 M2 发掘简报》，《考古与文物》2023 年第 2 期，第 17—31 页；段毅：《陕西西安红光新城十六国墓 M11 发掘简报》，《考古与文物》2023 年第 2 期，第 62—68 页；段毅、程根荣：《陕西咸阳岩村十六国墓发掘简报》，《考古与文物》2023 年第 2 期，第 32—43 页；田小红等：《新疆库车友谊路墓群 2021 年发掘简报》，《文物》2023 年第 3 期，第 38—63 页。

② 侯晓刚：《山西大同七里村北魏墓群 M29 发掘简报》，《文物》2023 年第 1 期，第 33—57 页；武俊华、马昇、钟龙刚：《山西万荣西思雅北魏薛怀吉墓发掘简报》，《文物》2023 年第 1 期，第 4—32 页；李晓健等：《陕西旬邑县西头遗址上庙地点北魏墓 M39 的发掘》，《考古》2023 年第 2 期，第 40—51 页；辛龙等：《西安长安区西魏北周墓发掘简报》，《中原文物》2023 年第 3 期，第 28—42、145 页；宁琰、赖思玉：《西安长安区北周宇文鸿渐、宇文吉甫墓发掘简报》，《文物》2023 年第 6 期，第 4—24 页。

③ 甘肃省文物考古研究所、南京师范大学、复旦大学文物与博物馆学系编著：《临泽黄家湾滩汉晋墓发掘报告》，文物出版社，2023 年；南京大学博物馆、南京大学六朝研究所编著：《南京大学北园东晋墓》，南京大学出版社，2023 年；南京博物院、邳州市博物馆编著：《煎药庙西晋墓地》，文物出版社，2023 年。

④ 陕西省考古研究院编著：《北周豆卢恩家族墓地发掘报告》，文物出版社，2023 年。

⑤ 钱国祥：《曹魏西晋洛阳都城的空间格局复原研究》，《华夏考古》2023 年第 5 期，第 103—113 页。

⑥ 史砚忻：《十六国北朝时期长安城平面布局蠡测》，《考古与文物》2023 年第 2 期，第 136—145 页。

新的十六国北朝时期长安城的平面布局的复原方案。中国社科院考古所汉长安城工作队《西安市十六国至北朝时期长安城宫城宫门遗址的勘探与发掘》①确认了宫门及其所在宫墙的建筑结构，为深入研究这一时期长安城宫城的布局结构和历史沿革提供了重要线索。中国社科院考古所与河北省邺城考古队《河北临漳县邺城遗址东魏北齐宫城区206号大殿基址及附属遗迹》②确认了第一重宫城的范围与形制，有助于进一步深入研究东魏北齐时期邺城的建筑格局、宫城范围、宫院制度以及建造技术和工艺。庄育丽、陈建军《邺城里坊续补》③利用新出土汉简和北朝墓志将邺城里坊信息上溯至两汉时期，增补了部分东魏至隋邺城里坊的名号及出处。

对墓地年代、墓主身份进行判定是对墓葬进行研究的基础。朱超龙、陈泽宇《"晋制"及其过渡形态向长江下游地区的推行——从四座"孙吴墓"的年代谈起》④认为过去判定为孙吴墓葬的四座"孙吴墓"实际为西晋墓葬，属于"汉制"向"晋制"转变过程中出现的过渡形态，是政治力量主导下强力推行《晋礼》的结果。郭昕在《西安香积寺村北十六国家族墓地族氏蠡测》⑤中推测西安香积寺村北十六国家族墓地年代应当在西晋末年至十六国之间，可能与皇甫氏有关。李雨生、耿庆刚《咸阳坡刘村十六国墓M2研

---

① 中国社会科学院考古研究所汉长安城工作队：《西安市十六国至北朝时期长安城宫城宫门遗址的勘探与发掘》，《考古》2023年第8期，第48—65页。
② 中国社会科学院考古研究所、河北省文物考古研究院邺城考古队：《河北临漳县邺城遗址东魏北齐宫城区206号大殿基址及附属遗迹》，《考古》2023年第2期，第52—56、57—71、126页。
③ 庄育丽、陈建军：《邺城里坊续补》，《华夏考古》2023年第4期，第110—115页。
④ 朱超龙、陈泽宇：《"晋制"及其过渡形态向长江下游地区的推行——从四座"孙吴墓"的年代谈起》，《东南文化》2023年第4期，第99—112页。
⑤ 郭昕：《西安香积寺村北十六国家族墓地族氏蠡测》，《中原文物》2023年第2期，第52—56页。

究》①认为墓主可能是晋末在陇城被斩杀的陈安属将姜冲儿的夫人，时代可推定为前秦初年或更早。张科、陈焜《浙江临安牛上头谢氏家族墓地年代与归属献疑》②系统检视了浙江临安牛上头谢氏家族墓地，指出其墓主可能是会稽山阴谢氏。宁琰《北朝柳虬家族墓葬研究——兼论柳氏西眷与胡人政权的互动》③初步推测M9墓主为柳虬六子柳御天，M11墓主为柳鷟及夫人王令妫，并讨论了柳氏西眷与胡族统治政权的互动。

墓葬研究涉及墓葬制度、随葬品、葬俗与墓葬观念等诸多方面。李梅田《中古丧葬模式与礼仪空间》④把墓葬当成死亡考古学研究的材料，即视作古人处理死亡方式和对待死亡态度的遗存，从而讨论中古时期对待死亡的态度和处理死亡的方式，提出了基于丧葬空间、丧葬仪式、丧葬观念三方面的"丧葬模式"概念。韦正、付龙腾《晋制与君统——魏晋南北朝陵墓制度的流变》⑤指出"晋制"和"君统"是理解魏晋南北朝陵墓制度的有效切入点，"晋制"展示了西晋墓葬和曹魏、东晋墓葬的关联性，而"君统"则显示了十六国、北朝和南朝的陵墓陵区选址等方面所彰显的皇权伸张。

王音、谢绮《试析长江中下游孙吴墓葬的等级问题》⑥指出孙吴政权具有一定的丧葬等级规制，但尚未构成严格森然的体系。王音《六朝早期会稽地

---

① 李雨生、耿庆刚：《咸阳坡刘村十六国墓M2研究》，《考古与文物》2023年第2期，第98—106页。
② 张科、陈焜：《浙江临安牛上头谢氏家族墓地年代与归属献疑》，《东南文化》2023年第6期，第91—99、191—192页。
③ 宁琰：《北朝柳虬家族墓葬研究——兼论柳氏西眷与胡人政权的互动》，《中原文物》2023年第3期，第90—95页。
④ 李梅田：《中古丧葬模式与礼仪空间》，上海古籍出版社，2023年。
⑤ 韦正、付龙腾：《晋制与君统——魏晋南北朝陵墓制度的流变》，《考古与文物》2023年第4期，第77—80页。
⑥ 王音、谢绮：《试析长江中下游孙吴墓葬的等级问题》，《南方文物》2023年第4期，第156—164页。

区墓葬文化研究》①指出六朝早期会稽地区墓葬的面貌特征是在承袭汉传统的基础上，依托本地手工业发展优势，并受本地宗教信仰影响而形成的。谢安琪、张义中《淮南地区南北朝墓葬探析》②梳理了淮南地区已发现的南北朝时期墓葬的年代和政权归属，发现以6世纪中期为界，前段受南朝文化影响较深，后段北朝文化因素逐渐凸显，反映了淮南地区的重要战略地位。

十六国北魏墓葬因受到部族旧俗和华夏礼俗两方面的影响而具有独特风格。宋蓉系统梳理了北京10余处包含北方草原文化因素的魏晋墓葬，指出北京魏晋墓葬中北方草原文化因素的形成与这一时期北京所处的沟通中原与草原的枢纽地位有关。③永固陵是目前已知最早的北魏时期帝后陵，董新林《北魏方山永固陵初步研究》④指出永固陵既遵循汉文化的儒家礼制，又保留鲜卑民族特有的习俗，其陵庙结合的营建规划思想是北魏鲜卑化礼制走向汉文化礼制过程中具有纪念碑意义的政治符号。权弼成《帷榻与屋帷：十六国北魏墓葬"饰帷"现象研究》⑤将十六国北魏墓葬中与张设帷帐有关的遗物、遗迹等统归为"饰帷"现象，这种现象承袭了汉晋时期墓葬内使用帷帐的器用传统，但草原地带人群通过改造器物的搭建方式与布局重塑了"饰帷"的文化内涵。

北方地区的这种独特性不光体现在陵墓和修建和器物的使用上，还表现

---

① 王音：《六朝早期会稽地区墓葬文化研究》，载北京大学中国考古学研究中心、北京大学震旦古代文明研究中心编《古代文明》第17卷，上海古籍出版社，2023年，第178—194页。

② 谢安琪、张义中：《淮南地区南北朝墓葬探析》，《东南文化》2023年第2期，第88—99、202页。

③ 宋蓉：《北京魏晋墓葬所见北方草原文化因素》，《北方文物》2023年第3期，第75—83页。

④ 董新林：《北魏方山永固陵初步研究》，《考古》2023年第5期，第93—105页。

⑤ 权弼成：《帷榻与屋帷：十六国北魏墓葬"饰帷"现象研究》，《故宫博物院院刊》2023年第11期，第67—80、148页。

在葬俗上。张国文、谷天旸《山西大同地区北魏合葬墓研究》[1]梳理了大同地区出土的北魏合葬墓，指出大同地区北魏合葬习俗受拓跋鲜卑早期葬俗、汉晋文化双重影响。张国文《北魏墓葬动物殉祭习俗的形成与影响因素》[2]揭示了北魏墓葬动物殉祭习俗在不同时期的变化，指出北魏墓葬动物殉祭习俗的形成和变迁可能受农耕－游牧经济和文化的交流与互动以及多元民族融合等多重因素的影响。刘连香《洛阳北魏墓葬的"太和之风"与民族文化交融》[3]指出墓葬形制和随葬品是北魏孝文帝"太和之风"在丧葬方面的具体反映，呈现出在汉化主导下不同文化因素相互融合的现象。

墓葬壁画、石窟壁画等平面图像是"图像证史"方法可以利用的大宗材料。贾小军《论河西墓葬壁画中的"启门图"》[4]指出魏晋十六国河西墓葬壁画中的"启门图"多与坞壁有关，具有自身较为鲜明的地域和时代风格。王煜《吐鲁番地区十六国墓葬壁画与纸画研究》[5]指出吐鲁番地区十六国墓葬壁画与纸画整体上来源于河西地区的墓葬壁画。尹刚系统考察了北魏平城墓葬壁画的分布与特点、形制与内容、主人与年代及其制作与题材、价值与体现等方面。[6]

在南方六朝地区，周方《滑稽与笑谏：三国朱然墓漆画中的"俳奴"与

---

[1] 张国文、谷天旸：《山西大同地区北魏合葬墓研究》，《考古》2023年第9期，第100—114页。

[2] 张国文：《北魏墓葬动物殉祭习俗的形成与影响因素》，《郑州大学学报（哲学社会科学版）》2023年第5期，第96—101、128页。

[3] 刘连香：《洛阳北魏墓葬的"太和之风"与民族文化交融》，《中央民族大学学报（哲学社会科学版）》2023年第3期，第69—80页。

[4] 贾小军：《论河西墓葬壁画中的"启门图"》，《形象史学》2023年第1期，第196—215页。

[5] 王煜：《吐鲁番地区十六国墓葬壁画与纸画研究》，《考古与文物》2023年第2期，第126—135页。

[6] 尹刚：《北魏平城墓葬壁画研究》，山西人民出版社，2023年。

"俳儿"》①考察了三国东吴朱然墓出土漆器上的"俳奴"和"俳儿"图像。莫阳《砖上的"画框"：试论襄阳南朝画像砖墓的年代问题》②通过分析襄阳南朝画像砖上的"画框"的变化来判定画像砖墓的年代序列。周杨《南朝墓葬礼乐符号的建构——再论"竹林七贤与荣启期"题材拼砌砖画》③将"竹林七贤与荣启期"题材视作墓葬中的"礼乐符号"，指出南朝墓葬拼砌砖画中的"竹林七贤与荣启期"题材的出现与南北朝时期礼制的重建与南朝政权的礼乐建设密切相关。

碑铭、简帛文书这类出土材料最基本的属性是"物质性"。孙天顺、沈丽华《汉唐时期陵墓神道石刻的发现与研究》④勾勒了汉唐时期神道石刻的发展脉络。耿朔《重庆忠县刘宋泰始五年神道石柱探微》⑤认为忠县神道石柱是研究中古墓葬石刻传播路线的新线索，并在铭文考释和造型特征分析的基础上讨论了中古时代墓地石刻在南中国的传播状况。贺越洋《司马芳残碑新考》⑥认为传世的司马芳残碑应为其第三次刻立，这次刻立可能是东晋入魏的司马氏后裔为了对家族墓地进行标识，同时也响应了北魏孝文帝、宣武帝时期重视汉族文士的政策。何亦凡《"简纸过渡"时代的衣物疏——从新刊布的吐鲁

---

① 周方：《滑稽与笑谏：三国朱然墓漆画中的"俳奴"与"俳儿"》，《东南文化》2023年第4期。

② 莫阳：《砖上的"画框"：试论襄阳南朝画像砖墓的年代问题》，《南方文物》2023年第5期，第216—221页。

③ 周杨：《南朝墓葬礼乐符号的建构——再论"竹林七贤与荣启期"题材拼砌砖画》，载张剑葳、彭明浩主编《青阳瑞木——历史考古青年论集》第4辑，上海古籍出版社，2023年，第141—160页。

④ 孙天顺、沈丽华：《汉唐时期陵墓神道石刻的发现与研究》，载张剑葳、彭明浩主编《青阳瑞木——历史考古青年论集》第4辑，第83—93页。

⑤ 耿朔：《重庆忠县刘宋泰始五年神道石柱探微》，载张剑葳、彭明浩主编《青阳瑞木——历史考古青年论集》第4辑，第173—189页。

⑥ 贺越洋：《司马芳残碑新考》，载中国人民大学北方民族考古研究所、中国人民大学历史学院考古文博系编《北方民族考古》第15辑，第392—410页。

番出土最早的衣物疏谈起》①以新刊布的咸安五年（375）《隗田英衣物疏》的形制和书式为切入点考察"简纸过渡"时代的写本，《隗田英衣物疏》正处于木牍向纸张过渡的时代，既保留了木牍衣物疏的书式特点，又体现了纸质衣物疏的变化趋势，是考察物质载体的变化对书式变迁影响的珍贵样本。

除了物质性，碑铭墓志、简帛文书也是文本的重要载体。王素《敦煌吐鲁番与汉唐西域史》②利用敦煌吐鲁番出土文献探讨了一系列疑难问题，展现了其对敦煌吐鲁番与汉唐西域史的整体思考。蒋洪恩《吐鲁番出土文献中的植物名实考证（非本草及佛经类）》③对吐鲁番出土文献中与先民生产生活相关的植物名称进行了较为全面的考证。

田河《出土丧葬简牍考论》④从文本性质、简牍编联、释文校释、名物考证等多个方面对已刊布的战国至南北朝时期的部分丧葬文书加以解读。马洪连《敦煌新出曹魏朱书镇墓文考释》⑤指出敦煌新出曹魏朱书镇墓文解注用语带有浓厚的中原东汉镇墓文遗风，也是汉末魏晋时期道教西传进入敦煌地区的反映。欧佳《洛阳西朱村曹魏墓M1出土石楬名物考（七则）》⑥考释了洛阳西朱村曹魏墓M1出土石楬所记部分名物。魏军刚《〈魏晋十六国河西镇墓文、墓券整理研究〉未收河西墓葬文献辑补》⑦辑补了镇墓文、墓券等河西墓葬文

---

① 何亦凡：《"简纸过渡"时代的衣物疏——从新刊布的吐鲁番出土最早的衣物疏谈起》，《西域研究》2023年第3期，第32—43页。
② 王素：《敦煌吐鲁番与汉唐西域史》，生活·读书·新知三联书店，2023年。
③ 蒋洪恩：《吐鲁番出土文献中的植物名实考证（非本草及佛经类）》，载郝春文主编《敦煌吐鲁番研究》第22卷，第73—112页。
④ 田河：《出土丧葬简牍考论》，中国社会科学出版社，2023年。
⑤ 马洪连：《敦煌新出曹魏朱书镇墓文考释》，《敦煌研究》2023年第2期，第75—83页。
⑥ 欧佳：《洛阳西朱村曹魏墓M1出土石楬名物考（七则）》，《出土文献》2023年第1期，第107—124、158页。
⑦ 魏军刚：《〈魏晋十六国河西镇墓文、墓券整理研究〉未收河西墓葬文献辑补》，《吐鲁番学研究》2023年第2期，第62—74、154—155页。

献。墓志可以反映家族世系、生平及婚宦等情况,武俊华对北魏薛怀吉墓志,罗丰、宁琰对北周宇文鸿渐、宇文吉甫墓志,马振颖、郑炳林对与敦煌有关的北周隋代三种裴氏墓志分别进行了考释。[1]张金龙《"北齐张谟墓志"辨伪》[2]从墓志形制、书体以及志文内容三个角度出发,认为北齐张谟墓志的墓志拓片系伪造。

鹏宇《释东汉魏晋镜铭中的"羲"字》[3]将东汉晚期至魏晋时期的铜镜常出现的"众△主阳"套语中的疑难字释读为羲和氏的"羲"字。谢佳芮《简论汉晋时期医疗器具铭文》[4]指出汉晋时期医疗器具铭文的医用属性突出,具有实用性、专用性及等级性等特点,体现出该时期医疗活动专业化的发展趋势。

器物的诞生和变化有其特定的历史背景和原因,具有复杂的文化内涵。空柱盘流行于西晋时期北方地区的墓葬中,罗丰、龚开源《西晋墓葬出土空柱盘研究》[5]认为空柱盘是魏晋时期薄葬的丧葬观念下诞生的用于祭祀的新器物。卡地尔买合·木提江《吐鲁番十六国－北朝墓葬出土木俑源流考》[6]认为吐鲁番地区十六国－北朝时期墓葬出土的木俑是南方文化向西域动态拓展的结果,反映出频繁的人员迁徙和文化交流。冉万里、刘呆运《略论咸阳底张

---

[1] 武俊华:《北魏薛怀吉墓志考释》,《文物》2023年第1期,第70—77页;罗丰、宁琰:《北周宇文鸿渐、宇文吉甫墓志考释》,《文物》2023年第6期,第82—88、96页;马振颖、郑炳林:《与敦煌有关的北周隋代裴氏裴氏三种集释》,载郝春文主编《敦煌吐鲁番研究》第22卷,第113—128页。

[2] 张金龙:《"北齐张谟墓志"辨伪》,《文史哲》2023年第6期,第97—112页。

[3] 鹏宇:《释东汉魏晋镜铭中的"羲"字》,《出土文献》2023年第3期,第118—122、157页。

[4] 谢佳芮:《简论汉晋时期医疗器具铭文》,《中国社会历史评论》2023年第1期,第253—262、304页。

[5] 罗丰、龚开源:《西晋墓葬出土空柱盘研究》,《考古与文物》2023年第6期,第96—106页。

[6] 卡地尔买合·木提江:《吐鲁番十六国－北朝墓葬出土木俑源流考》,《地域文化研究》2023年第3期,第1—10页。

村十六国墓出土陶连枝灯上的佛像》①指出咸阳底张村十六国墓出土陶连枝灯上的佛像具有浓郁的犍陀罗佛像造像特征，传统器物造型与外来佛教造像相结合，体现了中外文化交流。周梦圆、周保华《南京东吴丁奉墓出土釉陶骑马俑及相关问题探讨》②指出南京东吴丁奉墓出土的釉陶骑马俑为研究马具的发展提供了重要资料，对魏晋时期鼓吹仪仗制度及葬仪中的赗赠和"殊礼"研究也有重要意义。刘德凯《魏晋时期晋式銙带的考古学研究》③系统梳理了东亚地区出土的晋式銙带，指出晋式銙带实质上是汉民族政权的政治信物，其流通是朝贡册封体系的具象表现和天下秩序的缩影。杨桂梅、贾楠《两晋南北朝虎符考》④梳理了两晋南北朝时期的虎符资料，总结了虎符形制特点及发展变化，并探讨了这一时期虎符的使用情况及相应制度。

魏晋南北朝是佛教考古中的重要时段，其中尤以石窟寺最具代表性。本年度田园子石窟、薛李石窟等一些新近发现石窟的调查报告得以公布。⑤在石窟寺研究理论方面，张思宁、祁姿妤《北朝中心柱窟形制发展脉络初探》⑥整体考察了北朝中心柱窟的形制特征以及发展历程，对宿白"凉州模式"进行

---

① 冉万里、刘呆运：《略论咸阳底张村十六国墓出土陶连枝灯上的佛像》，《考古与文物》2023年第2期，第107—114页。

② 周梦圆、周保华：《南京东吴丁奉墓出土釉陶骑马俑及相关问题探讨》，《考古》2023年第9期，第90—99页。

③ 刘德凯：《魏晋时期晋式銙带的考古学研究》，《中国国家博物馆馆刊》2023年第10期，第44—62页。

④ 杨桂梅、贾楠：《两晋南北朝虎符考》，《中国国家博物馆馆刊》2023年第5期，第56—76页。

⑤ 甘肃省文物考古研究所编著：《陇东蒲河流域石窟及造像调查研究——以田园子石窟、薛李石窟为中心》，科学出版社，2023年；薛林、张顺：《甘肃新发现石窟寺调查与初步研究》，《敦煌研究》2023年第2期，第19—33页；武夏等：《山西武乡石仁底石窟调查简报》，《敦煌研究》2023年第2期，第34—40页。

⑥ 张思宁、祁姿妤：《北朝中心柱窟形制发展脉络初探》，《中原文物》2023年第3期，第81—89页。

了辨析与反思，指出中心柱窟自北魏在北方地区而非凉州兴起。唐仲明、黄钰《再论北响堂石窟北洞的性质及开凿时间》①指出北响堂石窟应是一座由高洋供养的、开凿于北齐初年的佛教石窟。王艳《须弥山北朝石窟研究》②对须弥山北朝石窟进行了较为全面的整理与研究，探讨了须弥山石窟的艺术特色与历史地位。李裕群《从邺城到晋阳——八赋岭道上的北齐石窟》③注意到古壶关道上的白岩寺石窟与八赋岭道上的沟口、庆城和霍城石窟，探讨了洞窟形制、造像题材与造像样式及其与都城地区石窟的关系，石窟与古代交通路线的关系等问题。此外，基于佛教寺院遗址的研究也获得了一定进展。何利群《东亚地区早期佛教寺院布局及演变》④探讨了中国5—8世纪中期佛寺布局对朝鲜半岛和日本的影响，指出朝鲜半岛和日本大多数寺院类型应源自中国的祖型。

总　结

围绕南朝化、北族政权中原化、六朝贵族与中古士族等魏晋南北朝史研究领域中的经典理论及视角，方冬、吴溯凡、朱笑言、陈龙玄、程诚、胡伟以笔谈的形式展开讨论，一定程度上传达出学界青年学子对这一时段基本问题的思考和体会。⑤

---

① 唐仲明、黄钰：《再论北响堂石窟北洞的性质及开凿时间》，《考古与文物》2023年第1期，第85—90页。

② 王艳：《须弥山北朝石窟研究》，甘肃教育出版社，2023年。

③ 李裕群：《从邺城到晋阳——八赋岭道上的北齐石窟》，《文物》2023年第11期，第85—96页。

④ 何利群：《东亚地区早期佛教寺院布局及演变》，《考古学报》2023年第2期，第191—214页。

⑤ 方冬等：《笔谈：魏晋南北朝史研究的经典理论及视角》，《南京晓庄学院学报》2023年第1期，第30—43页。

总体而言，2023年度的魏晋南北朝史研究成果丰硕，这些成果从多角度、多层次展开，推动了研究领域的精细化。结构分析、动态分析等后现代史学方法为当下的研究提供了新思路。此外，学者们越来越强调打破学科壁垒，重视吸收考古学、社会学、艺术学、地理学等相关学科的成果和方法，这些都为魏晋南北朝史研究提供了更加丰富的研究资源。

当研究不断向前推进的同时，也出现了一些值得商榷的问题：在史料方面，在出土文献和实物资料愈来愈受到学界重视的当下，对这些出土材料进行使用理应建立在充分甄别和解读的基础上；在研究方法层面，对于学界既有方法论和解释理论的深入思考和对话则显得较为有限；在诸如宗教、中外交流、城市、物质文化等一些领域中的分析还有继续深入推进的空间。此外，对于借鉴自其他学科或者新建立的概念，在使用时需要充分基于史料并清晰明确地进行解释，避免出现"似是而非""拿来即用"的弊病。

附记：拙作蒙业师章义和悉心指导，谨致谢忱。

西方学界中国中古史研究的破壁与省思
——*Early Medieval China*创刊30年来研究综述

章泽玮

Early Medieval China（以下简称"*EMC*"）是国际学界唯一专注于中国中古史研究的英文期刊，自1994年创刊以来，始终是这一领域学术交流的重要平台。截至2024年，*EMC*已发行了30期，共刊发专题论文126篇，专题研讨1组7篇，研究综述14篇，书评64篇，会议纪要14篇，参考书目14篇，导语14篇，讣告和回忆录9篇，数据库介绍4篇。[1]其中有8期是专刊：第10、11期为纪念David R. Knechtges的60岁寿诞，第13、14期为纪念Albert E. Dien的学术成就，第20期是《世说新语》研究专刊，第23期为纪念Robert Joe Cutter的70岁寿诞，第25期为纪念Albert E. Dien的90岁寿诞，第27期为纪念Pauline Yu荣休。

30年来，*EMC*的研究范围覆盖了中古中国的政治制度、社会经济、思想文化等各方面，在诸多领域都取得了重要突破。本文拟对30年来*EMC*的研究

---

[1] 本文以文章的具体性质进行分类，不以各卷目录为据。如一些回顾性的文章在各卷目录中有时被归为专题论文（Articles），本文将其归为研究综述。

成果进行梳理和回顾,把握国际中国中古史学界的热点议题和学术动态,并展望未来研究的可能方向,以期为中国中古史的进一步研究提供有益的借鉴和启示。

一、旧题新诠:前沿动态的范式碰撞

(一)聚焦"中古"的古史分期论争

所谓"中古",EMC官方简介称大致是汉末至唐初这一历史时期,重点聚焦于220—589年,① 这一时段在国内多被称为魏晋南北朝。Dennis Grafflin(1994)② 在EMC创刊号导语中指出,"中古"的时代下限一般认为是589年隋统一全国,但其上限仍较模糊,主要有317年西晋灭亡、220年三国开始、23年王莽新朝灭亡三种说法,其依据是人们认为大一统帝国何时覆灭。

2024年EMC刊发了一组专题研讨,主题是"In the Middle of What? A Forum on Periodization and the Global Medieval",致力在全球中世纪研究领域兴起的背景下探讨历史分期问题。学者们从不同视角探讨了分期的理论困境、实践意义及其对学术研究的影响。编辑导语(2024)指出,传统的朝代或"古代—中世纪—现代"(ancient-medieval-modern)三分法的分期模式均存在局限,难以捕捉社会文化变迁的非线性特征。Patricia B. Ebrey(2024)则为朝代分期辩护,认为其虽侧重政治史,但具有明确的时间共识,且符合时人对自身时代的认知。她强调,分期的核心在于承认其工具性,而非追求普适的客观标准。有的学者试图以新理论和新视角拓展传统分期框架的解释力,

---

① 参见EMC官网:https://www.earlymedievalchinagroup.org/journal/。
② 本文所引文献如无特别标注均出自EMC,为避免注释烦琐,仅在正文中以"作者(论文发表年份)"的形式进行标注。

Hilde De Weerdt（2024）提出"流动性边界"理论，主张通过比较全球中世纪的框架，解构传统的时空固化叙事，借鉴中国思想中的"间"（如时空、人际、世间的动态关系）这一概念重新进行历史分期。Nicolas Tackett（2024）强调10世纪政治分裂期的重要性，认为五代军阀割据不仅摧毁了门阀士族，更催生了跨国精英网络（如沙陀移民）和经济竞争的出现，为宋代地方精英的崛起奠定了基础。有的学者则尝试提出新的分期方法和研究理路，Lucas Rambo Bender（2024）主张从思想史、文化史的角度提炼非西方的分期模式，如玄学时代（3—10世纪？），道学时代（9—17世纪？），古典佛教时代、禅宗时代，复古运动时代等等。Michael J. Puett（2024）主张将"现代"这一概念作为研究对象而非分析工具，以避免将复杂历史简化为"传统"与"现代"的二元对立。Stephen Owen（2024）从根本上质疑分期的认识论基础，认为其本质是亚里士多德式"开端—中段—结尾"叙事结构的投射，分期叙事会选择性强化符合"结论"的史料，遮蔽历史的复杂枝蔓。他提出以"半专业化"合作聚焦具体议题，通过跨区域的史料互鉴，超越民族国家范式，而非强求统一的分期框架。

此外，还有两篇综述性的英译文涉及古史分期问题的讨论。Helwig Schmidt-Glintzer（1994）回顾并评述了中外学界对魏晋南北朝时代特征的探讨，包括历史分期问题、"士族社会"（gentry society）、"贵族制社会"（aristocratic society）、"共同体"（kyōdōtai）假说等。Tanigawa Michio（1994）回顾并评述了内藤湖南、宇都宫清吉、宫川尚志等学者关于中国中世的观点，并提出"人＝家族和社会"是六朝贵族得以存在和发展的本质特征。

中国古史分期问题是中国古代史研究中的一个重要课题，在20世纪讨论热烈，涌现出了丰硕的学术成果，被誉为史学界的"五朵金花"之一。[①]李祖

---

① 蒋海升：《"西方话语"与"中国历史"之间的张力：以"五朵金花"为重心的探讨》，山东大学出版社，2009年，第1—3页。

德、林甘泉、朱绍侯、张广志、罗新慧、王彦辉、张越等都曾对20世纪中国古史分期问题的讨论进行过回顾总结。①但21世纪以来，这一问题的研究和讨论日趋沉寂，研究成果断崖式下降，仅有冯天瑜、陈明镇、黎虎、徐义华等寥寥数论。②我们欣喜地看到当下的西方学界又重新开始关注这一问题，并且是站在全球史的视野下进行探讨，这对于中国乃至世界古史分期的研究都具有重要意义。

（二）异彩纷呈的文学艺术研究

中古时期的文学研究始终是西方学界最为关注的核心领域之一，其学术成果之丰硕与方法论创新之活跃令人瞩目。在文本阐释层面，学者们不仅注重对作品内容的微观剖析和艺术手法的深层解读，更致力将思想情感表达与历史语境还原相结合，揭示出中古文学生态的复杂肌理。

第一，文学作品内容和主题的深入解读。某一重复出现的物象尤为学者们所关注，Olivia Milburn（2016）分析了《迷迭赋》或《迷迭香赋》的文学价

---

① 李祖德：《中国古史分期问题讨论综述》，载朱绍侯主编《中国古代史研究入门》，河南人民出版社，1989年，第453—489页；林甘泉、田人隆、李祖德：《中国古史分期讨论五十年（一九二九——一九七九）》，上海人民出版社，1992年；朱绍侯：《中国古史分期讨论与中国史研究》，《史学月刊》1998年第6期，第3—7页；张广志：《中国古史分期讨论的回顾与反思》，陕西师范大学出版社，2003年；罗新慧：《20世纪中国古史分期问题论辩》，百花洲文艺出版社，2004年；王彦辉、薛洪波：《古史体系的建构与重塑——古史分期与社会形态理论研究》，河南大学出版社，2009年；张越：《近40年来中国古史分期问题研究述论》，《思想战线》2021年第4期，第74—86页。

② 冯天瑜等：《秦至清社会形态再认识笔谈》，《湖北社会科学》2007年第1期，第106—110页；陈明镇：《奴隶社会之辩——重审中国奴隶社会阶段论争》，《历史研究》2017年第1期，第159—178页；黎虎：《中国古史分期暨社会性质论纲——兼论中国传统社会的主要矛盾问题》，《文史哲》2000年第1期，第46—76、165—166页；徐义华：《中国古史分期问题析论》，《中国史研究》2020年第3期，第40—54页。

值,以及植物、权力与文化的复杂关系,指出诗人为曹丕种植的来自罗马帝国的迷迭香作赋,既表达了对异域奇珍的欣赏,也暗含了曹丕对人才的欣赏。Cynthia L. Chennault(2006)分析了不同文献和诗歌中"桂"的具体指代及其含义,指出当它表示肉桂时通常象征长寿和超凡脱俗,当它表示桂花时通常象征隐逸和佛教的清净思想。Xurong Kong(2017)通过对《艺文类聚》中九篇石榴赋的翻译和分析,指出在东西方文化中,石榴被视为美丽女性的象征,同时也象征着生命力、繁衍、健康等,《艺文类聚》中的石榴赋普遍使用了六言或四言的格式,构建了传统的三段结构(引言、描述、赞美),并通过比喻和夸张等修辞手法,强化了石榴的象征意义。Zornica Kirkova(2018)结合文献、考古与图像资料,探讨了东汉六朝诗歌中香炉这一物象所承载的多重意义,指出香炉在宴会上不仅是用于宗教或仪式的工具,还与人际交往和政治社交有着密切联系,不同的文化和社会语境赋予香炉不同的象征意义,有时还可视为弃妇或清官的象征。Robert Joe Cutter(2018)引入"Gastropoetics"(美食诗学)这一概念,用来描述食物、文化实践、文化记忆、诗歌遗产、社会纽带与社会身份之间复杂的关系,指出建安时期的诗歌中,食物常常是社会身份、阶层和文化差异的体现。诗人通过诗歌将宴会场景和食物转化为集体记忆的一部分,不仅表达了他们的思想和情感,而且实现了对过去的怀念和对文化的传承。Chiu-Mi Lai(2004)探讨了"岁末"(late season)母题在文学作品中象征意义的转变,指出在传统文学作品中,这一母题常与秋天的萧瑟凋零景象相联系,用以表达悲伤和失落的情绪,但到了中古早期,诗人们对"岁末"母题进行了重新定义,将其视为解放与自由的象征,这在潘岳、陆机和张协的作品中尤为突出,体现了诗人在面对生命无常时的积极心态。Scott Pearce(2008)通过北朝乐府中的诗歌来审视战士的形象和精神,指出北朝的军事文化并非某一族群的专属,而是由不同族群共同构筑的。在这些文化符号中,剑和马是重要的象征,它们代表了战士的力量、荣誉和男性气概。北朝的军事文化还影响到了南朝,一些北朝民歌和军事音乐传到南朝后被重新改编和演绎，并被赋予了新的意义。

第二，文体的形式演变和文本的版本流变研究。Ronald Egan（2021）探讨了从盛唐到晚唐题画诗的发展和变化，指出盛唐时期的诗歌内容多注重对画面的直观描述，晚唐时期的诗人则更关注画作所传达的精神和情感，以及画家在创作过程中的心路历程和艺术追求，诗歌形式逐渐倾向于短小精悍的律诗，注重音韵和节奏的美感。Antje Richter（2006）对早期中古中国的书信进行了研究，指出书信的书写材料经历了从丝绸、木简、竹简到纸张的演变；正式书信结构较为严格，私人书信则较为随意；信件的投递主要依靠私人信使，送信过程需要一定的经济资源和人际网络，偶尔还会遇到信件丢失的情况，尽管如此，书信写作在当时社会可能比预想得更加普遍，它不仅限于精英阶层，因其不仅是沟通交流的工具，也是当时社会关系的重要纽带。Wilt L. Idema（2005）指出《登楼赋》是东汉王粲创作的一首抒发思乡之情的作品，后被改编为元杂剧《王粲登楼》，并在明清时期广泛流传，诸版本的基本情节大体一致，但在表演风格和文本细节上存在显著差异，元代版本侧重于舞台表演的动态性，而明代版本则更注重文学性和观众的阅读体验，这种变化不仅反映了戏剧文本在传承中的"形变"，也显示了不同历史时期的意识形态对戏剧内容的塑造。Stephen H. West（2021）通过考察元曲《天净沙·秋思》诸种版本在音律、词汇等方面的差异，指出这首作品的创作可能并非由单一的个体完成，而是经过历史积淀和多人创作形成的，这种集体创作的特性与传统的表演文化密切相关，作品的形式和内容都可以随着表演的需要而不断调整。

第三，文人之间的互动关系和思想争鸣研究。Ding Xiang Warner（2005）探讨了王维和裴迪在《辋川集》中的诗歌互动，并建议将裴迪视为王维的诗歌合作伙伴，而不仅仅是一个附属诗人。Richard B. Mather（2008）勾勒了范云与何逊之间以诗文相交的忘年情谊。Paul W. Kroll（2021）通过对江淹作品的解读，呈现了江淹与袁炳之间的友谊，展示了文人之间的深厚情谊和相互扶持的精神。Xiaojing Miao（2024）通过对唐太宗三首诗和两首赋的分析，指出太宗通过赠诗给臣子，既传达了对臣子的赞赏、期许或告诫，增强了与臣子之间的亲密关系，又展现了自己的文化素养，为后世留下了宝贵的文化遗产，还巩固了自身的政治地位，将自己塑造成英明君主，维护了国家的稳定，为"贞观之治"的繁荣奠定了基础。Nicholas Morrow Williams（2015）以萧统、萧纲和萧绎的书信和文学评论为中心，探讨了梁朝文学思想的分歧，对周勋初、田晓菲的梁朝文学争论派系的划分进行了回应，指出梁朝宫廷确实存在文学争论，但不能简单地将他们划分为不同的派系，文人的文学思想是多样复杂且会改变的，如萧绎的文学观就从主张创新转向保守。

第四，文学作品反映的人生哲思研究。Dominic J. Toscano（2024）指出鲍照在诗歌中运用多种时间意象，构筑了一个复杂多变的时间世界，表达了对时间流逝的无奈、对过去被时间吞噬的恐惧，以及对生命短暂的悲叹。Fusheng Wu（2003）分析了孔融、欧阳建和谢灵运的《临终诗》，探讨了三位诗人面临死亡时如何通过诗歌抒发他们的理想和遗憾。Robert Joe Cutter（2004）梳理了诔文这一文体在早期中古中国的发展演变情况，指出魏晋时期的诔文在结构上保持传统，但在内容上更注重抒情和表达作者自身的细腻情感，由此，诔文从最初的叙事性、纪实性逐渐转变为一种抒情化的文学形式，反映了当时社会对死亡的态度发生了变化，人们更多地开始思考个人命运与宇宙之间的关系。Alan J. Berkowitz（2004）考察了王僧达的《祭颜光禄文》，指出这篇祭文表达了王僧达对颜延之功绩和德行的赞美与敬仰，还展现了深刻的个人情感和人生哲思。Stephen H. West（2005）分析了欧阳修的《秋声赋》，指出此赋不仅是对秋天景象的描写，也蕴含着欧阳修对生命、时间和死亡的深刻思考。

第五，文学作品的创作风格和艺术表现研究。谢灵运及其作品尤为学者所青睐，Stephen Owen（2004）考察了谢灵运独创的"书斋山水"（bookish landscapes）诗风格，指出谢灵运常常在自然景观中寻找与经典文本的呼应，并尝试在现实中检验这些文本的真实性，并从中找到新的诗意表达方式，这种行为不仅仅是对过去的重现，更是对历史和经验的深刻反思。因此，与其说谢灵运是一位"山水诗人"，不如说他是一位"书斋山水诗人"。Wendy Swartz（2015）指出谢灵运在《山居赋》中强调物理空间的重要性，这与他所信奉的佛教理念相呼应，尽管他追求的是精神的"空寂"，他的物质环境却是极其丰富的，从而构筑了不同于以往以心境为主的隐居观。Rebecca Doran（2011）指出谢灵运《拟魏太子邺中集诗》通过回忆和重现魏太子游宴的场景，试图在诗中探索政治权力、文化传承以及个人命运的复杂关系。

此外，Robert Joe Cutter（2013）分析了赋体文学中的女性形象和"财产修辞"（the rhetoric of property），认为女性的身体在赋中被分解为一系列可以欣赏和占有的"部件"，这与财产的列举和占有极为相似，本质上反映了男性权力在社会结构中的主导地位。此外，女性还是政治理想的隐喻，如曹植的《洛神赋》实际上反映的是当时复杂的政治斗争。Paul W. Kroll（2004）指出在李白创作《蜀道难》之前，已有多篇相关诗作，李白从这些早期作品中汲取灵感，并进行了彻底的个性化重塑，形成了独特的艺术表达，创作出了该题材的巅峰之作，此后几乎无人再写作此类题材的诗歌。

第六，文学作品反映的社会历史研究。陆云相关的作品得到了广泛关注，Fusheng Wu（2010）分析了陆云为司马颖所作的两首诗歌，指出陆云在表面上颂扬司马颖的同时，也为自己留了一条后路，陆云在诗中反复使用模糊的语法结构，使得诗歌的赞美对象模棱两可，从而在政治上保持中立，避免得罪当时的皇帝司马衷。Sujane Wu（2011）指出陆云在《南征赋》中将自然景象与战争场面相结合，并通过复杂的隐喻和典故表达了他对国家前途的担忧以及对君主统治的微妙批评。Sujane Wu（2017）探讨了"周处除三害"故事的真实性及其历史和文学背景，提出周处可能确实拜访过陆云，时间约在274—276年，而非学者们普遍认为的280年后，虽仍不能完全证实"周处除三害"故事的真实性，但现有证据也不足以将其完全认定为虚构。

此外，Martin Kern（2004）分析了汉代史书中的诗歌，指出汉代史书通过具体的历史背景来呈现诗歌,使其成为那个特定历史时刻的"真实声音",这种方法不仅保存了诗歌,还为其提供了诠释框架,使后人能够在特定的历史语境下理解这些作品。并且,汉代史书中的诗歌常常与政治事件密切相关,这些诗歌既是历史事件的叙述部分,也是作者对人物命运和历史发展的深刻思考。此外,汉代诗歌还包括了楚歌等具有地方特色的诗歌风格,这些风格在史书中被反复提及,展现了汉代文学的多样性。Joanne Tsao(2017)探讨了铜雀台这一历史遗址在南北朝时期的文化象征与文学意义,指出铜雀台最初是曹操为展示自己的政治和军事成就而在邺城建造的高台,但曹操去世后,铜雀台成为人们缅怀历史、反思人生无常的场所,特别是曹操的遗嘱要求他的姬妾继续在铜雀台上为他表演祭奠仪式,这一场景在文学作品中逐渐成为悲伤和孤独的象征,许多关于铜雀台的诗歌也逐渐从对曹操的赞美转向了对其姬妾命运的同情。Michael J. Farmer(2004)对《女史箴》是张华在贾南风掌权期间创作的旨在批评贾南风及其家族行为的传统观点进行了反驳,提出《女史箴》可能是在永熙元年(290)创作的针对杨氏家族的作品,因为杨骏家族在晋武帝病危期间独揽朝政,且《女史箴》中规范劝诫女性行为的内容与当时杨太后及其家族的处境高度契合。Stephen Owen(2021)聚焦于六朝时期南方的乐府诗,指出以往常将庶民诗歌视为"自然"的表达,但实际上这些诗歌是通过表达"成为自然"的渴望,来强调其真实性和内在价值。庶民诗歌通过宫廷和民间的互动得以广泛传播,但诗歌的内容和主题大多是由世家大族决定的,他们根据兴趣和需求选择性地保存"自然"的诗歌,以满足他们对南方平民文化的幻想。Jonathan Pease(2005)指出南宋诗人杨万里在浯溪的经历是他诗歌创作生涯的关键转折点,杨万里在浯溪刮去了唐代诗人元结所作《大唐中兴颂》石刻上的苔藓,与之进行跨时空的精神对话,由此创作《浯溪赋》,表达了对国家命运的忧虑和对未来的希望。

第七,鉴赏文学作品的方法和理论探讨。文学作品的模糊性饶有趣味,Xiaofei Tian(2009)提出理解《古诗十九首》的关键在于它的"表现性"

（performativity），诗歌中的故事情节往往较为模糊，需要听众或读者自己通过想象和体验来补充，这使得诗歌具有高度的参与性。Qiulei Hu（2015）也指出早期的五言诗常常缺乏明确的性别和主体，诗中的"我"不一定总是能够被明确为某个性别或某人，这是因为早期五言诗多用于表演，因此需要适应不同的场合和角色。随着表演功能的消失，诗歌逐渐成为阅读的文本，于是读者在解读诗歌时就会遇到困惑。至5—6世纪，人们试图通过修订、模仿和重新诠释来澄清早期诗歌中性别和主体的模糊性。Alexander Beecroft（2009）从口述诗学（oral poetics）的角度对乐府诗进行了重新解读，认为许多匿名乐府诗体现了"公式化语言"（formulaic language）的特征，它们往往依赖固定的语言模式和段落结构，因而更适合在表演场合中传播，而文人创作的乐府诗，如沈约和萧统的作品，则更注重词汇的装饰性和文本的连贯性。

此外，Nicholas Williams（2011）提出"半押韵"的概念，即在押韵结构中出现的不规则押韵，过去学者常将不规则押韵归因为方言差异或诗人不熟悉韵律标准，他则认为半押韵是诗人有意为之的一种创作手法，这种押韵形式使诗歌创作更加灵活，从而使诗人能够在押韵的框架内更自由地表达复杂的情感和思想。Wendy Swartz（2021）提出"姿态"（gesture）概念用以解读陆机的文学创作，"姿态"不仅包括外在的身体动作，还包含内在思想和语言的动态互动，陆机恰认为文学创作是一个不断变动的过程，充满了不确定性和灵感的闪现，因此他关注创作的每一个阶段，包括阅读、吸收、想象和写作。

第八，志怪小说研究。人类与动物的身份转化问题引人瞩目，Antje Richter（2023）分析了三则志怪小说中动物冒充人类并最终被揭穿的故事，揭示了当时社会对身份、特权和秩序的深刻思考。Robert Ford Campany（2023）考察了志怪小说中的"非人自修者"（nonhuman self-cultivators）现象，尤其是动物通过修炼实现形体转换并追求长生不老的叙事模式，指出这些故事的叙事基于"精、气、神"理论，与养生术密切相关，而东晋时期的社会动荡加剧了人们的身份焦虑，这些故事反映了当时社会的文化心态。Manling Luo

（2023）通过分析三则人化为虎又变回人的故事，探讨了人性与动物性的关系，指出隐性食人是这些故事的中心议题。当人化为虎后，主人公不再受人类伦理和社会的约束，食人被视为是一种符合动物性逻辑的行为。但即便化为虎，主人公仍然保有部分人类意识，尤其是对食人行为的某种模糊悔意或矛盾心理，这种挣扎体现了人性与动物性之间的不完全转化。主人公经历从人到虎，再从虎回归人类后，其身份处于一种模糊的状态，这意味着动物性与人性不是二元对立的关系，而是可以互相转化的。

此外，Madeline K. Spring（2005）探讨了六朝和唐代志怪故事中"短暂浪漫的邂逅"（fleeting romance），指出这类故事多为男主人公在荒僻的地方与神秘女子邂逅的爱情故事，这不仅是对美好爱情的向往，更是对生命的短暂和美好事物易逝的反思。Erin L. Brightwell（2012）将《述异记》中的故事分为"说明性条目"（expository entries）和"叙事性条目"（narrative entries）两类，前者是对各种神异现象的分类和解释，后者以完整的故事形式出现，强调人与神异力量的互动；并指出《述异记》在展示神异现象时，不仅是为了娱乐或猎奇，而是在通过知识的分类来解释这些神异现象，如某些关于死亡的故事更多采用"嵌入式叙事"（subsumed narrative）形式，而与知识、道德、权力相关的故事则更多采用"纯叙事"（pure narrative）形式。

艺术方面，主要涉及中古时期的音乐研究，Lu Kou（2022）探讨了隋朝如何通过音乐的正统化来构建和展示"听得见的帝国"（audible empire），指出隋朝通过音乐的标准化构建文化认同，宣传和谐的政治理念，展示帝国的权威，以此维系政权合法性。诗歌是隋朝臣民表达对音乐体验的重要载体，但他们对音乐的感受是复杂的，一方面他们被音乐的壮丽和仪式感所震撼，另一方面也会对音乐的奢华过度及其所传达的政治信息产生怀疑。

（三）独树一帜的军事研究视角

军事研究的视角颇为独到，既有对战略战术的全面分析，也有对具体战例的细致考察。战术方面，学者尝试从文学作品中汲取信息，分析文学与战争之间的深层关系。Meow Hui Goh（2022）通过对汉末三国时期檄文、信件、伪投降书的分析，指出文学可以作为战争工具，用于欺骗、说服、操纵敌方，揭示了写作的战术性和艺术性，从而勾勒出战争、诈伪与写作之间的复杂关系。Meow Hui Goh（2017）则具体分析了陈琳所撰檄文的语言技巧、修辞策略以及它们在战争中的作用，指出檄文不仅是简单的政治宣传工具，还体现了三国时期复杂的权力和道德辩论，陈琳为袁绍撰写的檄文主要通过人格攻击的策略来贬斥曹操，而为曹操撰写的檄文则试图通过彰显曹操的军事力量和天命的方式劝服孙权的部下归降。此外，David A. Graff（2007）探讨了唐代军事将领李靖的战术理念和军事实践，指出李靖特别关注军队的组织、管理与部署，重视侦察和防御措施，经常使用假退和埋伏战术，善于灵活变换作战阵型。

战例方面，John Killigrew（1999）分析了诸葛亮主持的五次北伐经过，指出诸葛亮在北伐中展现了出色的战术技巧，具有杰出的军事组织和管理能力，但在战术实施上过于保守和僵化，未能做出合时的调整，导致多次战败，最终致使蜀汉国力削弱。John W. Killigrew（2003）考察了西晋灭吴之战，指出西晋成功战胜孙吴的原因主要有强大的经济基础、充分的战略规划、出色的军事指挥、果断的战略决策和强烈的统一意志，而孙吴方面则政治腐败、官员昏庸、军心涣散、决策失误，无法形成有效的防御体系。

（四）渐趋成熟的历史书写理论

近年来，历史书写研究逐渐兴起并发展成熟，西方学界也尝试利用这一理论方法展开研究。首先，聚焦于对某一历史人物的考察。Michael Farmer（2017）基于《三国志·谯周传》，梳理了谯周的出身、性格、政治生涯、学术贡献、历史评价等内容。Sujane Wu（2001）详细解读了《晋书·陆云传》，通过探讨陆云的文学成就、玄学思想和政治活动，展现了其作为一位才华横溢的文人和官员的多重身份。Sebastian Eicher（2016）从宏观的叙事结构、内容选择以及微观的家庭关系、性格特点等方面细致分析了《宋书·范晔传》对范晔不忠不孝的负面形象的塑造。Scott Pearce（2005）考察了荀济的个体生命史，荀济因反佛引起了梁武帝的不满，被迫逃亡北方，东魏时为元善见亲信，参与了针对高澄的刺杀计划，因刺杀未果而被处决，由此展现了早期中古中国的政治动荡和文化冲突以及个体在其中的挣扎和沉浮。Scott Pearce（2000）重新审视了侯景的生平和行动，反思了历史对他的负面描绘，勾勒出侯景在动荡时代背景下的复杂面相。Dorothy C. Wong（2002）探讨了玄奘形象在东亚不同文化中的演变过程。

其次，对不同历史人物或同一历史人物在不同文本中的形象进行比较研究。Meow Hui Goh（2013）考察了汉文帝和魏文帝的遗诏，提出遗诏不仅是对皇帝死后葬礼的安排，还可用修辞技巧来塑造皇帝的形象，汉文帝在遗诏中反复使用"朕无德""不德"等词语进行自我贬低，将自己塑造成一位关心百姓疾苦的"文帝"形象；魏文帝则回顾了自己对国家的贡献，展现了自己仁爱宽厚的施政理念，从而也将自己塑造成一位"文帝"。Matthew V. Wells（2015）探讨了东晋权臣王导的形象，指出《晋书》和《世说新语》对王导的描述有显著不同，前者更注重其在国家政治中的忠诚与贡献，从而将王导塑造成一位忠诚道德的理想官员形象，而后者则呈现出王导更为复杂多面的形象。Yuan-ju Liu（2016）比较了法显亲撰的《佛国记》和其他文献中记载的法显事迹，阐明了不同作者对同一事件的不同兴趣点。法显《佛国记》以第三人称叙述为主，记载他个人的旅行经历和风土人情；慧皎《高僧传》对法显的记载更具传记性质，强调他的佛教贡献；僧祐《出三藏记集》侧重记载法显带回的佛经以及他的译经事业；宝唱《名僧传钞》记载了法显取得佛经的经过，并强调法显在修持方面的功德。通过多种文献的重述，法显的形象从一位勇敢的朝圣者逐渐转变为一位忠于佛教教义的文化英雄，类似现象在佛教僧侣传记写作中十分普遍，表明宗教故事常常通过多次重述获得更广泛的影响力。

二、立体解读：核心议题的深层叩问

（一）中古社会的多重面相

社会与经济是 *EMC* 的重要研究领域之一，学者们围绕中古社会的变迁，从家族活动、礼制规范、区域结构、社会风尚、人口迁徙、经济形态等多个维度展开深入探讨，揭示了中古社会变迁的复杂性和深刻性，深化了对中古社会各要素相互作用机制的理解，展现了中古社会发展的动态图景。

家族与礼制方面。Howard L. Goodman（2009）通过对东汉至西晋时期荀氏家族的墓葬、丧礼和悼词的分析，指出家族的丧葬和悼念活动不仅是个人的情感表达，更是家族展示其社会政治地位和影响力的重要途径。Qiaomei Tang（2022）探讨了"两嫡"现象及其引发的礼制问题，聚焦于晋朝时期对两嫡现象的四次讨论，指出两嫡现象不仅是私人的家庭事务，而且具有深刻的政治背景，因为王朝的政治合法性问题往往与传统的礼仪和继承方式密切相关。

社会与区域方面。Xudong Hou（2007）考察了北朝时期的村落，指出北方各地遍布村落，尤其是都邑和交通线附近，且出现时间较早，它们是城镇之外百姓的主要居住地。村落与治所的关系是动态的，一些村落可能因战略地位突出而发展成新的治所，而一些治所可能因为并省移徙等原因被废弃而复为村落。Andrew Chittick（2020）提倡关注不同的文化区域、不同的民族群体及其独特的文化和政治身份，并提倡断裂性历史的研究视角，强调东亚的中古早期是由政治断层、文化差异和社会转型构成的，这些断层构成了更为复杂的历史进程。进而以建康帝国研究为例，指出帝国不仅是通过军事和政治的统一来维持秩序，它也具有文化、社会和宗教方面的多样性，因此，帝国应当被理解为文化融合和地方政治动态的交织体，而不仅仅是统一政权的标志。Connie Chin（2008）利用多种科学和历史证据，指出晋朝时期的气候变化是导致人口大规模迁徙和社会动荡的重要因素之一，并以多幅地图展现了人口迁徙的路径与模式。他指出北方的干旱和寒冷促使大量中原汉族向南方迁徙，这一方面促进了江南地区的开发，另一方面北来侨人和土著居民对资源的竞争也导致了南方社会结构的变化。同时，游牧民族为寻求生存空间也南下入侵中原，由此加速了西晋的崩溃。

女性与风尚方面。Scott Pearce（2024）在评述三本聚焦女性史研究的专著时，对中古时期宫廷女性的地位和经历进行了考察，揭示了女性在政治权力运作中扮演的多重角色。Rebecca Doran（2020）以汉代孙寿的时尚风格为研究对象，探讨时尚与历史想象、社会政治秩序、文学表现之间的复杂关系。在汉代，孙寿的风格因其新奇，与主流审美不符，而被视为对社会秩序的挑战和破坏，在《后汉书》中被视为"服妖"。随着时间的推移，孙寿的风格逐渐被接受并融入主流时尚之中，其审美意义得到强化，许多文学家都在作品中描绘孙寿的风格，孙寿的风格逐渐从具有政治寓意的"服妖"转变为女性魅力的象征。Olivia Milburn（2020）考察了早期中古中国文学中的甜味体验，指出甜味在文学作品中并非单纯的味觉体验，它们往往作为一种文化符号，与上层社会的权力和奢侈紧密相连。因为糖类在当时稀有且昂贵，蜂蜜被视为贵族的象征，甘露具有神圣意义且常与帝王的恩泽和天命相关联，甘蔗是奢华享受的代名词，故食用这些稀有的糖类是一种社会地位的象征。

经济与动物方面。Keith N. Knapp（2019）综合分析河西壁画砖与《齐民要术》，指出在经济活动中，家畜不仅是生产工具，也是社会身份和财富的象征，马匹更成为北方游牧民族主要的交通工具和战争工具。此外，祭祀活动中也会使用牲畜，墓葬中家畜的形象往往与贵族身份、政治地位等密切相关，表明家畜的养殖也是社会秩序和权力结构的体现。David Knechtges（2021）探讨了中外文化中的鹤，指出在宫廷中，鹤舞不仅是娱乐性表演，而且往往参与礼制建设；在诗歌中，鹤被视为一种象征，借以探讨人与自然、长寿、孤独等话题；在古希腊和古罗马文化中，人们通过观察鹤的迁徙来标记季节的变化，鹤的飞行形式甚至影响了字母的形成。因此，鹤不仅是中华文化的专属符号，在古代西方文化中也占有一席之地。

（二）思想与宗教的交织互动

思想与宗教的多元互动是中古史研究的重要议题，学者们不仅关注不同宗教信仰体系的兴起、发展与交融，还探讨了思想观念的传播、变迁及其对社会价值体系、政治制度和日常生活的深远影响。通过对经典文献、思想论辩、科学技术的多维考察，揭示了思想史与宗教实践交织互动的深层逻辑，展现了中古时期人们精神世界的丰富性与多样性。

儒学与玄学方面。Brook Ziporyn（1995）以《太玄经》为例，探讨了扬雄对时间和空间秩序的系统构想。John Makeham（1999）指出何晏在《论语集解》的编纂过程中并不起主导作用，且《论语集解》中并没有强烈的玄学思想。Keith N. Knapp（2000）考察了皇甫谧的天命观和生死观，指出尽管汉代儒学在魏晋时期走向式微，但其影响仍十分深远，皇甫谧的天命观就深受汉代经学尤其是谶纬的影响，而他的生死观则融合了儒、道思想。

宗教方面。学者们致力对宗教文献的细致考察。

佛教方面，Yuet Keung Lo（2006）强调了《百喻经》作为佛教文献的独特性，指出《百喻经》通过通俗易懂的寓言故事传播佛教教义，并影响了此后叙事文学、口述文学和表演艺术的发展。Robert Ford Campany（2018）以《法华经》中的神迹故事为例，探讨了佛教经典在早期中古中国的接受与传播方式，强调经典的权威并不完全依赖于经典本身的内容，而更依赖于读者与文本的互动，当信徒阅读、接受、实践这些神迹故事时，就能感受到经典带来的神圣力量，从而激发出虔诚的信仰行为。

道教方面。Matthew Wells（2003）分析了葛洪在《抱朴子》中所撰的两篇序文，指出序文的写作不仅是为了阐述其哲学和宗教思想，还试图借此塑造自己的形象，由此开创了新的自传写作范式。J. E. E. Pettit（2023）考察了东晋时期道教上清派文献中的"神化"（apotheosis）观念，指出早期文本对"神化"过程的描述十分严格，强调完成所有修炼阶段后才能获得神灵身份，后期文本则颇为灵活，修道者在人间阶段就可以拥有部分神灵身份，但无论何种模式，修道者都需通过自身努力来实现转化，由此揭示了人神身份转化过程的复杂性及其社会文化意义。

三教关系也是学者们尤为关注的话题。Livia Kohn（1998）通过对业力和轮回的探讨，考察了中古时期佛教和道教之间的互动，指出尽管二者在教义上存在差异，但在世俗民众层面，二者存在着融合的倾向。Paul W. Kroll（2012）以慧琳《均善论》（又名《白黑论》）和江淹《无为论》为例，探讨了刘宋时期佛教与儒、道思想的深层次交流与对抗，指出慧琳倾向于平衡佛教与儒道的关系，这虽使他在佛教界饱受批评，却得到了宋文帝刘义隆的支持，在宗教与政治环境中成功保留了地位；江淹则认为个人应当顺应时代和天命，不应追求显赫与功名。Yiyi Luo（2020）分析了北周时期的三篇文学作品，揭示了6世纪70年代北周宫廷中佛教徒、道教徒、皇帝及文人之间错综复杂的思想交流和权力斗争。北周武帝的《二教钟铭（并序）》在提及佛道二教时保持了文学修辞上的平衡，显示出他意图将佛道二教视为同等的从属于国家的宗教；庾信的《奉和阐弘二教应诏》和《奉和法筵应诏》表面上似乎支持皇帝的政治决策，但都暗含对统治者的批判。

法国学者对袄教更为关注。Pénélope Riboud（2019）结合文献和考古资料，指出袄教祭司不仅在日常宗教活动中扮演重要角色，在婚姻、订立合约或战事决策等社会仪式和国家事务中也是重要的参与者。袄教传入中国后也逐渐融入了中国的宗教环境，开始与道教、佛教融合，这种宗教适应性使得中亚宗教和中国本土宗教之间的界限逐渐模糊，对中国社会产生了深远影响。

民间信仰方面。Ling Li（1995）通过对考古材料的梳理，指出"太一"在先秦时代就已经是一种兼有星、神和终极物三种含义的概念。Richard B.

Mather(2000)探讨了南齐时期谢朓担任宣城太守期间主持的祭祀活动及其文化意义,指出谢朓重视对敬亭山神的季节性祭祀,一是为了维护"天人感应"的传统,强调皇权的正当性;二是为了遵循传统祭祀职责,以确保地方与自然的和谐;三是为了提升个人的文化声望。谢朓为祭祀活动创作了系列诗歌,赋予了敬亭山独特的文化地位,增强了谢朓个人与地方的文化关联。Victor Cunrui Xiong(2007)通过分析各种天象的象征意义,揭示了唐代朝廷如何利用占星来解释政治、战争和国家事件,阐明了天象在政治和社会生活中的深远影响。Dominic Steavu(2022)分析了"梦境"与"幻象"这对范畴,指出二者在某些文化背景下具有交叠性,如庄周梦蝶,且二者常常被视为获得启示或预兆的方式,许多古代帝王和贵族通过梦境来寻找未来的指引,因而梦境也具有了政治和社会功能。

科学技术方面。Sun Shouling(2007)利用多重证据证明了西夏文《维摩诘所说经》下集是泥活字版本,由此证明了毕昇发明的泥活字印刷术不但在实践中取得了重大成果,而且在时隔100多年后的西夏仁宗时期仍在使用。

三、瓶颈突破:学科生长的破局之道

(一)文本与史料的深度挖掘

EMC 的传世文献研究集中于《世说新语》,第20期更是《世说新语》研究的专刊,学者们对《世说新语》的作者、内容、流传、翻译等进行了全方位的考察。作者和内容方面,Zhenjun Zhang(2014)对《世说新语》的作者刘义庆进行了考察,依次分析并评价了他作为一位宗王和高官、文学爱好者、佛教徒的功业。David Jonathan Felt(2014)通过分析《世说新语》中涉及情感表达的轶事,揭示了其中的"情感体制"(emotional regime),指出这种对不同情感表达进行评价和等级划分,主要基于两个原则:超然的情感

（emotional detachment，又被称为"雅量"），是指人在面对外界刺激时，能够保持平静和不动摇；自然的情感（emotional naturalness），强调情感应当根据自然的反应来表达，而非刻意压抑或矫饰。在《世说新语》的"情感体制"中，超然是最高的情感理想，自然是次佳选择。Audrey Spiro（2007）从文本与视觉艺术的关系出发，探讨了《世说新语》中的绘画轶事及其在中古中国艺术理论中的地位。以顾恺之的"点睛"故事，认为"点睛"行为是赋予画作生命的一种仪式性动作，类似于宗教艺术中的开光仪式。Jack W. Chen、Zoe Borovsky、Yoh Kawano、Ryan Chen（2014）运用数字人文技术对《世说新语》进行了研究，他们通过社会网络分析，构建了《世说新语》中人物之间的关系网络，指出谢安、桓温、王导等核心人物贯穿了许多章节，表明他们在当时社会中的重要性；通过地理信息系统（GIS），将人物的地理信息映射到历史地图上，展示了魏晋南北朝时期主要人物的地理分布，进而探究琅琊王氏、陈郡谢氏等家族在不同历史阶段的兴衰。

流传和翻译方面。Joseph R. Allen（2014）、Albert E. Dien（2014）、Graham Sanders（2014）对《世说新语》的英译本进行了讨论，Joseph 高度评价了 Richard B. Mather 的翻译工作；Albert 指出"世说"和"新语"应被理解为并列关系，故书名可以翻译成 *Traditional Tales and Recent Accounts*，这能更准确地反映书中内容的时间跨度和叙述主题；Graham 则将书名翻译成 *Stories of the Ages and Recent Anecdotes*。Kim Jang-hwan 和 Lily Xiao Hong Lee（2006）梳理了《世说新语》在韩国不同时期的传播和研究，展示了其在韩国文化中的持续影响力。Nanxiu Qian（1998）从作者和时代背景两方面对服部南郭《大东世语》与刘义庆《世说新语》进行了比较，指出大东时代与魏晋时代的社会背景十分相似，都是皇权旁落的时代，受德川时期学习中国古典文献热潮的影响，服部对《世说新语》产生了热情，并模仿其风格编撰《大东世语》，在保留日本独特文化特征的同时，以自己的审美和艺术品味对文本进行润色。这种大东原创性、魏晋精神和服部理想之间的固有张力赋予了《大东世语》

独特的魅力。

其他传世文献的研究。Eric Henry（2003）探讨了《吕氏春秋》和《说苑》这两部文献中的年代错误和不合时宜之处，指出这些文本并非严格的历史记录，而是编撰者借以传达道德和政治教训的工具。Thomas E. Smith（1994）对《汉武帝故事》的文本进行了细致剖析，认为它可能是曹魏时代的作品，并指出"故事"对王朝平稳运转十分重要，因为它记载了许多与传统行政和司法事务相关的信息。Xurong Kong（2016）梳理了《傅子》的内容、流传、评价、注释、研究、英译等情况。T. C. Russell（1994）对《周氏冥通记》进行了解读，指出周子良致力表达个人追求的情感挣扎，而非文本的广泛传播，故此书或可视为一种非宗教性质的启示录。J. Michael Farmer（2001）强调谯周在编撰蜀地历史文献方面的重要贡献，指出谯周在地方历史文本的编撰中既努力展示地方的独特性，又将其纳入中央历史中，展现了地方与中央之间复杂的政治文化互动。Andrew Chittick（2003）将早期中古中国的地方文本（local writing）分为传记体和地理体两类，指出地方文本致力树立孤标高致的贤士典范，梳理并阐释地方承载的文化遗存，进而阐发地方文本的发展演进及其反映的政治、社会和思想环境。Andrew Chittick（2001）在评述三本三国史专著时，指出三本书都基于对《三国志》及裴注的翻译，对《三国志》以外的资料利用有限，于是提出未来的学术研究应更注重历史写作的文学特性，并通过群体人物研究等新方法，推动三国史研究走向深入。Mark Edward Lewis（2007）通过对《颜氏家训》结构的剖析，指出颜之推认为家训是维系家族、维护传统、维持社会稳定的基石，也是区分社会群体的手段。颜之推希望借助家训来应对外部的不确定性，将其作为家族和社会凝聚力的保障。

综合来看，西方学界对传世中古文献的挖掘仍有待深入。传世文献作为史学研究的根本依托，在中古史研究中同样至关重要。中古时期的传世史料相较于其他历史阶段显得十分有限，这要求研究者对史料的解读更加精细化，不仅要关注文本的内容和叙述，还要关注文献的成书背景、流传过程、抄写与刊刻的演变,以及不同历史阶段对其诠释与改编的影响,还可以借助文献学、历史语言学、思想史、社会史等多学科交叉的方法展开研究,为中古史研究提供更坚实的学术基础和更广阔的探索空间。

正因中古时期传世文献的稀缺,出土文献与考古材料在中古史研究中显得愈发珍贵。简牍、石刻、文书、图像、考古发现等新材料不仅有效弥补了传世文献的不足,还为学界提供了更加多样的研究视角和更为翔实的历史依据。

石刻方面。Hua Rende(1997)着重分析了东晋墓志的形制和书风特征,认为东晋时期南迁的北方士族刻写墓志只是起暂时的记识作用,故形制简率,制作粗糙;还对"兰亭论辩"发表了看法,认为东晋墓志不可能有书法家参与书写,而是任由民间工匠书刻,故郭沫若等人利用东晋墓志来考察同时代最杰出的书法家王羲之的书风是缺乏科学性的。A. Lingley(2012)分析了尉迟夫人在龙门石窟古阳洞为其亡息牛橛所造弥勒像及其题记,指出她在造像中刻画了一个以她自己为中心的家庭,删除了她丈夫穆亮的正妻公主及其儿子,只保留了她自己和她的儿子,展示了一个罕见的贵族女性如何通过佛教造像表达自身身份和家庭关系的案例。Katherine R. Tsiang(2008)通过对北朝时期佛教造像、题刻、经文的综合分析,揭示了佛教信仰的变化,指出6世纪时佛教造像的风格发生了明显变化;造像记显示供养人希望通过造像的功德使他们的家人和亲属能够在来世获得解脱;北齐是其研究重点,通过分析北齐时期的佛教造像和寺庙题刻,展示了佛教信仰与北齐政治权力之间的紧密联系。

文书方面。Guocan Chen(1999)利用吐鲁番出土衣物疏等文献对高昌地区的葬仪葬俗进行了分析,认为十六国时期高昌郡至高昌国普遍存在着崇信道教天帝神的习俗。Guocan Chen(2000)对普林斯顿大学盖斯特图书馆藏的5件中国古文书残片进行了录文和考释,指出它们并非出自敦煌,而是出自吐鲁番。

考古方面。Annette Kieser(2011)主张王羲之墓不会在会稽山,而可能靠近建康,在其家族墓地附近,因为前者没有考古证据,在建康附近的晋代墓葬中却发现了王羲之家族相关的遗迹。Albert E. Dien(2007)指出六朝时期的照明技术有了显著发展,灯具逐渐从使用动物脂肪转向使用植物油;南方成为蜡烛生产的主要产地,北方则更多使用油灯;尽管蜡烛的考古遗存较少,但历史文献和文学作品表明,蜡烛和灯具不仅是日常生活中的照明工具,还成为社交、政治和文化活动的象征。Shing Müller(2019)首先梳理了汉代以后北方地区漆器的发展情况,指出北魏平城时期漆器发展出现了某种程度的复兴,此时期的漆器类型有墓葬中出土的容器、漆画屏风等实物以及壁画中绘制的漆器图像,漆器上的装饰与云冈艺术风格有较强关联,具有跨文化交流的特点,并指出北魏平城时期墓葬中漆器的大量涌现或许是"匈奴遗风"的体现。Jin Xu(2024)回应了学界对于北朝宁懋石棺后壁上的三位男子形象是否代表宁懋的争议,通过对人物服饰、站姿等细节的考察,认为三位男子是宁懋的理想化形象,体现了当时文人精英的政治、宗教和文化追求。进而还梳理了墓主形象自战国至南北朝的发展演变情况,指出墓主形象不仅是对已故生命的纪念,还具有强化墓主社会阶层、身份认同和家族关系的功能,并表达了墓主对死后世界的愿景与想象。

西方学界虽然注意到了出土文献和考古材料,但利用度仍然有限。比如30年来EMC的简牍学研究仍是空白,仅有的两篇敦煌吐鲁番文书研究还出自中国学者,墓志、碑刻、砖铭、塔铭、造像记、摩崖题记等各类石刻文献的利用颇为有限,图像和考古材料的研究也仍有较大的发展空间。因此,充分挖掘各类史料的价值,将传世文献与出土材料相结合,生动展现中古时期物质文化、宗教信仰与社会生活的具体细节,将是今后研究的重要方向之一。

(二)政治制度的研究前景

总体而言,西方学界对政治制度史的关注度不高,相关研究成果较少,但其中也不乏亮点。

东汉至十六国的政治制度史方面。Rafe de Crespigny（2008）考察了东汉的选官制度，指出察举制是主要选官途径，且私人关系网络在其中起到了重要作用。Carl Leban 和 Albert E. Dien（2010）考察了司马氏代魏建晋的进程及其建立政权合法性的手段，指出司马炎的即位模仿了传统的王朝禅让模式。Wicky W. K. Tse（2018）指出前凉政权采取了较为灵活的立国策略，通过不同手段与西晋以及其他非华夏政权维持友好关系。

北魏的政治制度引起了学者们较多的讨论，尤其是子贵母死之制。Valentin C. Golovachev（2002）对部分学者提出的子贵母死之制不是拓跋族原始习俗的观点进行了商榷，指出这一习俗可能源于鲜卑族早期游牧时期，是一种原始社会保障机制，用以防止权力交替期间的内部斗争。Scott Pearce（2003）对这一观点提出了三点反驳意见：一是早期文献中没有任何关于拓跋部在北魏建立之前存在弑母行为的证据；二是游牧社会通常对女性的待遇比定居社会更好；三是若拓跋部存在弑母习俗，其他部落为何还会愿意与其进行婚姻结盟。因此，北魏的子贵母死之制可能只是继承权斗争的一部分，也可能是拓跋珪对汉武帝杀害勾弋夫人以防她干政的借鉴，甚至许多所谓的"古老习俗"实际上是为了正当化新的社会和政治实践而被人为创造的。此外，J. Holmgren（1995）关注北魏的婚姻情况，认为孝文帝的婚姻法令与种族和文化无关，他关心的仅仅是皇室姻亲的社会地位，寻求与统治阶层社会政治地位门当户对的家族建立婚姻关系，这一保守惯习或许渊源于内亚传统。Armin Selbitschka（2019）关注北魏的外交策略，指出北魏通过朝贡、入质、和亲等外交手段灵活应对各种外交挑战，实现战略目标。

南朝方面。Charles Holcombe（2006）梳理了陈后主时期的政治、文化、战争，认为将陈朝的灭亡归因于陈后主个人的荒淫无度和政治无能有失公允，提出史传书写常常需要塑造一个"无能的末代皇帝"形象，而这种形象大多由战胜者来书写，故陈朝的覆灭也与当时广泛的政治、经济和军事因素相关。

国家统一与治理方面。Nicolas Tackett（2024）比较了隋朝和宋朝统一的历史背景及其影响，指出隋朝和宋朝的统一受各自特定的社会和地理因素驱动，不同的历史背景和统一策略导致了截然不同的政治文化和社会结构。隋朝以武力征服得天下，于是军事精英在朝堂中占主导地位；宋朝通过政治妥协，利用经济优势吸纳地方势力，建立稳固的中央集权，于是文人官僚体系成为治理的核心。

政治思想方面。Norman Harry Rothschild（2006）指出武则天在位期间频繁变更年号，不仅是为了追求吉祥的寓意，更是为了树立皇权权威、强化政治统治、巩固政权合法性。Ignacio Villagran（2018）探讨了中古时期思想家关于集权与分权的争论，指出尽管集权体制在后世成为政治主流，但分权治理的思想仍然具有一定的影响力。

尽管政治制度史并非西方学界最为关心的话题，但仍能看到许多精彩之作，故这一领域有着较大的发展潜力。Andrew Chittick（2020）也强调地方历史、文化差异和政治互动将是未来研究的重要主题，呼吁学者们跳出既定框架，重新书写中古早期的东亚历史。

（三）民族研究的视野开拓

与中国传统民族史一样，西方学界也更关注北方民族史。Nina Duthie（2019）利用《三国志》和《后汉书》详细考察了乌桓和鲜卑的族群渊源、社会结构、文化习俗、地域分布等内容，并将二者与匈奴进行比较，指出史家虽然都将这些游牧族群置于"胡"的文化范畴下，但在实际的历史互动中，这些族群的生活方式和文化特征并非完全相同。Charles Holcombe（2013）全面考察了鲜卑族的历史，指出鲜卑族在中国历史中的作用不仅限于他们所建立的政权，他们的思想文化、军事制度、社会结构都对中国产生了深远影响。虽然南北朝时期鲜卑族逐渐接受了汉文化，并在北魏后期完全融入汉族社会，但这一过程并非单向的文化吸收，鲜卑文化也同时影响着汉文化。Charles Holcombe（2022）通过考察边疆官员刘琨、王浚与北方族群以及晋朝皇室之间的互动,探讨了族群和文化在国家身份形成过程中的作用。他指出晋朝区分了"晋人"和"非晋人"群体,在一些情境下,即使是鲜卑等"非晋人",也需要遵守晋朝的规范。Jonathan Karam Skaff(2008)考察了708—709年唐朝与突骑施之间的冲突,指出唐朝与突骑施的冲突不仅是民族对抗,更涉及唐朝内部将领之间的权力斗争和突骑施部落内部的纷争。

民族史研究面临的瓶颈之一便是材料匮乏,近年来《职贡图》成为中古民族史研究的热点之一,中日学界已有不少研究成果,欧美学界方面,Robert Joe Cutter(2021)对梁元帝《职贡图》的序言进行了考察,指出萧绎虽然在序言中声称自己对诸夷有深刻的了解,但序言实际上大量引用早期的地理和民族传记,故萧绎的叙述偏重依赖早期文本,而非实际的经验和调查。他还推测序言可能完成于541年,当时萧绎在荆州任职,写作是为了庆祝梁武帝即位40周年,萧绎意在通过这种方式彰显自己对夷狄的治理能力和文化素养,同时营造万邦朝贡的盛世景象。

四、跨文明对话:西方汉学的反思与展望

回顾30年来 *EMC* 的研究成果,可以看到西方学界在主题拓展、视角革新与理论建构等方面取得了显著成就,展现出学科交叉的学术特色和开放包容的学术活力,并逐渐形成了实证研究与理论构建并重的中国中古史研究体系。

在研究主题上,全面覆盖中古史研究的各个领域,其中文学研究尤为突出,涵盖多个层面,并在深度与广度上均取得显著拓展。此外,政治制度史集中探讨北魏"子贵母死"制度的形成及其社会影响;军事史研究视角新颖,借助文学作品解析战略战术;民族史侧重于对北方民族发展的考察,探讨族群互动与政权更迭;社会史研究呈现出多元趋势,涉及社会结构、家族组织与日常生活诸多方面;宗教史聚焦于三教关系的互动及其对社会秩序与思想体系的塑造。

在研究视角上，日益重视东西方文明的比较与互动，突破传统地域研究的局限，不仅关注中国本土历史的发展进程，还尝试在更广阔的时空维度下探讨中国与周边地区乃至更远地域之间的联系。全球视野的拓展，促使学者们思考制度、思想和文化如何在不同文明间相互碰撞、交融并发展，推动中古史研究从单一的文化脉络分析转向更具包容性的跨文化交流、制度变迁及知识传播等领域。

在研究方法上，积极引入前沿的理论和方法，包括历史书写理论、政治文化理论、社会学分析框架、人类学视角，乃至新兴的数字人文技术，力求构建更为多维、精细的分析体系，为史料解读提供更为深刻而广阔的视角。此外，学者不断尝试提出新概念，如美食诗学、半押韵、姿态等，用以考察中古时期的社会风尚、士人群体的精神世界以及政治文化的微观运作机制等方面。同时，学者们越来越重视传世文献与出土材料的结合，力求通过跨文本、跨媒介的综合分析，突破单一史料的局限，使得历史叙事更加立体化。

尽管30年来EMC在中国中古史研究中取得了诸多突破，但仍然存在一定的局限性。首先，部分研究领域相对薄弱。例如政治制度史方面，中古时期的政治运作机制、官僚体系的发展演变、地方行政制度的实际运行等问题仍有待深入探讨；法律史方面，中古时期的国家治理模式、法律体系及其实施情况等方面仍处于起步阶段；艺术史与科技史则尚未形成系统性的研究框架，中古时期的工艺发展、技术革新及其社会影响的研究仍较为零散；历史地理研究在空间分析、区域互动模式、生态环境变迁等领域的探索仍较为有限，需要更多基于文献、考古材料与数字人文技术的系统性研究。

其次，区域研究所有失衡。从现有研究来看，西方学界对北方地区的关注较多，而南方社会文化的研究相对薄弱，仍有许多议题尚未得到充分挖掘。此外，中古时期南北方在政治、社会与文化上的发展差异，以及南北方的互动关系均有待进一步探讨，区域历史的复杂性与多样性未能得到充分呈现。

最后，底层社会与边缘群体的研究仍显不足。尽管近年来社会史研究逐渐兴起，并在家族组织、社会结构与日常生活等方面取得一定进展，但对底层民众的社会流动、经济状况、职业分布及其与国家、地方社会的互动模式仍缺乏系统性探讨。中古时期的社会变迁不仅涉及王朝更替与精英阶层的政治博弈，同时也深刻影响着普通民众的生存方式与社会认同。因此要充分利用传世文献和出土材料，深入挖掘有限史料的最大价值，书写更为广阔而全面的社会历史图景。

西方学界在推进中国中古史研究的过程中，中文文献的英译问题无疑是一个亟待解决的核心议题。大量传世文献与出土资料尚未得到系统英译，这在很大程度上阻碍了西方学者对相关问题的理解与引用，影响了中古史研究在国际学术领域的传播与交流。翻译工作不仅涉及语言与文化的转换，更需在忠实原意的基础上确保翻译的精确与流畅，以避免误读或曲解。以《世说新语》的英译为例，西方学界关于其书名翻译的讨论便充分揭示了这一过程面临着诸多挑战。随着全球学术交流的日益深化，高质量的英译工作亟需中西方学者的紧密合作，共同推动中文文献的精准翻译与广泛传播，这不仅是中古史研究国际化的关键环节，也是未来学术发展的必由之路。

【第二部分】

专题研究综述

20世纪以来魏晋南北朝政治思想研究综述[①]

胡秋银

政治思想是有关政治现象、政治权力、国家治理、社会秩序等问题的系统性思考或理论表达。政治思想史"不仅要注意政治思想家绘制的社会蓝图,更要注意政治家在政治实践中所形成的治国思想,并使两者的研究有机地结合在一起,更清晰地反映不同历史时期政治思想的基本面貌"[②]。

魏晋南北朝是中国历史上政治动荡、社会混乱、民族冲突与融合激烈的时期。自民国以来,关于魏晋南北朝历史的研究层出不穷,而关于魏晋南北朝政治思想史的研究主要集中在重要政治人物的思想、流传至今的著作中所体现出来的思想家的思想,对于按照历史时期顺序揭示各时段政治思想的面貌及其流变方面则较为忽视。

[①] 本文的写作曾参考葛荃主编:《认识与沉思的积淀——中国政治思想史研究历程》,河南人民出版社,2007年,第25—53、126—146页。
[②] 孟祥才:《中国政治思想通史·秦汉政治思想史》"序",中国社会科学出版社,2018年。

一、关于魏晋南北朝政治思想研究的论著

陈安仁《中国政治思想史大纲》①分为四编，其中"中古（两汉至唐）编"以玄学与反玄学作为魏晋南北朝政治思想的主线。

容肇祖《魏晋的自然主义》②初步梳理了魏晋时期的自然主义者何晏、王弼、阮籍、嵇康、向秀、郭象、鲍敬言、张湛、杨泉、陶潜及葛洪的思想，论及何晏在《景福殿赋》《论语集解》中表现出的"无为而治"的政治思想，王弼自然主义的政治论，阮籍的政治哲学（无政府的政治观念），向秀、郭象主张贤人施行无为而治的开明政治，鲍敬言"君权不是天授""立君不是民意"的政治革命思想，张湛人主用贤而无为、因时适变的政治思想，葛洪极端尊君、替严刑辩护、主张考试、惩治赃吏的政治思想。

吕振羽《中国政治思想史》③是一部运用马克思主义唯物史观来研究中国思想发展史的开创之作。该书第七编"矛盾斗争扩大期中的各派政治思想"下分两章，第一章《矛盾扩大期中地主阶级各派思想的演变》下设四节："反映地主阶级颓废思想的儒、道学的合一""回光一忽的傅玄反清谈的儒术论""各部族集团间矛盾与道、儒学和佛学的对立""反映阶级内部统一的王通儒佛道三教合一论"。第二章《在矛盾斗争扩大期中作为农民派政治学说的鲍敬言的无政府主义》初步梳理了魏晋南北朝隋初思想的演进。这两章扣紧儒学、道学与佛学之间对立与协调的关系，重点研究了傅玄、王通和鲍敬言及其他代表性玄学家的思想。

杨幼炯《中国政治思想史》④第七章《六朝时代之政治思想》下分"六朝

---

① 陈安仁：《中国政治思想史大纲》，商务印书馆，1932年。
② 容肇祖：《魏晋的自然主义》，商务印书馆，1935年。
③ 吕振羽：《中国政治思想史》，黎明书局，1937年。
④ 杨幼炯：《中国政治思想史》，商务印书馆，1937年。

时代思想概观""六朝学者之政治思想"两节,对这一时期思想多元的总体情况和主要人物的政治思想加以论述。

刘大杰于1939年发表《魏晋思想论》[①],其中第四章《魏晋时代的政治思想》下设"法家思想""儒家思想""道家思想""无政府思想"四节,对这几种思想在魏晋时期的流传及倾向与各家思想的代表性人物及其著述中所表现出来的政治思想加以较为系统的梳理,其中重点讨论了诸葛亮、曹操、刘劭及其《人物志》所体现的法家思想,蒋济《万机论》、桓范《世要论》、杜恕《体论》、傅玄《傅子》、袁准所体现的儒家思想,王弼、向秀、郭象所体现的道家思想,阮籍及鲍敬言的无政府思想。该书对此期重要人物、著作的把握极具影响,为后来的研究者所继承。

成书于1940年夏的萧公权《中国政治思想史》[②]以政治学的观点、历史学的方法,以时代为经,以思想派别为纬,按思想演变大势将魏晋南北朝时期划分为政治思想的因袭时期,按思想的历史背景将此时期划分为专制天下之思想时期。该书第二编"专制天下之政治思想——因袭时期"第十一章《王弼至葛洪》分为六节:"魏晋老庄思想之背景及渊源""无为""无君""列子""葛洪""佛教所引起之争论"。就各章节具体内容而言,作者在强调魏晋时期道家为主要思想之外,集中对何晏、王弼、嵇康、向秀、郭象、张湛等人的无为思想,阮籍、陶潜、鲍敬言等人的无君思想,《列子》中表现的无君论展开研究。在"葛洪"一节中,作者在初步梳理魏晋以来政治思潮的基础上,提及傅玄、裴頠、王坦之、范宁、孙盛等人批判玄学家偏激放荡的思想,并认为李充《学箴》和葛洪《抱朴子》致力调和儒道两家思想。他指出:"自王弼至葛洪约百年间,道家政治思想由老入庄,再经反动而复入于老,其与王、郭相异者,王、郭犹重君身之贤德,葛洪独尊君位。"[③]佛教传入中国,在

---

① 刘大杰:《魏晋思想论》,中华书局,1939年。
② 萧公权:《中国政治思想史》,商务印书馆,1945年。
③ 萧公权:《中国政治思想史》,第260页。

魏晋时大盛，与中土思想冲突，儒佛与道佛各成对抗之争，就思想内容而言，有夷夏之争和在家出家之争。全书取材以前人著作中最有理论价值者为主，叙述各家思想，力求客观地分析和评价各家思想，一直为海内外学界所重视。

陶希圣《中国政治思想史》[①]第四篇"士族时代"在论述魏晋南北朝时期社会政治、文化背景的前提下，考察了老庄思想及自然主义者及其反对者、道教与佛教的竞争及其与世俗的冲突、礼学与律学的发展。该书对这一时期社会思潮的概括提炼精到，选取的问题和人物均颇有代表性。

汤用彤、任继愈《魏晋玄学中的社会政治思想略论》[②]专论曹魏兴起至西晋倾覆时期玄学家的社会政治思想，重点讨论了魏晋玄学思想产生的社会历史条件，刘劭《人物志》，何晏、王弼为代表的"无为"的政治意义，嵇康、阮籍为代表的"名教"与"自然"对立的政治意义，向秀、郭象为代表的"名教"即"自然"的政治意义几个专题。该书阶级论色彩相当浓厚，对这一时期政治思想多持否定态度。

汤用彤《魏晋玄学论稿》[③]的文字著述于1938—1947年，其中第三部分之"魏晋玄学与政治思想"一文系统梳理了玄学与政治思想之间的关系。

侯外庐、赵纪彬、杜国庠等撰著的五卷本《中国思想通史》[④]虽不是政治思想研究的专著，但其中包含了相对完整的政治思想研究，其论点亦颇具代表性。全书贯穿历史唯物论和辩证唯物论，阶级分析方法亦成为这部著作的主要方法论。尤其明显的是第三卷第五章《嵇康的心声二元论及其社会思想、逻辑思想》涉及嵇康的政治观，作者认为他批判现实政治，政治理想是道家清静无为式。

---

① 陶希圣：《中国政治思想史》，南方印书馆，1942年。
② 汤用彤、任继愈：《魏晋玄学中的社会政治思想略论》，上海人民出版社，1956年。
③ 汤用彤：《魏晋玄学论稿》，人民出版社，1957年。
④ 侯外庐、赵纪彬、杜国庠等：《中国思想通史》，人民出版社，1957年。

萨孟武《中国政治思想史》[①]第三编"魏晋南北朝的政治思想"之下，第一章《列子的玄虚思想与杨朱的快乐主义》实与政治思想无关；第二章《清谈派的政治思想》第一、二部分"由玄虚而放浪""由纵欲而奢靡"其实主要关涉士风和政风，第三部分"由无为而无君"才是讨论政治思想；第三章《各种政治思想的调和》重点梳理了傅玄、葛洪和刘勰（作者认为《刘子新论》为刘勰所著）以调和道、法、儒、墨诸家思想为特色的政治思想；第四章《佛教与吾国固有思想的论争》讨论了佛教流行的原因、与我国伦理思想的冲突及三种反对佛教的争论，虽与政治有关，但无关于政治思想。

徐大同等编著《中国古代政治思想史》[②]大体以人物为主线，梳理了诸葛亮、曹操和玄学家的政治思想。

任继愈主编《中国哲学发展史（魏晋南北朝）》[③]"魏晋玄学的产生"一节中"魏、蜀、吴三国的政治经济体制模式"、"王弼的贵无论"一节的"王弼的政治谋略思想"直接关系到这一时期政治思想研究。其余论述间有涉及这一时期政治思想的内容。

朱日耀主编《中国古代政治思想史》[④]梳理了魏晋玄学的发展及其"几个重要的思想范畴"，着重研究了鲍敬言的无君论、葛洪的有君论、傅玄务实求治的政治思想、刘毅的社会批判思想。

田文棠《魏晋三大思潮论稿》[⑤]在对魏晋时期名理学、玄理学、佛理学三大思潮的深入剖析中，涉及对名法思想，刘劭及其《人物志》，"才性四本"问题，傅嘏、钟会、阮籍、嵇康等人政治思想及向秀、郭象《庄子注》在政治思想方

[①] 萨孟武：《中国政治思想史》，三民书局，1969年。
[②] 徐大同等编著：《中国古代政治思想史》，吉林人民出版社，1981年。
[③] 任继愈主编：《中国哲学发展史（魏晋南北朝）》，人民出版社，1983年。
[④] 朱日耀主编：《中国古代政治思想史》，吉林大学出版社，1988年。
[⑤] 田文棠：《魏晋三大思潮论稿》，陕西人民出版社，1988年。

面的调和色彩。全书富有理论色彩,在研究思想时并不脱离社会政治背景。

罗宏曾《中国魏晋南北朝思想史》①梳理了魏晋南北朝时期思想的流变,并设立专节探讨何晏、王弼、嵇康、阮籍的政治哲学,名实之辨与刘劭《人物志》,才性之辨与钟会《四本论》,无君思潮与鲍敬言《无君论》,葛洪兴儒学以匡世的政治哲学。

刘泽华主编《中国政治思想史(秦汉魏晋南北朝卷)》②设立两章讨论魏晋南北朝政治思想。第十章《汉末魏晋时期的名法与名理思潮及玄学政治思想》分为"汉魏之际的名法思潮""东汉末期的名理思潮""玄学中的名教与自然之争与政治思想"三节,分别讨论了刑礼先后之争、君臣关系、综核名实问题、名理思潮及以探讨人物品鉴的名理学、名教与自然之争及玄学政治思想的特点。第十一章《两晋南北朝时期政治思想的多元发展》分为"两晋及南朝儒家政治思想的承传与发展""北魏统治集团治国思想的儒家化""佛教的政治思想""道教的政治思想"四节,围绕王权合法性、君权问题,礼制与教化关系,选官问题和贤人政治,法治与"议复肉刑",北魏统治者对儒家思想的认同,孝文帝的孝治主张,佛教对中国传统政治哲学的影响,佛教与名教关系,道教与儒家、佛教之间关系及其与现实社会政治关系等问题展开研究。该书梳理出这一时期重要的政治问题和有思想的政治人物,视野较开阔,涉及具体的具有时代特色的政治问题和政治思想,但是表现出明显的哲学味道,对于政治思想的提炼尚待深入。

刘泽华、葛荃主编《中国古代政治思想史(修订版)》③有三章内容,即第十二章《东汉谶纬化的经学政治观与名教思潮》、第十三章《汉末三国两晋南北朝时期政治思想的多元发展》、第十四章《魏晋至宋佛教、道教的政治思想》涉及魏晋南北朝政治思想,主要观点与前书相似。

---

① 罗宏曾:《中国魏晋南北朝思想史》,人民出版社,1994年。
② 刘泽华主编:《中国政治思想史(秦汉魏晋南北朝卷)》,浙江人民出版社,1996年。
③ 刘泽华、葛荃主编:《中国古代政治思想史(修订版)》,南开大学出版社,2001年。

景蜀慧、孔毅《插图本中国古代思想史·魏晋南北朝卷》[1]第一章《政治思想》下设"名理学政治思想""玄学政治思想""道教政治思想""佛教义理对这一时期政治思想的影响""礼制思想""法制思想""军事思想"七部分。其中既有以某人物的某思想为中心的讨论，也有围绕某专题的讨论。"名理学政治思想"部分讨论了名实之辨、才性论和刘劭《人物志》；"玄学政治思想"部分讨论了崇本息末与无为思想、自然名教之辨、君道观；"道教政治思想"部分讨论了葛洪《抱朴子》中的政治思想；"佛教义理对这一时期政治思想的影响"部分则结合佛教义理中的般若理论，探讨其对政治思想产生的影响；礼制思想部分，围绕五德终始说、郊祀与明堂之议、丧制问题展开讨论；"法制思想"部分讨论了曹操、诸葛亮、杜预、张斐、刘颂、孝文帝的法治观、律学观、法律思想，并论及《北齐律》中的法律思想；"军事思想"部分讨论了曹操、诸葛亮、崔浩的军事思想。作者分别讨论名理学和玄学的政治思想，关注佛教和道教与政治思想的关联，将礼制思想、法制思想、军事思想纳入政治思想的考察对象，这种内容选择和体例设置颇有创意，但是否完全合理，似可商榷。

刘泽华《中国政治思想史集》[2]第二卷第十六至二十章，用了五章篇幅分别讨论何晏贵自然与用名教，王弼"名教出于自然"的政治哲学，嵇康、阮籍"越名教而任自然"的政治观，裴𬱖的《崇有论》和名教与无为相结合的政治思想，郭象"存在即合理"的名教合于自然的政治思想，显然集中以最有代表性的玄学家的政治思想（或政治哲学、政治观）为研究对象。

张岂之主编、刘学智分卷主编《中国思想学说史·魏晋南北朝卷》[3]中"名法篇""玄学篇""佛教篇""道教篇""儒学篇"中部分内容涉及政治思想，尤其是特设"名法篇"关注汉魏之际社会思潮变化，可谓别有新意。

---

[1] 景蜀慧、孔毅：《插图本中国古代思想史·魏晋南北朝卷》，广西人民出版社，2006年。

[2] 刘泽华：《中国政治思想史集》，人民出版社，2008年。

[3] 张岂之主编，刘学智分卷主编：《中国思想学说史·魏晋南北朝卷》，广西师范大学出版社，2008年。

梁满仓《三国儒家思想研究》①以崇礼、尚德、民本、孝悌、节俭为三国时期儒家思想的主要内容，指出其特点在于讲求实用、求和存异、自我调整，进一步分析儒家思想的政治地位和文化作用，还专门研究了刘劭及其《人物志》、徐幹及其《中论》、杜恕及其《体论》、桓范及其《世要论》、刘廙及其《政论》、陆景及其《典语》以及王朗、王肃、谯周的儒家思想。全书在前人的研究成果上提出新的研究对象如刘廙、陆景，有力而深入地揭示了这一时期儒家思想与政治结合为国家服务的特点。

总体看来，学界一致认同魏晋南北朝时期思想多元，儒、道、名、法、佛教、道教等思想异彩纷纭。其中以玄学研究成果最多，目前研究都是抓几个主要问题，侧重几个重要人物的研究，未揭示出魏晋南北朝时期不同阶段政治思想的流变轨迹，尤其对于玄学思想与政治思想之间关系区分尚不清楚。佛教史、道教史、思想史的著作均论及这一时期佛教、道教与儒家思想之间的冲突与融合，实际上关于佛教、道教典籍及代表性人物的政治思想研究较少。

二、关于玄学家政治思想的研究

有关玄学的研究成果均会涉及玄学家的政治思想。学界视为玄学家研究的重点人物有：

何晏 樊荣《"补天谶言"：何晏〈景福殿赋〉中的人才观念探析》②对何晏《景福殿赋》进行分析，指出其中表达了对当时统治集团用人不当的深沉忧虑。而时代的发展趋势证明，其担忧有其合理性。

张锦波《何晏思想研究》③第四章讨论何晏的名教观时，论及何晏主张以

---

① 梁满仓：《三国儒家思想研究》，湖北人民出版社，2010年。
② 樊荣：《"补天谶言"：何晏〈景福殿赋〉中的人才观念探析》，《南阳师范学院学报》2005年第8期，第56—81页。
③ 张锦波：《何晏思想研究》，博士学位论文，复旦大学，2012年。

"重礼"为治国之道,向往"无为之治"的理想社会。

王弼 作为玄学家之一,王弼是思想史、哲学史研究不可忽视的人物。王葆玹《王弼评传——玄学之祖 宋学之宗》①设立《治化新说》一章讨论王弼的政治思想,分为"道德一元""生化图式""主爻君位""无为因循""改制新说"几个专题,可谓是从学理的角度对王弼政治哲学进行了解析。程辽《"圣人有情":论王弼政治伦理的行为主体》②从政治伦理的行为主体方面对王弼的政治伦理思想进行论述,辨析了"圣人有情论"对两晋南北朝政治的实际意义。

王晓毅《王弼评传(附何晏评传)》③《郭象评传(附向秀评传)》④指出王弼《老子注》是无为形式下积极有为的政治哲学。

嵇康 学界重视作为玄学家的嵇康的哲学思想,多认为他主张自然和名教对立。针对嵇康到底是名教的反对者还是拥护者,学界有不同看法。1927年鲁迅的演讲《魏晋风度及文章与药及酒之关系》⑤认为嵇康表面上反对名教,实际上支持名教。

席广辉《嵇康与儒家思想》⑥认为嵇康其实是儒家学说和封建礼教的信奉者。顾农《嵇康的政治态度和他的作品》⑦认为,魏、晋易代之际,曹魏政权已极腐朽,司马氏集团取而代之的趋势很明显。嵇康顽固地站在曹魏集团一边,因此确有取死之道。嵇康在临死之前已经向司马氏屈服,但未被充分理解。

---

① 王葆玹:《王弼评传—— 玄学之祖 宋学之宗》,广西教育出版社,1997年。
② 程辽:《"圣人有情":论王弼政治伦理的行为主体》,《重庆师范大学学报》2006年第2期,第53—57页。
③ 王晓毅:《王弼评传(附何晏评传)》,南京大学出版社,2010年。
④ 王晓毅:《郭象评传(附向秀评传)》,南京大学出版社,2011年。
⑤ 鲁迅:《魏晋风度及文章与药及酒之关系》,《而已集》,《鲁迅全集》第3卷,人民文学出版社,2005年,第523—553页。
⑥ 席广辉:《嵇康与儒家思想》,《江淮论坛》1982年第2期,第25—28页。
⑦ 顾农:《嵇康的政治态度和他的作品》,《西南师范大学学报(人文社会科学版)》1984年第4期,第109—114页。

王晓毅《嵇康评传》①论及嵇康不同人生阶段对政治的看法。

徐杰、胡居付《嵇康的政治倾向及其对经学教育的批判》②认为嵇康有明确政治倾向，他一生的命运与曹魏集团紧密相连，对经学教育的批判是其突出表现。

徐斌《嵇康、阮籍的社会关怀》③联系嵇康和阮籍的理论背景和玄学领袖等因素，指出他们在玄学受压的局势下，态度鲜明地表达"无为而治"的主张；嵇阮之非议名教，不涉及当时当世，纯粹是在理论层面上批判名教，进而将经典、圣人一同清算；他们面对现实政治和当局的所作所为，用"放达"的姿态表示不合作和鄙视。

陆静卿、李磊《论嵇康、阮籍政治思想的转变》④指出促使阮籍、嵇康政治思想转变的关键是高平陵政变。政变后他们对政事的理解和处世态度产生了重大变化，从而开启了新一代士风。

王光照《嵇康玄学思想与魏晋名教政治》⑤指出魏晋清谈前期并非理论空谈，玄学思想与政治联系紧密。嵇康反对司马氏篡政，在魏晋嬗替之际提出"越名教而任自然"的思想，不仅突出了玄学的转换，更有政治抗争的意味。

巴晓津、巴新生《嵇康的忠君观念探析》⑥针对学界长期以来对嵇康的关注焦点多放在其"越名任心"、蔑视礼教的思想旨趣方面，认为嵇康不忠君甚至是无君论开创者的观点，指出嵇康确属"虽宗自然而未忘名教"者，是

---

① 王晓毅：《嵇康评传》，广西教育出版社，1994年。
② 徐杰、胡居付：《嵇康的政治倾向及其对经学教育的批判》，《安徽史学》1996年第3期，第32—33页。
③ 徐斌：《嵇康、阮籍的社会关怀》，《浙江社会科学》2003年第6期，第127—131页。
④ 陆静卿、李磊：《论嵇康、阮籍政治思想的转变》，《闽江学院学报》2004年第3期，第120—124页。
⑤ 王光照：《嵇康玄学思想与魏晋名教政治》，《江淮论坛》2004年第5期，第91—95页。
⑥ 巴晓津、巴新生：《嵇康的忠君观念探析》，《天津师范大学学报》2007年第6期，第43—46页。

儒家忠君观念的维护者和实践者，其忠君观念具有深厚的儒家思想底蕴，孔孟的"以道事君""从道不从君"等思想正是其忠君观念的思想源流和主旨。孙亚军《嵇康的儒家情怀》[1]讨论了儒家思想对嵇康的影响。

阮籍 不少学者注意到阮籍的思想经历了由儒入道的过程。田文棠《阮籍评传——慷慨任气的一生》[2]第五章《对礼法名教的态度》是对阮籍政治思想的分析，指出他批判礼法之士，经历了从主张名教与自然结合到主张名教与自然对立的思想转变。

高晨阳《阮籍评传》[3]以阮籍人生经历为线索，考察了其不同时期著述及其主要思想，论述中涉及阮籍政治思想。

黄宁《阮籍政治倾向考辨》[4]通过考察阮籍与曹氏、司马昭、蒋济、何曾的关系，指出阮籍的儒本思想根深蒂固。《乐论》描绘了一幅儒家的政治理想画图，而《亢父赋》则借亢父的历史民俗表达了对刑名之教的反感。

向秀 许抗生《向秀玄学思想简论》[5]在梳理向秀、嵇康与郭象关联之后，指出向秀"无心任自然"说与嵇康所强调的"越名教而任自然"及"越名任心"都不同。嵇康主要是指随任内心的自然变化，可以超越名教，向秀的"无心"则可任名，可以随顺名教，但做官是无心而做，不为而听其自然，仅是"容迹而已"。由此，向秀实现了"以儒道为一"。

秦跃宇《向秀玄儒兼治研究》[6]在系统分析向秀《难养生论》及其《庄子注》的基础上，指出向秀融合儒道的本体论哲学是正始玄学向元康玄学过渡

---

[1] 孙亚军：《嵇康的儒家情怀》，《阜阳师范学院学报》2008年第1期，第34—36页。
[2] 田文棠：《阮籍评传——慷慨任气的一生》，广西教育出版社，1994年。
[3] 高晨阳：《阮籍评传》，南京大学出版社，1994年。
[4] 黄宁：《阮籍政治倾向考辨》，《华南师范大学学报》2005年第1期，第147—149、153页。
[5] 许抗生：《向秀玄学思想简论》，《文史哲》1986年第4期，第31—34页。
[6] 秦跃宇：《向秀玄儒兼治研究》，《兰州学刊》2006年第10期，第67—70页。

的关键。他从相信正始玄学贵"无"本体论开始,到超越"以无为本",提出"自生""自化"学说,以性分自足的逍遥义实现名教与自然合一。经向秀改造,道家思想得以更加和谐地与儒家精神兼容,从而为郭象玄学解决内圣外王、游外冥内奠定了理论基础。向秀重新审视"名教"价值的理论体系以及政治实践都与众不同,其玄儒兼治的与物同化思想表现出很强的适用性,为士大夫们兼治儒道开辟出全新的人生道路。

王晓毅《郭象评传(附向秀评传)》[①]上篇《向秀评传》分析向秀《庄子注》成书于西晋初泰始—咸宁之际,指出其思想经历了"S"形变化,对《庄子》的解释侧重于处世论,是嵇康被杀后向秀屈从于司马氏的政治行为在思想上的反映。

郭象 陈朝晖《试析郭象〈庄子注〉之儒家思想》[②]较为全面地梳理了郭象《庄子注》中所表现出来的儒家思想。

卢国龙《郭象评传——理性的蔷薇》[③]第四部分《明月出云崖,皎皎流素光——独化论玄学的理论体系与文化理想》分析了郭象关于治之道与治之具、内圣外王之道的思想,是对郭象政治思想的全面论析。

汤一介《魏晋玄学家郭象与裴頠之异同》[④]指出裴頠的圣人是"入世"的,郭象的圣人是"超世"的;郭象不废名教而任自然,主张无为而治,裴頠"崇名教",坚持以礼教治天下。

暴庆刚《郭象的无为政治观述论》[⑤]指出郭象将性分的观念与无为的义理相结合,将无为阐释为顺性而为,表现在政治上即是各司其职、各尽其能,

---

① 王晓毅:《郭象评传(附向秀评传)》,南京大学出版社,2011年。
② 陈朝晖:《试析郭象〈庄子注〉之儒家思想》,《山东社会科学》1992年第2期,第9、65—67页。
③ 卢国龙:《郭象评传——理性的蔷薇》,广西教育出版社,1996年。
④ 汤一介:《魏晋玄学家郭象与裴頠之异同》,《中华文史论丛》1998年第3期,第103—108页。
⑤ 暴庆刚:《郭象的无为政治观述论》,《人文杂志》2008年第2期,第18—22页。

但无为政治的实现依赖于圣人之力。郭象将无为贞定于性分,实上通于其适性逍遥的理论,并试图由此达致人的自由的实现,使无为从老庄超越的境界形态转化为现实的实然形态。郭象的无为政治观是道家无为思想的重大转折和深化发展。

黄圣平《任性无为与守职而动——论郭象对庄子无为义的创造性诠释》[1]考察了郭象对《庄子》"无为"含义的解释,指出郭象对庄子的无为观做出了适应时代要求的创造性阐释,重点在任性无为与守职而动的结合。

陈冀《任自然而忘是非——郭象政治哲学再思》[2]认为郭象的政治哲学不是由理想状态出发对现实政治进行的规范性劝诫,而是基于其性分论的形而上学对统治的正当性进行的辩护。统治者决断的依据不在是非而在于自然,出于自然的行为,就其本质而言符合无为的要求。郭象以此为统治者政治统治的合法性提供了辩护。

赵荣华《明内圣外王之道——郭象政治哲学发微》[3]指出郭象玄学的主要目的是想把阮籍、嵇康和裴頠"各执一偏"的"自然"与"名教"重新统合起来,构建一套适合时代要求的政治哲学。其政治哲学以对人性的思考为起点,而从圣凡关系、君民关系和群己关系三个维度展开,并始终贯穿着名教与自然关系这条主线。魏晋玄学并非脱离现实的学问。

王晓毅《郭象评传》[4]第二章《融合与创新》指出郭象改造圣人学说,提出融"有为"与"无为"于一体的政治哲学。

---

[1] 黄圣平:《任性无为与守职而动——论郭象对庄子无为义的创造性诠释》,《乐山师范学院学报》2009年第1期,第19页。

[2] 陈冀:《任自然而忘是非——郭象政治哲学再思》,《北京大学研究生学志》2009年第3期,第50—55页。

[3] 赵荣华:《明内圣外王之道——郭象政治哲学发微》,《洛阳理工学院学报(社会科学版)》2011年第1期,第72—76页。

[4] 王晓毅:《郭象评传》,南京大学出版社,2011年,第175—176页。

张湛 马良怀《张湛评传——兼容三教 建立二元》①第五部分《张湛的政治思想》指出张湛肯定儒家思想，高扬圣人之治，表现出儒道互补、圆融变通的特点。

三、关于其他人物政治思想的研究

一些较为重要的政治人物，以及有著述传世或经辑佚文字可部分恢复著述原貌以研究其思想的人物，他们的政治思想受到学界关注。目前受到学界不同程度关注、对其政治思想有研究的魏晋南北朝时期的人物如下：

徐幹 祝瑞开《徐幹的社会政治主张和朴素的唯物辩证法思想》②指出东汉末以徐幹为代表的一批士人强调要选拔才智之士来建功立业，表现出积极"治世"的态度，但徐幹对儒家重德轻才的思想进行了抨击，对曹操"求贤令"重才轻德的政策产生了影响。

曹操 史学界多年来热衷于儒法之争，曹操很长时间被认为是法家代表人物，近些年学界对此提出异议。围绕曹操为人及施政来讨论儒家、法家、名家、道家思想对其影响的成果不少。

柳轩《从曹操的诗文看他的政治思想》③认为曹操诗文反映了其政治思想，如实行屯田、打击豪强兼并、企图恢复"五等封爵制"、坚持严刑镇压、恢复肉刑、推行儒家的教育思想、反对不孝等，都是他标榜的"先王之道"，其总倾向是倒退的。

曹操用人问题一直是热点问题，可谓众说纷纭。陈森《曹操"唯才是举"

---

① 马良怀：《张湛评传——兼容三教 建立二元》，广西教育出版社，1997年。
② 祝瑞开：《徐幹的社会政治主张和朴素的唯物辩证法思想》，《西北大学学报（哲学社会科学版）》1987年第1期，第17—22页。
③ 柳轩：《从曹操的诗文看他的政治思想》，《重庆师院学报（哲学社会科学版）》1984年第1期，第48—53页。

辨疑》①通过考察曹操人才思想产生的历史背景、"求贤令"的思想实质和选用人才的具体举措，提出曹操用人实际上重才也重德。刘立夫《曹操的用人观与儒家传统德才论》②观点与其一致，认为曹操在用人上既唯才是举，又德才并重，能从动态的角度去看待德与才的关系，将德与才的关系同法治和政治目标的实现相结合，因时制变，把握了儒家传统德才论的精髓。其余持类似观点的文章有丘振声《论曹操用人之道》③、石军红《从曹操的几个政令视其用人观》④、张立云《试论曹操的用人之道》⑤等，在此不一一详述。

曹植 胡治洪《曹植政治思想纵横谈》⑥讨论了曹植政治思想形成的背景，认为其政治思想集中在统一天下和安养百姓两方面，较曹丕割据守成的政治思想进步。王宽行《从曹植赠送诗看其前期的政治处境与思想》⑦通过对曹植赠送亲友诗作的分析，指出曹植早期拥戴汉室，愿尽王佐才辅佐明君；曹魏建国后，有拯世济物、冀为世用的强烈愿望，主张消灭吴蜀实现统一、清除曹魏政权内部士族势力。

诸葛亮 诸葛亮作为汉魏之际重要的政治家，在中国历史上逐渐被神化，

---

① 陈森：《曹操"唯才是举"辨疑》，《宁夏大学学报（人文社会科学版）》1988年第2期，第60—66页。

② 刘立夫：《曹操的用人观与儒家传统德才论》，《衡阳师范学院学报》1996年第4期，第74—78页。

③ 丘振声：《论曹操用人之道》，《海南大学学报（社会科学版）》1988年第3期，第54—57页。

④ 石军红：《从曹操的几个政令视其用人观》，《河南师范大学学报（哲学社会科学版）》1994年第6期，第125—128页。

⑤ 张立云：《试论曹操的用人之道》，《黑龙江省社会主义学院学报》2001年第1期，第46—47页。

⑥ 胡治洪：《曹植政治思想纵横谈》，《河南大学学报（社会科学版）》1985年第5期，第71—77页。

⑦ 王宽行：《从曹植赠送诗看其前期的政治处境与思想》，《郑州大学学报（哲学社会科学版）》1986年第1期，第1—9页。

一直是学界内外广泛议论的历史人物。张保同《东汉思想文化走向与诸葛亮的政治思想》①梳理了东汉思想文化走向，指出东汉中后期思想文化的多元化为诸葛亮政治思想的形成提供了营养，其治蜀的政治措施是对汉末诸种文化思潮的发展和实践。

诸葛亮的法治思想一直是学界研究的热点问题。杨彦平、姚继荣《诸葛亮法治思想成因初探》②指出诸葛亮以法治国、以法治军是其法治思想的集中体现。其法治思想的形成，与其家世家风、平生所学及所处时事等主客观因素有密切关系。黄朴民《诸葛亮与汉末法治思想的渊源关系》③注意到诸葛亮政治思想和实践与汉末法治思想的联系性，认为诸葛亮厉行法治、明赏严罚的理论与实践对蜀汉政治很有影响。程皓、胡国庆《诸葛亮法治思想研究》④认为诸葛亮法治思想是东汉末年重法思潮的自然产物，具有应权通变、以法为本、执法严明、赏罚必信、执法公平、刑不择贵、德法并用、法中显德等显著特色。张志远《论诸葛亮的法治思想》⑤指出诸葛亮的法治思想充分体现在立法、执法、司法和法律监督四个领域，其形成有时代需要、家族遗风、荆州学派、忠君思想的影响。

在中国重视反腐倡廉的政策引导下，诸葛亮的廉政思想也受到关注。余明侠《试论诸葛亮的勤政廉政思想》⑥分析了诸葛亮勤政廉政思想形成的背景

---

① 张保同：《东汉思想文化走向与诸葛亮的政治思想》，《南阳师范学院学报》2003年第11期，第34—37页。
② 杨彦平、姚继荣：《诸葛亮法治思想成因初探》，《青海师专学报》1997年第3期，第53—55页。
③ 黄朴民：《诸葛亮与汉末法治思想的渊源关系》，《历史教学》1998年第6期，第52—54页。
④ 程皓、胡国庆：《诸葛亮法治思想研究》，《求索》2005年第8期，第177—179、164页。
⑤ 张志远：《论诸葛亮的法治思想》，《安徽工业大学学报（社会科学版）》2008年第2期，第25—26页。
⑥ 余明侠：《试论诸葛亮的勤政廉政思想》，《淮海文汇》2007年第5期，第33—42页。

和根源，并结合其为人和行政实践，论析其思想主要表现在安定民生、举贤任能、廉洁奉公、不搞特权、以法治国五个方面。张崇琛《诸葛亮的廉政思想与实践》[1]考察了诸葛亮的廉政思想与实践。

诸葛亮对人才的看法直接影响到蜀汉政权的人才选用和政治举措。张思恩《诸葛亮的人才思想和用人实践》[2]考察了诸葛亮的人才思想、用人政策及其对人才的选拔、培养、运用、管理。

曹睿 王永平《略论魏明帝曹睿之奢淫及其危害——兼论曹睿与儒学朝臣之间政治思想的分歧》[3]指出魏明帝改变了自曹操以来奉行的节俭政策，促使社会兴起奢淫风尚，导致工商业畸形发展和吏治腐败。对此，儒学朝臣集团中盛行一股批判思潮。曹睿对此难以接受，由此导致儒学朝臣疏离曹魏政权，加速了司马氏势力的形成。

王朗 郝虹《王朗与建安儒士》[4]认为以王朗为代表的建安儒士坚持儒家名教之治，与建安名士中的名法派呈对立之势。儒士派着眼于以仁德怀远，而名法派着眼于以刑止刑。两派在用刑、用人问题上分歧明显。两派对名教思想和名法思想的批判最终走向融合，成为魏晋礼法之治形成的序幕。石冬梅《王朗思想略论》[5]指出王朗的政治思想是对先秦儒家仁政爱民学说的继承和发展。他强调轻徭省刑，反对恢复肉刑；提倡俭约，反对奢靡。在魏文帝时期，他还提出精简禁军、巩固军屯等建议。

---

[1] 张崇琛：《诸葛亮的廉政思想与实践》，《天水师范学院学报》2009年第3期，第17—21页。

[2] 张思恩：《诸葛亮的人才思想和用人实践》，《西北大学学报（哲学社会科学版）》1987年第4期，第88—94页。

[3] 王永平：《略论魏明帝曹睿之奢淫及其危害——兼论曹睿与儒学朝臣之间政治思想的分歧》，《江汉论坛》2007年第7期，第92—97页。

[4] 郝虹：《王朗与建安儒士》，《史学月刊》2002年第6期，第32—35页。

[5] 石冬梅：《王朗思想略论》，《许昌学院学报》2009年第3期，第23—26页。

王肃 郝虹《王肃与魏晋礼法之治》①认为以王肃为代表的魏晋儒士,受汉魏之际黄老名法思潮的影响,其文化性格及学术思想渗入了较多的崇理性、尚利己的因素。王肃经学构成魏晋官方儒学的主体,在政治实践中表现为儒家礼教与黄老名法结合的魏晋"礼法之治"。

刘劭 二十世纪二三十年代,《人物志》逐渐引起一些学者的注意,他们从学术思想史、心理思想史、人才思想史等角度对此书开展研究。汤用彤《读〈人物志〉》②详尽分析了《人物志》产生的名理思潮背景、人物品鉴的主要观点。王晓毅《知人者智:〈人物志〉读本》③"导读"部分从形名学方法、阴阳五行九征说、气质论、材能论、鉴识方法、选材失误之因等方面讨论了刘劭的思想。

吴丕《〈人物志〉政治思想分析》④指出《人物志》其实是"政治人物论",它在中国古代政治思想史中的地位不容忽视。

刘劭的人才观是研究的热点之一。李建中《转型时期的才性理论——刘劭〈人物志〉研究》⑤指出,中国古代以"才性理论"为核心的人论与文论在汉魏之际发生了历史性变革。思想界理论重心逐渐由"伦理"转向"心理",由恪守正统儒家整体性道德规范,转向崇尚个体气质、性情、才藻、智能。在这一转型过程中,刘劭《人物志》具有经典意义及丰碑价值。周书灿、王清纯《从〈人物志〉看刘劭的人才思想》⑥认为刘劭博采道、法、名、阴阳五行诸家思想的合理成分,形成了颇具时代特色的人才思想体系,并将其概括

---

① 郝虹:《王肃与魏晋礼法之治》,《东岳论丛》2001年第1期,第44—47页。
② 汤用彤:《读〈人物志〉》,《魏晋玄学论稿》,上海古籍出版社,2001年,第3—22页。
③ 王晓毅:《知人者智:〈人物志〉读本》,中华书局,2014年。
④ 吴丕:《〈人物志〉政治思想分析》,《北京大学学报(哲学社会科学版)》1989年第3期,第106—113页。
⑤ 李建中:《转型时期的才性理论——刘劭〈人物志〉研究》,《苏州大学学报(哲学社会科学版)》1996年第3期,第53—56页。
⑥ 周书灿、王清纯:《从〈人物志〉看刘劭的人才思想》,《齐鲁学刊》2000年第2期,第112—116页。

为几方面：一是德才兼顾的中和思想，二是不拘一格、扬长避短的用人思想，三是人之才智出于情理的思想，四是致太平必赖圣人、创大业则尚英雄的思想。阎世平、董虹凌《刘劭的才德观研究》[①]则注意到刘劭对才德关系的认识，指出刘劭提出圣人"兼材"，德才兼备、才德合一；"偏至之材"才德殊用的二元才德观。吴家驹《试论刘劭〈人物志〉的人才思想》[②]论述了刘劭的人才思想。

其他从人才学角度研究刘劭人才思想的成果不胜枚举，从心理学角度研究该著作的成果亦复不少。梁满仓《人物志译注》[③]"前言"讨论了刘劭的人才观。王晓毅《人物志译注》[④]"凡例"论及此书关于人才培养、鉴别和运用的思想。

刘劭与名法思想的关系也是研究的重点。张欣《〈人物志〉与汉魏思想转型》[⑤]指出《人物志》综合儒、道、名、法各家思想，受到曹魏统治者"唯才是举"用人方略的影响。在人物品评方面，《人物志》保留了汉代清议的某些特征，但更多的是清谈的模式和方法，初具清谈形式。另外，该书还体现了士人知识结构和思考习惯的某些变化。《人物志》对于玄学家"有无论""圣人论"和"才性之辨"等理论的提出和深入研究发挥了引导作用，是窥见汉魏思想转型的宝贵资料。作者将《人物志》置于汉晋思想流变中讨论，尤其关注其对玄学话题的影响，很有创见。田文棠《魏晋三大思潮论稿》[⑥]第四章《魏晋名理学与刘劭的〈人物志〉》讨论了汉魏以来名理思潮及其对刘劭《人物志》的影响。王晓毅《〈人物志〉形成的政治文化背景》[⑦]指出该书核心在于

---

① 阎世平、董虹凌：《刘劭的才德观研究》，《广东社会科学》2001年第2期，第62—66页。
② 吴家驹：《试论刘劭〈人物志〉的人才思想》，《南京师范大学学报》2001年第3期，第156—160页。
③ 梁满仓：《人物志译注》"前言"，中华书局，2014年。
④ 王晓毅：《人物志译注》"凡例"，中华书局，2019年。
⑤ 张欣：《〈人物志〉与汉魏思想转型》，硕士学位论文，青岛大学，2007年。
⑥ 田文棠：《魏晋三大思潮论稿（第2版）》，陕西人民出版社，2008年。
⑦ 王晓毅：《〈人物志〉形成的政治文化背景》，《东岳论丛》2007年第6期，第86—91页。

构建中和型人才系统，反映了在黄老道家"因循"政治哲学指导下，曹魏前期官方人才思想和选举政策从"赏功能"到"重德行"的变化趋势。

蒋济 史向辉《蒋济与〈万机论〉》[①]提出蒋济偏重儒家思想，其《万机论》体现了诸家思想并存的特点。其政治思想的出发点是儒家思想，主张"因民"，反对重刑，强调德治，主张君臣共治，强调循名核实，重视经世致用。

杜恕 孔毅《礼与杜恕〈体论〉》[②]指出杜恕《体论》以礼为万物的法式和规矩，并赋予礼以道德价值和政治价值的权威，进而论述了礼对协调政治关系和伦理关系的功用。杜恕的礼治主张切中曹魏名法之治的流弊，是魏晋之际治国方略由"以刑为先"向"以礼为首"转化期间的产物。林校生《杜恕傅玄与魏晋的儒学人生论》[③]指出杜恕《体论》和傅玄《傅子》堪称儒学人生论的代表性作品，都在一定程度上揭示出曹魏西晋之交玄风甚炽、儒学就衰，但儒学仍是士林思想底色的时代特征。

石易之《论曹魏杜恕的政治思想》[④]认为杜恕坚持儒家德礼为本的政治思想。在君臣关系和君民关系上，他不片面强调君的绝对主导地位；在选举和司法等具体的政治问题上，他也提出了一些重要原则。其思想对于抑制君权有一定积极作用。

桓范 孔毅《论桓范〈世要论〉》[⑤]指出桓范的君臣论和刑德论综合儒、法、兵家思想；政务论则以儒为主，兼及法、墨、道和黄老诸学。此书是当时思想多元的反映。

[①] 史向辉：《蒋济与〈万机论〉》，《吉林师范学院学报（哲学社会科学版）》1999年第4期，第43—45页。

[②] 孔毅：《礼与杜恕〈体论〉》，《重庆师范大学学报（哲学社会科学版）》2007年第3期，第11—18页。

[③] 林校生：《杜恕傅玄与魏晋的儒学人生论》，《华侨大学学报（人文社会科学版）》1998年第4期，第88—95页。

[④] 石易之：《论曹魏杜恕的政治思想》，《许昌学院学报》2012年第4期，第11—14页。

[⑤] 孔毅：《论桓范〈世要论〉》，《重庆师范大学学报（哲学社会科学版）》2006年第3期，第66—73页。

夏侯玄 曹江红《论夏侯玄与正始改制》①强调夏侯玄在正始改制中占主导作用,其政治观念直接关系到改制活动的推行。景蜀慧《才性同异离合与夏侯玄选举"分叙"之议》②指出魏晋才性同异离合之论是玄学清谈的重要命题。正始中,夏侯玄维护台阁铨衡用人之权,分别"上之分"与"下之叙",主张任用、考察士人时应对才能与德行"明其分叙"。徐斌《正始名士的政治抱负——析夏侯玄〈答司马宣王时事议〉》③结合玄学思潮的背景深入分析了夏侯玄《答司马宣王时事议》,提出正始改制以玄学"无为而治"的理念为指导,针对名教之治的弊端,推出了调整选官标准、裁并行政建置、简化官场排场三大措施。改制引发尖锐的政治冲突,因此爆发"高平陵之变"。

傅嘏 田文棠《魏晋三大思潮论稿》④第五章《傅嘏与"四本才性"之辨》讨论了傅嘏对于才性问题的看法,并提及他坚持秦汉以来"内法外儒"的一套政治主张,其基本思想是以儒家的礼治为主,以法家的法治为辅,实行"礼弘致远""权法并用"的原则。孔毅《论正始名士傅嘏》⑤认为傅嘏始终是司马氏集团的核心人物,直接影响到魏晋易代之际的政治策略。

傅玄 田文棠《略论傅玄的经济思想》⑥指出傅玄对世族地主"坐享天禄"的世袭特权表示不满,他从保护中小地主的利益出发,试图从经济制度上进行某些有限的改良,以塞"兼并之路",以求"定世安民",幻想"六合晏如""治平无事"的天下。

---

① 曹江红:《论夏侯玄与正始改制》,《贵州师范大学学报(社会科学版)》1998 年第 1 期,第 24—41 页。
② 景蜀慧:《才性同异离合与夏侯玄选举"分叙"之议》,《中山大学学报(社会科学版)》2005 年第 3 期,第 64—71 页。
③ 徐斌:《正始名士的政治抱负——析夏侯玄〈答司马宣王时事议〉》,《浙江工商大学学报》2007 年第 6 期,第 38—43 页。
④ 田文棠:《魏晋三大思潮论稿》。
⑤ 孔毅:《论正始名士傅嘏》,《许昌学院学报》1992 年第 3 期,第 26—30 页。
⑥ 田文棠:《略论傅玄的经济思想》,《人文杂志》1979 年第 2 期,第 31—36 页。

施光明《傅玄治国思想述评》①认为傅玄的政治思想是礼法并治、德威相济。为改良政治、扫除弊政，他提出崇尚儒学、笃行教化，慎行赏罚，明制定典等措施。在选官问题上，傅玄主张唯贤是举。他还提出要整顿机构、精减官吏、建立考核制度。徐永康《傅玄的法律思想》②关注到傅玄颇具特色的法律思想。陈见微《傅玄的政治思想初探》③提出傅玄的地位及责任心使他总结历史经验，结合实际，提出以德为主、德刑共用的方针。

孔毅《傅玄伦理思想三论》④指出傅玄是魏晋时期少数未习染玄风的思想家之一。其人性论承袭告子；教化论综合儒、法；规范论则以儒为主，兼及法、道、墨。傅玄的伦理思想既有一定的理论深度，又有较强的现实针对性，是魏晋时期思想多元的反映。

魏明安、赵以武《傅玄评传（附杨泉评传）》⑤可谓研究傅玄的力作。作者认为《傅子》成书于入晋之前，大体属于杂家，其内篇以《荀子》为本，吸收了汉魏思想家、政论家的思想成分，显示了儒法兼济的特点。在"越名教而任自然"的玄学思潮影响下，傅玄坚持"存重儒教"。在实现魏晋禅代的进程中，他探讨如何"经纶政体"，这是为司马氏谋"君王南面之术"。

柳春新《傅玄思想评议》⑥针对《傅玄评传（附杨泉评传）》的观点，指出傅玄的思想是以儒学为根本而兼综各家，其主流和本质主要通过《傅子》内篇表达出来，即以儒为本，儒法兼济。傅玄属于荀儒一类的儒家。

---

① 施光明：《傅玄治国思想述评》，《西北大学学报（哲学社会科学版）》1984年第4期，第80—87页。
② 徐永康：《傅玄的法律思想》，《法学》1984年第5期，第45—48、37页。
③ 陈见微：《傅玄的政治思想初探》，《吉林师范学院学报（哲学社会科学版）》1994年第2期，第65—67页。
④ 孔毅：《傅玄伦理思想三论》，《贵州师范大学学报（社会科学版）》2003年第6期，第18—24页。
⑤ 魏明安、赵以武：《傅玄评传（附杨泉评传）》，南京大学出版社，1996年。
⑥ 柳春新：《傅玄思想评议》，《三峡大学学报（人文社会科学版）》2010年第4期，第87—90页。

刘治立《〈傅子〉评注》①是第一部专门整理傅玄文字的著作。该书附录《傅玄评传》简略讨论了傅玄的家世生平、政治活动，在哲学、文学、史学方面的文化成就，经济思想。作者指出，傅玄重视人才对社会发展的重大作用，提倡以德治国，"尊儒尚学"，引导民众向善，要求裁汰冗吏去务农，倡导加强水利建设，主张安抚流民，戒滥用民力。

鲍敬言 岳国先《试论鲍敬言的"无君"思想》②认为，鲍敬言反对儒家的纲常名教，用无君反对尊君，也反对玄学。他由对道家思想的改造而走向唯物主义。他从天地本无尊卑的世界观出发，提出无君论；又从无君论出发，提出空想社会的蓝图。其思想具有历史局限性。夏毅辉《东晋门阀政治存在的思想文化省察》③认为在东晋门阀政治文化中，"无君论"思潮的冲击淡化了君臣伦理观念；玄学的推进及"君主无为"理论和佛教"空无"哲学、"出世"观对东晋君臣都有影响。

山涛 徐高阮《山涛论》④展现了竹林名士山涛在魏晋时期的活动及文化性格，他代表玄学名士派与礼法派周旋。秦跃宇《心存事外，与时俯仰——山涛玄儒兼治研究》⑤认为山涛的思想出入于儒道之间，积极入世行不违俗，又能奉道家平和守中政治哲学，深沉世故不失清正朴素，其玄儒并蓄的思想代表了当时部分士大夫的共同文化品格。

夏侯湛 高武斌《论夏侯湛的思想特征》⑥指出儒家思想是夏侯湛的主导

---

① 傅玄撰，刘治立评注：《〈傅子〉评注》，天津古籍出版社，2010年。
② 岳国先：《试论鲍敬言的"无君"思想》，《沈阳师范学院学报（社会科学版）》2000年第1期，第61—63页。
③ 夏毅辉：《东晋门阀政治存在的思想文化省察》，《学术月刊》2001年第12期，第72—79页。
④ 徐高阮：《山涛论》，《"中央研究院"历史语言研究所集刊》第41本第1分，1969年；海豚出版社，2014年。
⑤ 秦跃宇：《心存事外，与时俯仰——山涛玄儒兼治研究》，《齐齐哈尔大学学报（哲学社会科学版）》2006年第5期，第5—8页。
⑥ 高武斌：《论夏侯湛的思想特征》，《郧阳师范高等专科学校学报》2010年第5期，第35—37页。

思想，同时魏晋时期流行的道家思想和墨家思想对其影响也很深刻。

袁准 袁敏《西晋政治家袁准及其子书〈正论〉、〈正书〉》①通过考察袁准生平并辑佚集中体现其思想的两部子书《正论》《正书》，指出袁准是当时杰出的政治理论家。《正论》佚文主要围绕经学展开，《正书》佚文则保存了袁准大量的政治主张。

葛洪 关于两晋之际葛洪的研究，较多集中于两个层面：从道教史的角度研究其成就和地位；结合《抱朴子·外篇》研究葛洪的人生观、政治观、隐逸观等等。许抗生《葛洪社会政治思想探析》②指出葛洪是社会政治思想家。《抱朴子》讨论了社会政治问题，企图把儒家的治国安邦之策与道教的长生神仙之术合二为一。其外篇不仅讨论了道本儒末的思想，而且主张兼采百家之言，还总结了吴国衰亡的历史教训，提出了"贵贤""任能""审举"等用人思想，并抨击了汉末魏晋社会上兴起的浮华任诞的所谓"魏晋风度"。

刘玲娣《〈抱朴子外篇〉与葛洪思想研究》③第三章《〈抱朴子外篇〉的伦理、政治思想》分析了葛洪的身国同治思想、刑德并用思想、反无君论思想以及人才思想。作者指出，葛洪继承了道教的"身国同治"思想，以身拟国，从理论上将修身与治国有效结合起来，进一步强化了儒学的重要性。从维护封建统治秩序的角度出发，他主张刑德并用、刑为仁佐，刑之至用，要在"诛贵"，刑德须臾不可分离。《诘鲍》篇针对魏晋时期以鲍敬言《无君论》为代表的思想潮流进行了系统批判。其思想具有强烈关注社会现实的倾向。

庞月光《葛洪及其政治观》④围绕坚决维护封建的君臣伦理纲常、激烈反

---

① 袁敏：《西晋政治家袁准及其子书〈正论〉、〈正书〉》，《许昌学院学报》2011年第1期，第5—9页。
② 许抗生：《葛洪社会政治思想探析》，《学术月刊》1985年第1期，第27—31页。
③ 刘玲娣：《〈抱朴子外篇〉与葛洪思想研究》，硕士学位论文，华中师范大学，2002年。
④ 庞月光：《葛洪及其政治观》，《北京教育学院学报（社会科学版）》1997年第2期，第49—54页。

对豪族垄断仕途、主张严刑峻法以治理国家三个方面分析了葛洪的政治思想。

沈善洪、王奉贤《中国伦理学说史（上）》[①]对葛洪的政治伦理思想和兴复儒教的贡献给予高度评价，认为葛洪是魏晋时期统治阶级中强烈呼吁回归儒家的第一人。

姚明会《"身国同构、儒道互补"——葛洪关于社会运行模式的构建》[②]立足于社会学理论和方法，阐释葛洪的治国理论是对儒法道三家的继承与超越。葛洪认为儒家的"德治论"、法家的"法治论"和道家的"道治论"各执一端，主张"身国同构、儒道互补、刑为仁佐"。他非常强调"礼"和"法"的社会控制作用。从政治哲学的层面看，"道本儒末"是葛洪治国方略的核心，"道"是其治国思想的根本。

武锋《葛洪〈抱朴子外篇〉研究》[③]第三章探讨了《抱朴子》外篇所见葛洪的政治思想。作者指出，葛洪的政治思想有很强的法家意味。他强调严格的君臣之分以及君臣关系，强调严刑重法，强调执法者素质的重要性。针对汉晋之际选举名实不符、徇私舞弊、大族垄断的弊端，葛洪建议扩大察举策试的广度，加大惩治选举不法行为的力度，注重基层吏治建设与人才选拔。在仁明思想上，葛洪主张明先仁后、舍仁用明。这种思想受魏晋之际才性论的影响。第四章学术思想部分探讨了葛洪的礼制观。葛洪强调礼制在社会政治中不可缺乏，主张礼制应切于实用，提倡删礼省烦。

崔红健《葛洪〈抱朴子外篇〉政治和文学思想研究——对儒家思想的继承和改造》[④]第四部分《〈抱朴子外篇〉中的社会政治思想》对葛洪政治思想中的儒家、道家成分加以分析。其《葛洪〈抱朴子·外篇〉政治思想对儒家思

---

① 沈善洪、王奉贤：《中国伦理学说史》（上卷），浙江人民出版社，1985年。
② 姚明会：《"身国同构、儒道互补"——葛洪关于社会运行模式的构建》，硕士学位论文，安徽大学，2006年。
③ 武锋：《葛洪〈抱朴子外篇〉研究》，博士学位论文，华东师范大学，2007年。
④ 崔红健：《葛洪〈抱朴子外篇〉政治和文学思想研究——对儒家思想的继承和改造》，硕士学位论文，山东大学，2007年。

想的取与弃》①分析了葛洪的君主观、刑法观、礼学观,指出葛洪以儒家思想为底色,却未拘泥于儒家说教,而是以社会状况的真实需要为基础,或者吸收法、墨等家,或者丢掉儒家的包袱。

唐精彬《〈抱朴子·外篇〉社会政治思想研究》②第四章分析《抱朴子·外篇》所见葛洪的政治思想,从君主观、人才观、刑法观等方面展开研究,认为其核心观念是身国同治思想("内以治身,外以治国""兴儒教以救微言之绝"),注重君道臣节的尊卑秩序观,提倡贵贤任能、以刑辅仁。

赵芃《论葛洪的"君道"思想》③认为葛洪在《抱朴子外篇·君道》中提出了"君道"治国执政之道,这是对儒道治政思想和理念的概括和总结。

蔡德贵《葛洪思想的儒道互补特征》④认为葛洪思想具有儒道互补的特征,他"尚博",儒道兼采;其政治目标是国泰民安。

于欣《葛洪"德"思想研究》⑤认为葛洪关于"德"的思想既表现出同儒家德论传统之间的深厚渊源,也具有鲜明的道教思想特色。在伦理层面上,他基于儒家立德的观点,力倡"仁明之德",同时基于道教长生成仙的观点,主张"明先仁后";在政治层面上,他提出"审威德",主张恩威并重、仁政礼法并举的德政论。

陈抗生《葛洪的法律思想——〈抱朴子·用刑〉述评》⑥集中分析了《抱

---

① 崔红健:《葛洪〈抱朴子·外篇〉政治思想对儒家思想的取与弃》,《山东教育学院学报》2009年第2期,第5—7页。

② 唐精彬:《〈抱朴子·外篇〉社会政治思想研究》,硕士学位论文,四川省社会科学院,2008年。

③ 赵芃:《论葛洪的"君道"思想》,《宗教学研究》2007年第3期,第51—53页。

④ 蔡德贵:《葛洪思想的儒道互补特征》,《社会科学研究》2007年第6期,第134—138页。

⑤ 于欣:《葛洪"德"思想研究》,《南方论刊》2008年第7期,第80—81页。

⑥ 陈抗生:《葛洪的法律思想——〈抱朴子·用刑〉述评》,载中国法律史学会、《法律史论丛》编委会编《法律史论丛》第2辑,中国社会科学出版社,1982年,第196—209页。

朴子外篇·用刑》体现出来的法律思想，认为葛洪刑法思想的特点是"刑德并用""刑为仁佐"。

在时代重视人物品藻的潮流下，葛洪对人才问题也有一些观点。焦传斌、李哲夫《〈抱朴子·外篇〉中的人才学探微》[1]和刘玲娣《〈抱朴子〉人才思想论略》[2]从人才的重要性、人才的选拔、人才的识别、人才的任用以及人才自身的素质等方面，详细分析了《抱朴子·外篇》的人才思想。这些思想反映了汉晋社会的真实状况。瀚青、梁瑞敏、国新《葛洪的学习和人才思想研究》[3]指出葛洪强调人才对国家的重要作用，提出了"舍仁用明"的人才标准，阐述了选才、用才的原则和方法等问题，并对考试在选才中的作用进行了论述，构成了较为完整的人才学思想体系。

陈寿 刘伟航、李莉《从〈三国志〉史评看陈寿的政治思想》[4]指出陈寿规划了从皇帝到各级官吏的行为规范，提出天下唯有德者居之，其政治思想有较明显的复古倾向；诸葛亮的治国为其理想的社会政治秩序。郭秀琦《论〈三国志〉对孟子民本思想的发展》[5]认为陈寿对孟子民本思想有所发展，主要表现在四个方面：一是以安民为大道；二是诚心爱民，定创嘉绩；三是用司法权和行政权保护民众；四是君民密切配合。

袁宏 王纪录《袁宏史论新探》[6]结合袁宏《后汉纪》史论，指出袁宏反

---

[1] 焦传斌、李哲夫：《〈抱朴子·外篇〉中的人才学探微》，《社会科学辑刊》1981年第5期，第23—30页。

[2] 刘玲娣：《〈抱朴子〉人才思想论略》，《湖北师范学院学报（哲学社会科学版）》2006年第6期，第69—72、124页。

[3] 瀚青、梁瑞敏、国新：《葛洪的学习和人才思想研究》，《河北师范大学学报（哲学社会科学版）》2008年第1期，第99—103页。

[4] 刘伟航、李莉：《从〈三国志〉史评看陈寿的政治思想》，《四川师范学院学报（哲学社会科学版）》2001年第5期，第11—15页。

[5] 郭秀琦：《论〈三国志〉对孟子民本思想的发展》，《阴山学刊（社会科学版）》2001年第1期，第67—70页。

[6] 王纪录：《袁宏史论新探》，《兰州学刊》1993年第4期，第58—61页。

对肉刑，主张德刑兼用。

萧衍 官露《梁武帝统治思想研究》[1]指出萧衍早年所受儒家"礼""孝"思想使得其早期统治以儒家思想为中心，这集中表现在王道仁政思想、民本思想和大一统思想；晚年他由奉道转为崇佛，其吏治表现出佛教色彩，统治思想为儒佛结合。胡大伟《齐梁时期佛教思想对梁武帝统治思想的影响》[2]认为梁武帝利用民众信教来确立自己的地位，利用佛教教义控制人心，利用佛教仪式维护社会秩序。杨亮《道家思想与萧梁政治》[3]注意到梁武帝在崇佛的同时，仍保留与道家道教的关联，"清净无为"思想对萧梁政治有不可忽视的影响。

萧绎 钟仕伦《萧绎思想体系论》[4]认为萧绎思想体系呈现出杂取儒、释、道而兼涉兵家、墨家、名家、法家、农家等众家学说之长，呈现出"成一家之言"的杂家特征，这代表着已虎踞上位的江左北人武力集团在思想文化领域中的统治地位的形成。这一观点在其论著《〈金楼子〉研究》[5]第五章中充分展开，但在书中作者重在探讨萧绎的思想对其行为处世的影响。

崔浩 黄忠鑫《简论崔浩的治国思想》[6]指出崔浩的治国理论以儒家思想为本、兼容诸家学说，以国家长治久安为治国目的，以通儒的贵族政治为治国关键。

苏绰 张先昌《论苏绰的政治思想》[7]指出苏绰"六条诏书"集中体现了其政治思想，包括以"公"为核心的仁政主张和任人唯贤的选官思想，具

---

[1] 官露：《梁武帝统治思想研究》，硕士学位论文，湖北大学，2012年。

[2] 胡大伟：《齐梁时期佛教思想对梁武帝统治思想的影响》，硕士学位论文，重庆师范大学，2016年。

[3] 杨亮：《道家思想与萧梁政治》，硕士学位论文，华中师范大学，2021年。

[4] 钟仕伦：《萧绎思想体系论》，《北京大学学报（哲学社会科学版）》2001年第3期，第71—77页。

[5] 钟仕伦：《〈金楼子〉研究》，中华书局，2004年。

[6] 黄忠鑫：《简论崔浩的治国思想》，《十堰职业技术学院学报》2006年第3期，第62—65页。

[7] 张先昌：《论苏绰的政治思想》，《殷都学刊》1987年第2期，第31—37页。

体表现在苏绰以下列思想为原则来推行改革：德治教化的根本原则；"尽地利""均赋税"；"恤狱讼"，省刑宽法；反对资荫门选、选官先德后才，反对"邦国无贤，莫知所举"的论调；精简官僚机构，裁减冗官冗员。

孔毅撰写系列文章就苏绰的政治伦理、经济伦理加以分析。《苏绰政治伦理思想及其渊源初探》[①]指出苏绰政治伦理思想体现在敦教化以致王道、擢贤良以清吏制两个方面，并分析了其思想渊源及其对西魏北周政治的影响。《苏绰经济伦理思想及其渊源初探》[②]指出苏绰肯定了发展经济对国家政权巩固的社会伦理价值，强调"先足其衣食，然后教化随之"的伦理政治目的，坚持"均赋役""有无相通，使得兼济"的经济公平原则。苏绰经济伦理思想的本质在于把伦理道德的无形作用与经济发展的有形效果有机统一，使之成为实现其"王道"理想的两翼。

李清凌《苏绰治理乱世的政治思想》[③]指出苏绰不谋外扩，专治政权内部人心、吏治、经济、教化等政治生态环境，从而获得"疆场屡扰而内亲外附"的政治效果。

概言之，对于魏晋南北朝时期主要的政治人物和文化名家，学界大多有相关研究。但是，就时段来看，关于魏晋人物的研究成果较多，而对南北朝时期的某些重要的政治人物如北魏孝文帝、崔浩等的政治思想，研究成果相对较少。

四、对某些重要思想观念问题的研究

名法思潮 在汉末社会批判思潮之下，人们针对选举名实不符、士风日趋浮华、"户异议而人殊论"的现象，提出要"综核名实""刑先礼后"，儒法

---

① 孔毅：《苏绰政治伦理思想及其渊源初探》，《重庆师范学院学报（哲学社会科学版）》2001年第4期，第50—56页。

② 孔毅：《苏绰经济伦理思想及其渊源初探》，《重庆师范学院学报（哲学社会科学版）》2002年第2期，第23—29页。

③ 李清凌：《苏绰治理乱世的政治思想》，《西北师范大学学报（社会科学版）》2011年第2期，第38—42页。

兼用。曹操、诸葛亮、刘廙、杜恕、桓范等均是这一思潮的代表,他们还在不同程度上将其付诸实践。

名理思潮 针对名理学是一种方法还是一种思潮,学界有不同观点。如王晓毅《论魏晋名理学》①认为名理学是一种理论思维方法,并得到不少思想史研究者认同。刘泽华《中国政治思想史》认为"名理学是以探讨人物品鉴为核心的政治学说",名理与名法同属于一个政治学说范畴。田文棠《魏晋三大思潮论稿》第四章《魏晋名理学与刘劭的〈人物志〉》论述了名理学兴起的政治思想原因、名理学与名法思想之间的关系。

才性问题 社会动荡之际用人成为重要问题,而与人才问题相关的是才性问题。魏晋士群有才性同、异、合、离四种观点。在陈寅恪看来,魏晋间人关于"才性四本"论的讨论实际上代表着他们对于司马氏和曹氏的不同政治态度。②唐长孺《魏晋才性论的政治意义》③指出才性论所研究的问题为才与性的含义以及操行与才能的关系,与曹操的"唯才是举"政策有关,是从实际政治出发又归宿于实际政治的命题,其目的是巩固新兴政权。傅云龙《论魏晋之际的"才性之辨"》④指出魏晋之际的"名理学"即辩名析理之学,是由汉代社会政治伦理思想演化而来,也是魏晋清谈的一个重要方面。它包括两方面含义:一是指"名分之理",建伦常,设百官,是谓"名分";二是指"名目之理",识察人物,量才以彰其用,是谓"名目"。这是分别就政治理论和伦理道德方面来说的。魏晋之际才性之辩成为重要问题,标志着由汉代经学和伦理思想向魏晋玄学和伦理思想的转变。陈群《魏晋"才性"、"性情"之辩再析》⑤探讨了才性之辩与性情之辩之间的逻辑关系,指出"才性""性

---

① 王晓毅:《论魏晋名理学》,《文史哲》1986 年第 6 期,第 60—65 页。
② 万绳楠:《陈寅恪魏晋南北朝史讲演录》,贵州人民出版社,2007 年。
③ 唐长孺:《魏晋才性论的政治意义》,《魏晋南北朝史论丛(外一种)》,河北教育出版社,2000 年,第 285—297 页。
④ 傅云龙:《论魏晋之际的"才性之辨"》,《孔子研究》1993 年第 3 期,第 64—74 页。
⑤ 陈群:《魏晋"才性"、"性情"之辩再析》,《淮阴师范学院学报(哲学社会科学版)》2004 年第 1 期,第 94—98 页。

情"之辩是魏晋六朝时期形而上学领域持续争论的重要问题,是先秦两汉以来传统的心性问题的延续与发展。魏初的"才性论"只论情性之用,至"才性四本"对"才""性"的内涵与相互关系进行深入探讨,其学理发展的趋势则是进一步追溯"性"的本源,由此"才性之辩"在逻辑上发展为"性情之辩",并被六朝哲学家外化为各种具体问题。田文棠《魏晋三大思潮论稿》第五章《傅嘏与"四本才性"之辩》系统探讨了才性之辩等基本含义、代表人物的政治思想及才性之辩的政治背景。

人物品题与人才理论　基于人物品题的社会风尚,人才理论有长足发展。刘劭《人物志》堪称研究热点。相关的著作如王晓毅《知人者智:〈人物志〉解读》从形名学方法、阴阳五行九征说、气质论、材能论、鉴识方法、选材失误之因几个方面来分析该书。他还在附录《〈人物志〉与学术思潮》一文中指出《人物志》揭示了中国古代思想史从汉代经学向魏晋玄学转化过程中的诸多环节。黄少英《汉魏之际人物品题的三大社会功用》[①]针对汉末察举制度式微、汉魏之际君臣互择的背景,指出这一时期逐渐兴起的人物品题之风对发现人才、选拔人才和人才流动以及对社会局势的变化等方面都起着不可忽视的作用。其主要表现为人物品题在"择臣"和"择君"的"双向选择"过程中发挥着重要作用,对制定战略战术起着不可估量的作用,巧妙地引导人心所向从而影响政局。其《试论汉魏之际人才理论的发展》[②]指出汉魏之际盛行的人物品题之风极大地促进了人们对人才学理论的探讨,在才性论、圣人人格和人才分类等理论上取得了明显进步。

圣人观与英雄观　先秦以来,儒家、道家等均以"圣人"为理想人格形象,寄寓着士人的政治理想。刘泽华《中国政治思想史(秦汉魏晋南北朝卷)》讨论了名理思潮下的圣人观,认为时人寄希望于"圣君"来治乱,圣人有现实

---

① 黄少英:《汉魏之际人物品题的三大社会功用》,《许昌学院学报》2004年第3期,第39—42页。

② 黄少英:《试论汉魏之际人才理论的发展》,《青岛大学师范学院学报》2004年第1期,第17—21页。

化、理想话、政治化特征，从而对玄学圣人观产生影响。汉魏之际，"英雄"一度代替"贤人"，成为士人理想人格。该书还论及佛教的圣人观。尚晓梅《汉魏之际的英雄观》[1]探析了汉末之前的英雄观，汉魏之际英雄观兴起的背景、具体内容及其特点、影响，以及魏以后英雄观的异途发展几个部分，从纵、横两个方面展开论述，揭示了汉魏之际英雄观的变迁、内涵及文化意义。作者指出汉魏之际是中国历史上真正的"英雄时代"。在政治形势的推动下，汉魏之际的英雄观经历了名士英雄—王霸英雄—圣君英雄三个发展阶段，形成了一个综括英雄产生、素质、定位、分类、评价、鉴识等各方面的理论系统。汉魏之际的英雄观呈现出强大的包容性和多层面同步发展的特点，推动了英雄崇拜之风的盛行，以辨名析理的形名思想为指导，以人物鉴识理论为核心，英雄成为时人心中的理想人格，引导了崇尚通达、注重风神、尊显才性的人格趋向；而英雄观在价值取向上强烈的政治关怀，则促进了务实性政治的开展。

考课问题 如何加强对官员的考核，一直是很实际的政治问题。关于政治制度史的研究常涉及这一话题。余全介《考课制三题》[2]就曹魏明帝时期刘劭、傅嘏、杜恕、崔林等人对考课制度的思考加以探讨，指出杜恕的观点是当时历史现实的折射，刘劭对制度的重视与其思想学说有着内在的联系。

名教与自然之辩 关于魏晋玄学的讨论，哲学史、思想史的研究大多以名教与自然关系为主线。唐长孺《魏晋玄学之形成及其发展》[3]指出名、法、道三家之所以能在汉末兴起，是因为当时学者根据统治者现实的政治要求儒家以外的理论对名教加以批判、分析、辩护和纠正，揭示了玄学发展与政治之间的密切关系。

有无之辨 王晓毅《郭象评传（附向秀评传）》第二章《融合与创新》指出，正始年间贵无派与崇有派争论的焦点在治国修身方面，尤其是在政治实

---

[1] 尚晓梅：《汉魏之际的英雄观》，硕士学位论文，华中师范大学，2006年。
[2] 余全介：《考课制三题》，《南京社会科学》2008年第3期，第50—55页。
[3] 唐长孺：《魏晋玄学之形成及其发展》，《魏晋南北朝史论丛（外一种）》，第298—336页。

践中是采取"有为"还是"无为"方针。以裴頠为代表的崇有派强调"有为"政治与礼乐的教化功能。

清议与清谈 唐长孺《清谈与清议》①厘清了清谈与清议之间的联系与区别。周一良《两晋南朝的清议》②较早关注到两晋南朝清议的存在,并进而分析其背景及内容、影响。阎步克《西晋"清议"呼吁之简析及推论》③指出西晋事功派欲挽救法纪颓废的政局而呼吁清议,这是特定环境下的产物。清议还涉及通过禅代获取的皇权的合法性问题。针对社会奢侈风尚,清议还有针对司马氏统治倡导虚无缥缈的"仁俭"方针的意味。综言之,清议是西晋士大夫重振纲纪风教的最后努力,但收效甚微。清谈是否误国,是思想史研究必定涉及的问题,由此牵涉不同时期清谈话题内容的变化及其与政治的关联。

复肉刑议 魏晋南北朝时期法律建设及其儒家化趋势较早受到中国法律史研究者的关注。如瞿同祖《中国法律与中国社会》④认为关于复肉刑的讨论断断续续,实际上是这一时期政治思想或法律思想以儒家为主还是以法家为主的表现之一。钟繇、王朗、刘颂等人都曾参与讨论。薛菁《汉末魏晋复肉刑之议论析》⑤、吴文娟《浅论魏晋时期肉刑复议》⑥、胡坤《试析魏晋时期恢复肉刑之议》⑦等主要从法制史角度展开,较少关注政治思想。这些文章肯定了复肉刑之议在中国古代刑罚体系由以肉刑为中心的"旧五刑"制度向以劳役刑为中心的"新五刑"制度的演进过程中的历史地位。

---

① 唐长孺:《清谈与清议》,《魏晋南北朝史论丛(外一种)》,第276—284页。
② 周一良:《两晋南朝的清议》,《魏晋南北朝史论集(第2版)》,北京大学出版社,2010年,第380—387页。
③ 阎步克:《西晋"清议"呼吁之简析及推论》,《乐师与史官——传统政治文化与政治制度论集》,生活·读书·新知三联书店,2001年,第226—267页。
④ 瞿同祖:《中国法律与中国社会》,中华书局,2003年。
⑤ 薛菁:《汉末魏晋复肉刑之议论析》,《东南学术》2004年第3期,第149—157页。
⑥ 吴文娟:《浅论魏晋时期肉刑复议》,《宜春学院学报》2009年第S1期,第89—90页。
⑦ 胡坤:《试析魏晋时期恢复肉刑之议》,《法制与社会》2009年第20期,第370—371页。

文质论 阎步克《魏晋南北朝时期的质文论》[1]敏锐地把握住汉魏晋南北朝时期关于"文""质"内涵及关系的讨论变迁的痕迹，并认为这种变化实际上关系到社会问题和政治特点。

儒家地位及影响 儒家是否是这一时期的主流？学界对此意见不一，但一般都注意到儒家思想在这一时期仍发挥着重要作用，并强调儒家思想与其他思想的融合。郝虹《汉末魏晋时期儒家政治思想的发展》[2]审慎分析了汉末魏晋时期儒家政治思想自我更新的两种途径：一是自我修正，如用人上由重德轻才走向尚德与重才因时而定；二是汲取别派思想以自我完善，如重新评价并提高法家思想的地位，充分吸收名家思想最终形成魏晋礼法之治。总之，儒家政治思想经过新整合后，得到进一步发展和完善。徐兆仁《论中国韬略思想在三国时期的发展》[3]对传统的奇正、虚实、有无、阴阳等思想在三国时期的发展做了研究。王大良《六朝世族思想信仰主流的再认识》[4]认为六朝时期琅邪王氏的主流思想尽管曾受玄、释、道的冲击，但都未从根本上动摇儒家思想的地位，其家族也在南朝中后期早于其他家族完成儒学回归。刘运好《援儒入玄——西晋中期思想论》[5]认为西晋中期思想界可分为理想派、宏放派、折衷派，提出由理想派崇儒到宏放派尚玄，再到折衷派援儒入玄是西晋中期思想演进的轨迹。刘春香《曹魏时期的荒政理念及救灾措施》[6]结合曹魏的救灾活

---

[1] 阎步克：《魏晋南北朝时期的质文论》，《乐师与史官——传统政治文化与政治制度论集》，第292—320页。

[2] 郝虹：《汉末魏晋时期儒家政治思想的发展》，《孔子研究》2006年第2期，第67—74页。

[3] 徐兆仁：《论中国韬略思想在三国时期的发展》，《北京社会科学》2001年第1期，第61—69页。

[4] 王大良：《六朝世族思想信仰主流的再认识》，《西北师范大学学报（社会科学版）》第4期，第11—15页。

[5] 刘运好：《援儒入玄——西晋中期思想论》，《孔子研究》2001年第3期，第46—54页。

[6] 刘春香：《曹魏时期的荒政理念及救灾措施》，《许昌学院学报》2009年第3期，第20—22页。

动论述了曹魏时期统治者承袭两汉儒学"以经治国"的政府管理思想余绪,主要以儒家荒政学说的理论为指导应对自然灾害,其采取的灾荒救治政策措施如除害灭灾、因灾蠲免、赈饥济贫、移民就粟等具有明显的儒学化色彩。

法家地位与影响 自先秦以来,儒家、法家思想逐渐成为政治实践中的指导思想。汉宣帝所言"霸王道杂之"即是对此状态的确认。汉魏之际的名法思潮实际上是儒法思想的重新整合,此后不断有人呼吁以法治乱世,如张湛倡导社会不安定时要儒法并用,这代表了一个有长时段眼光的有识之士的观点。阎步克《南齐秀才策题中之法家论调考析》[1]梳理了魏晋南北朝时期的法术之学。

道家地位与影响 玄学被认为是新道家,玄学的发展历程其实是援道入儒的过程。关于玄学的研究均会涉及玄学家的政治思想以及社会上某些人的反对声音。马良怀《崩溃与重建中的困惑——魏晋风度研究》[2]强调了魏晋玄学融合儒道及其从理论到实践对士人思想、精神世界和行为方式的影响。夏毅辉《东晋门阀政治存在的思想文化省察》[3]认为"无君论"思潮的冲击淡化了东晋君臣伦理观念,玄学及"君主无为"理论和佛教"空无"哲学、"出世"观对东晋君臣都有影响。秦跃宇《魏晋士大夫玄儒兼治研究》[4]着重就魏晋时期士大夫并蓄儒道的思想历程进行研究,梳理玄儒思想在不同时期体现出的对立融合状态,揭示了魏晋时期士大夫从尚儒转向玄儒兼治的过程及其影响。他在博士论文基础上修改出版的《六朝士大夫玄儒兼治研究》[5]分析了

---

[1] 阎步克:《南齐秀才策题中之法家论调考析》,《乐师与史官——传统政治文化与政治制度论集》,第268—291页。

[2] 马良怀:《崩溃与重建中的困惑——魏晋风度研究》,中国社会科学出版社,1993年。

[3] 夏毅辉:《东晋门阀政治存在的思想文化省察》,《学术月刊》2001年第12期,第72—79页。

[4] 秦跃宇:《魏晋士大夫玄儒兼治研究》,博士学位论文,扬州大学,2005年。

[5] 秦跃宇:《六朝士大夫玄儒兼治研究》,广陵书社,2008年。

各时段士人对儒道家思想的接受。其观点与罗宗强《玄学与魏晋士人心态》[①]中的持论有相似之处。

宗教与政治思想　关于宗教，学界侧重于宗教史的研究，关注儒家、道教、佛教之间的论争与融合。刘泽华主编《中国政治思想史（秦汉魏晋南北朝卷）》颇有创见地设立专节讨论《太平经》、佛教和道教的政治思想。作者探讨了《太平经》所见君臣民"并力同心"说、"尊道重德"的治国思想和太平盛世的政治理想；而关于佛教、道教政治思想的分析，却不可避免地落入讨论佛教与名教、儒道关系、道释关系的窠臼。"沙门不敬王者论"是佛教与政治思想有关的内容，但从政治思想角度出发的研究则远远不够。陈进国《道家与道教的"理身理国"思想——先秦至唐的历史考察》[②]认为先秦至唐道家及道教各派都曾围绕着理（治）身与理（治）国的关系进行过不同层次的探讨。随着语境的变迁，特别是在唐代，原道家语义被转换或开掘出新的内涵，故"理身治国"的实质内涵也在变化。"理身理国"观体现了道家和道教各派对个体生命及其生存状态深度的人文关切。

综言之，已有的关于魏晋南北朝政治思想的研究，较多集中于思想史、哲学史的论著中，然而这种论析经常迷失在思想和哲学概念、术语的辨析中。更多时候，人们研究政治思想，却在论述中将其与政治事件、政治活动、政治观念、社会思想、伦理思想等混淆，对政治思想如何影响制度和实践、现实政治又如何影响政治思想等问题缺乏具象的研究。就时段而言，关于魏晋政治思想的研究较有关南北朝时期的相关成果多。如何结合政治学的知识和视角，对魏晋南北朝时期政治思想进行系统梳理和深度开掘，是新时代呼唤的艰巨任务。

---

① 罗宗强：《玄学与魏晋士人心态》，天津教育出版社，2005 年。
② 陈进国：《道家与道教的"理身理国"思想——先秦至唐的历史考察》，《宗教学研究》2000 年第 2 期，第 41—50 页。

超越胡汉对立及其可能：北齐政治史研究的述评与反思

樊泳泽

北齐一朝前后存续约28年（550—577），即便将高氏"霸朝"所在的东魏计入，亦不过40余年。在传统史观中，北齐不过是南北朝乱世一个旋起旋灭的"短命王朝"，地位无足轻重，其形象更是糟糕至极，几可以宫闱淫暴、主荒臣佞并自取灭亡来概括。[1]时至近代，经由陈寅恪的发凡起例，北齐的重要性才被重新发现。在1944年初版的《隋唐制度渊源略论稿》中，陈先生开宗明义地提出"隋唐之制度虽极广博纷复，然究析其因素，不出三源：一曰（北）魏、（北）齐，二曰梁、陈，三曰（西）魏、周"，而"（西）魏、周之源远不如其他二源之重要"[2]。在授课时，他又将北朝隋唐政治文明的演变过程

---

[1] 如中华书局点校本《北齐书》出版说明所言。在唐初"同时编写的各史中，《北齐书》对当时封建统治者残暴荒淫和卑鄙肮脏的丑事记载较多。这是由于隋、唐两朝继承北周，北齐是一个被战败灭亡的割据政权，被认为是'僭伪'，隋、唐编写北齐史就相对地较少忌讳，同时也借此证明周灭齐是所谓'有道伐无道'"（中华书局，1972年，第3页）。清人赵翼谓"古来宫闱之乱，未有如北齐者"（赵翼著，王树民校证：《廿二史札记校证》卷十五"北齐宫闱之丑"条，中华书局，2013年，第321页），代表了传统史家对北齐历史面貌的一般看法，直至近现代仍有影响。

[2] 陈寅恪：《隋唐制度渊源略论稿·唐代政治史述论稿》，生活·读书·新知三联书店，2001年，第3—4页。

概括为"由胡化而汉化,由西部而东部化(如隋遵后齐之制),由北朝而南朝化"①。与聚焦西魏—北周—隋唐统治核心层而提炼出的"关陇集团"学说不同,陈先生从汉魏传统的流变考索隋唐王朝的制度渊源,指出"凡江左承袭汉、魏、西晋之礼乐刑政典章文物,自东晋至南齐其间所发展变迁,而为北魏孝文帝及其子孙摹仿采用,传至北齐成一大结集"②,隋初制章立典之时,南北尚未统一,形塑隋唐制度基本面貌的实是排名第一的(北)魏、(北)齐因素,北齐的历史意义与地位由此得到空前昭彰。③

或许因陈先生对两魏周齐的讨论各有政治与制度之侧重,加之"关陇集团"学说反响巨大,此后学界围绕"关陇集团"的概念界定、人员范围与持续时间展开一系列研究,成果极其丰富,极大地加深了对西魏北周政治史的认识,④相较而言,东魏北齐政治史的研究热度则略逊一筹。就客观条件来说,北齐一朝的基本史料可谓单薄,唐初修成的《北齐书》在唐中叶以后便逐渐残缺,今本五十卷中仅十七卷为李百药原文,其余皆后人所补,残损程度为中古"八书二史"之最,近年虽有较多墓志材料出土,但提供的增长动力仍

---

① 万绳楠整理:《陈寅恪魏晋南北朝史讲演录》,贵州人民出版社,2007年,第324页。
② 陈寅恪:《隋唐制度渊源略论稿》,第3页。
③ 在抗战救亡的背景下,陈先生特别强调永嘉大乱后河西一隅"继绝扶衰"保全汉晋文明,并由孝文汉化改制而辗转融入北魏、北齐的文化系统,北齐虽胡化甚深,但终能传承华夏典章制度的核心,成为隋唐政治文化的主要源头,有深意存焉,即暗示只要文化核心得到继承,则中华必不会亡。可参读王永兴:《陈寅恪先生史学述略稿》,北京大学出版社,1998年,第142—154页;陆扬:《视域之融合:陈寅恪唐史研究特点与贡献的再考察》,《北京大学学报(哲学社会科学版)》2020年第4期,第82—84页。
④ 简要梳理参见胡戟等主编:《二十世纪唐研究》第一章"关陇集团"条,中国社会科学出版社,2002年,第25—27页;吕春盛:《关陇集团的权力结构演变——西魏北周政治史研究》,稻乡出版社,2002年,第7—11页。

相对有限，①在这种情况下，总结与反思既往研究，其意义便不止于回顾与归纳，更在于瞻望未来。本文拟对北齐政治史研究的基本理路做一梳理，并对存在的问题及局限略抒己见。②需要说明的是，本文的目的在于把握北齐政治史研究的总体动向，对于具体人物、史事及制度的个案研究仅在关涉处述及，难免照顾不周，望读者察焉。

一、框架的建立与更迭

20世纪40年代末，陈寅恪与缪钺皆提出将民族关系作为理解北齐政治的核心线索，缪先生的论述更为完整、系统，由此奠定了北齐政治史研究的胡汉斗争框架。

据《陈寅恪魏晋南北朝史讲演录》，陈先生将北齐亡于北周的历史宿命归结为民族问题："北齐占据山东，经济力量远远胜过占据关中的北周，可是北齐却被北周灭亡。原因在哪里呢？在北周能将民族问题解决，而北齐在民族关系上，则未能善调。""其表现为占据统治地位的鲜卑化人，反对、排斥与杀害汉人或汉化之人。"这不仅因北齐皇室为鲜卑化汉人，更"因为北齐的建立，依靠六镇军人。而六镇军人作为一个保持鲜卑化的武装集团，本是洛阳汉化文官集团的反对者。六镇起兵是对孝文帝汉化政策的反动。这种反动，在北齐的鲜卑化中，表现出来了"③。陈寅恪政治史研究的最大特征，在于从复

---

① 就北朝来说，墓志材料呈现的主要是纵向的历时性信息，学者多瞩目于见诸正史、名位卓著的人物，大体未脱传统金石学"岁月、地理、官爵、世次"的范畴，似未动摇前人奠立的政治史整体认识。相较而言，发挥石刻材料的集群作用，从中提取横向的、共时性的信息，或许是一个值得尝试的方向。
② 高氏之称帝在北齐，但政权奠基在东魏，本文对东魏时代的相关问题亦有涉及，但立足点在高齐而非元魏。
③ 万绳楠整理：《陈寅恪魏晋南北朝史讲演录》，黄山书社，1987年，第234、293—297页。

杂的政治脉络中抽绎出一条二元对立的主线，并将政治纷争置于社会、文化变迁的大势中加以阐发，①上述分析框架正与其六镇"胡化民族对于汉化之反动"和北齐邺都"悉继太和洛阳之遗业"的基本判断相呼应。②

不过，《陈寅恪魏晋南北朝史讲演录》乃万绳楠据其1947—1948年在清华大学的听课笔记整理而来，1987年方公开出版，此前，学界对陈先生的相关论述尚难悉知。以民族问题为把握北齐政治演进的关键，并且对学界产生广泛影响的，实际是缪钺的研究。1949年，缪钺发表《东魏北齐政治上汉人与鲜卑之冲突》，在继承陈寅恪《隋唐制度渊源略论稿》对六镇"反汉化"判断的基础上，明确指出东魏北齐政治的两面性："一方面承继洛阳政府之高度汉化，一方面又有六镇鲜卑之反汉化力量。"冰炭同器，势难相容，鲜卑以统治者自居，轻视中华朝士，汉人士大夫欲革新朝政，每与鲜卑冲突。缪文缕析了汉人与鲜卑间最为明显的三场政治冲突，由此得出结论："北齐一代，鲜卑势盛，汉人虽数次起而相争，欲抑黜鲜卑，整顿政治，其领袖如崔暹、杨愔、祖珽均有政治才，然卒不能胜鲜卑而归于失败，北齐政治遂始终不上轨道，以迄于亡。"③换言之，北齐政治史的主线在于胡汉之争，北齐王朝的悲剧亦可视为汉人抗争的悲剧。陈寅恪与缪钺的论述在相当程度上代表了开拓前贤对北齐政治的基本看法，如吕思勉称"北齐诸主，染鲜卑之习大深，以致政散民流，不能自立"④，周一良谓"北齐是大鲜卑主义的

---

① 仇鹿鸣：《陈寅恪范式及其挑战——以魏晋之际的政治史研究为中心》，载《中国中古史研究》编委会编《中国中古史研究：中国中古史青年学者联谊会会刊》第2卷，中华书局，2011年，第204页。

② 陈寅恪：《隋唐制度渊源略论稿·唐代政治史述论稿》，第100—102、140、197页。

③ 缪钺：《东魏北齐政治上汉人与鲜卑之冲突》，原载四川大学《史学论丛》第一期（1949年），后收入氏著《读史存稿》，生活·读书·新知三联书店，1963年，第78—94页。

④ 吕思勉：《两晋南北朝史》（初版于1948年，上海开明书店），上海古籍出版社，1983年，第702页。

时代，统治者对于地主阶级的汉族高门一贯地采取压制手段"①，唐长孺也认为"统治者把鲜卑或鲜卑化的人民和汉族人民隔离开的企图是违反当时各族融合的总倾向的，对于汉族与鲜卑人民都没有好处，因而其结果便招致了北齐皇朝自身的灭亡"②。

"周、齐二国，俱出阴山"③，在六镇之乱后的历史脉络中把握北齐政治本是题中之义，加之胡汉关系是十六国北朝史的核心线索，而六镇之乱乃对汉化改制的一大反动亦是前辈学者的共识，④因此，以胡汉关系考察北齐政治的方法一经提出，便引起学界的积极回响。尽管20世纪60—70年代大陆学界受到政治风气的影响，有关统治集团与民族冲突的讨论一度趋于沉寂，但海外学界接续了这一话题。孙同勋将北齐的政治冲突置于孝文帝迁洛后"北边胡人集团"与"伊洛中原集团"这一南北矛盾的延长线上加以把握，认为北齐政争的本质是"胡化集团与汉化集团之间的对立冲突"⑤，萧璠则综合语言、艺术、社会习俗、民族意识、武装力量和政权治理等方面考察东魏北齐胡汉问题的总体背景，指出高氏统治者虽有意协调胡汉关系，但胡汉冲突始终未得解决，且渐趋恶化，不仅上层社会如此，下层社会亦然，直至北齐灭亡，胡

---

① 周一良：《北朝的民族问题与民族政策》，原载《燕京学报》第三十九期（1950年），后收入氏著《魏晋南北朝史论集》，北京大学出版社，1997年，第127—189页。

② 唐长孺：《拓跋族的汉化过程》，原载《历史教学》1956年一月号，后收入氏著《魏晋南北朝史论丛续编》，中华书局，2011年，第149—175页。

③ 刘知几著，浦起龙通释，王煦华整理：《史通通释》，上海古籍出版社，2009年，第476页。

④ 可参胡胜源：《七十年来北朝研究"反汉化"与"汉化"之争述评》，《中外论坛》2020年第3期，第219—237页。

⑤ 孙同勋：《北魏末年与北齐时代的胡汉冲突》，原载《思与言》第二卷第四期（1964年），后收入氏著《拓跋氏的汉化及其他：北魏史论文集》，稻乡出版社，2005年，第207—221页。苏庆彬在同年发表《元魏北齐北周政权下汉人势力之推移》（《新亚学报》第六卷第二期，第63—162页），与孙同勋持论基本一致。

人对汉人的残害方告结束。①进入20世纪80年代，大陆的学术研究回归正轨，陈寅恪的学生万绳楠进一步申述了陈先生对于北朝隋唐政治走向的判断，以"鲜卑化"对"汉化"的压制来概括北齐的政权特性。②此后，围绕魏齐时代胡汉问题的常态研究不胜枚举③，尽管在具体的阶段划分或人群识别方面不无商榷意见④，但立论基础仍是以胡汉之分辨政治分野，并未逸出陈、缪二先生研究的基本路径。⑤

战后日本学界围绕中国史的时代分期问题展开了长期论争，作为其落脚

---

① 萧璠：《东魏、北齐内部的胡、汉问题及其背景》，原载《食货月刊》第 6 卷第 8 期（1976 年），后收入邢义田、林丽月主编《台湾学者中国史研究论丛·社会变迁》，中国大百科全书出版社，2005 年，第 160—185 页。

② 万绳楠：《魏晋南北朝史论稿》，安徽教育出版社，1983 年，第 295—302 页。

③ 举其要者，如缪钺《略谈五胡十六国与北朝时期的民族关系》、漆泽邦《论东魏－北齐的倒退》，两文皆载中国魏晋南北朝史学会编《魏晋南北朝史研究》，四川省社会科学院出版社，1986 年，第 7—24、383—403 页；张国安：《论东魏北齐之鲜卑化》，载刘心长、马忠理主编《邺城暨北朝史研究》，河北人民出版社，1991 年，第 246—262 页；许福谦：《东魏北齐胡汉之争新说》，《文史哲》1993 年第 3 期，第 26—29 页；王小甫：《试论北齐之亡》，原载《学术集林》卷 16（1999 年），后收入氏著《边塞内外：王小甫学术文存》，东方出版社，2016 年，第 374—411 页；钱龙：《东魏北齐时期的胡汉冲突》，载中国魏晋南北朝史学会、山西大学历史文化学院编《中国魏晋南北朝史学会第十届年会暨国际学术研讨会论文集》，北岳文艺出版社，2012 年，第 214—226 页。

④ 如许福谦不同意缪钺将魏齐的政治冲突全部归结为鲜卑与汉人之争，认为鲜卑勋贵的政治影响主要在东魏与北齐前期，而北齐中后期政治斗争的主线是新兴的西域胡化恩幸集团与鲜卑勋贵、汉人士族的三足鼎立和交相争斗，参前揭《东魏北齐胡汉之争新说》。

⑤ 关于北齐"鲜卑化"的讨论还有一关联议题，即高欢的家世真伪，大多数学者皆疑其渤海郡望乃攀附而来，家世亦属伪造，但仍不无反对意见，不过，高欢家族久居北镇，实同鲜卑，与居于旧贯的渤海高氏几无联系，已是学界的共识，详参仇鹿鸣：《"攀附先世"与"伪冒士籍"——以渤海高氏为中心的研究》，《历史研究》2008 年第 2 期，第 60—74 页；张金龙：《高欢家世族属真伪考辨》，《文史哲》2011 年第 1 期，第 47—67 页。

点的"贵族制"议题也波及北朝，为魏齐政治史研究带来新风。[①]1962年，谷川道雄发表《北齐政治史と漢人貴族》[②]，将东魏北齐政治的发展置于北魏"门阀主义"与"贤才主义"之争的延长线下，系统考察了汉人贵族与魏齐政权的关系。值得注意的是，谷川氏对"勋贵"与"恩幸"群体的存在及其与皇权的关系予以重视，进而勾勒皇帝、宗王、勋贵、恩幸和汉人士大夫在政坛的分合与消长，他还强调，整个魏齐时代皆存在军事首都晋阳与政治文化首都邺城"分治"的"双重体制"。在1988年发表的《両魏齐周時代の霸府と王都》[③]一文中，他对东、西政权的"双重体制"做了详细阐释，揭举出"邺－晋阳"与"长安－同州"模式所具有的"两都制"意义，以及这一模式与"权力－权威"二元结构的表里关系。就学术脉络而言，军镇集团与皇权基础的讨论内生于东洋史学界对"贵族制"的关怀，"两都制"的敏锐洞察亦与日本的历史传统不无关系，但就研究理路而论，谷川氏对统治人群的划分和二元结构的揭示无疑颇具启发，对中文学界的议题更新影响尤著。

1987年，吕春盛的专著《北齐政治史研究——北齐衰亡原因之考察》[④]出版。是书分上、下两篇，上篇梳理北齐政权的创建与衰亡过程，下篇检讨北齐的衰亡原因。吕先生将北齐视作"五胡十六国以来诸多胡族政权中的一

---

① 参读刘俊文主编：《日本学者研究中国史论著选译》第2卷附录"战后日本的中国史论争"所收谷川道雄《总论》（夏日新译）、中村圭尔《六朝贵族制论》（夏日新译），中华书局，1993年，第313—329、359—391页。

② 谷川道雄：《北齐政治史と漢人貴族》，原载《名古屋大学文学部研究論集》26（1962年），后收入氏著《隋唐帝国形成史論》，东京：筑摩书房，1971年，此据中译本，见谷川道雄著，李济沧译：《隋唐帝国形成史论》，上海古籍出版社，2004年，第196—238页。

③ 谷川道雄：《両魏齐周時代の霸府と王都》，原载唐代史研究会编《中国都市の歷史的研究》（1988年），后收入氏著《增補隋唐帝国形成史論》，东京：筑摩书房，1998年，此据中译本，见前揭《隋唐帝国形成史论》，第300—308页。

④ 吕春盛：《北齐政治史研究——北齐衰亡原因之考察》，台湾大学出版委员会，1987年，第301—306页。

个",通过对北齐政权的建立基础、侯景之乱与突厥崛起对当日三国鼎峙局势的影响、北齐与北周对抗的消长过程、北齐的吏治与变乱情形、北齐统治阶层的内部冲突等问题的逐一考索,得出结论:北齐政权的历史困境在于内部政局的不断冲突与动荡不安,其症结有二,一是君权的巩固与转移问题,二是胡汉冲突问题。吕著的优长之处集中体现在两个层面,一是视野宏阔,将北齐的政治演进放在"后三国"乃至整个东亚的对峙局面中加以把握,综合考量外在环境与内部政局两方面的变化;二是重视吸收日本学界的研究成果,对皇权问题给予相当程度的关注,围绕权力结构的讨论随之凸显。

时至20世纪90年代,大陆学界开始质疑"胡汉冲突"模式,转而以"文武之争"解释东魏北齐的政治冲突。张国安提出,六镇起兵的目的并非反"汉化",而是反对孝文帝的"士族化"政策,其性质是武人反对文人的歧视,东魏北齐的政治问题应在这一脉络的延长线中求得解释。[1]1997年,黄永年发表长文《论北齐的政治斗争》[2],在商榷"胡汉冲突"论的同时系统阐述了"文武之争"的观点。黄先生认为,过度夸大东魏北齐的民族矛盾不符合北魏至隋唐统治者汉化的基本事实和历史规律,鲜卑势盛未必会引发民族斗争,民族问题的存在也未必导致政权灭亡。[3]文章重新审视了缪钺提出的三场胡汉冲突,认为皆与民族或种族矛盾无关,其实质乃个人恩怨之争、权势之争、文人与勋贵之争及文人与武人之争,尤其北齐中后期勋贵逐渐凋零后,文人与武人的争斗越发明朗化。此外,文中还逐条辨析了《北齐书》以"汉"称人

---

[1] 张国安:《试论六镇鲜卑的民族融合》,《河南师范大学学报(哲学社会科学版)》1990年第1期,第27—32页。

[2] 黄永年:《论北齐的政治斗争》,原载香港中文大学《中国文化研究所学报》新第6期(1997年),修改后以《北齐政治斗争的真相》为题编入氏著《六至九世纪中国政治史》,上海书店出版社,2004年,第5—39页,后收入《黄永年文史论文集》第一册,中华书局,2015年,第82—120页。

[3] 黄永年:《六至九世纪中国政治史》,第9页。

的用例，指出当时口语中的"汉"主要是对人的贱称，并不都指汉族。需要注意的是，黄先生对"文武之争"的特殊强调与他对两魏周齐政治发育的整体判断相为表里：关陇集团出将入相、文武合一，是领主制回光返照的结果，东魏北齐文武分途，文官活跃于政坛，正是向地主制进步的体现。①此论一方面是对陈寅恪《隋唐制度渊源略论稿》的继承与发挥，另一方面则可视作大陆学界社会形态演变论争的尾声，随着学术风气的整体转变，此后政治史研究的出发点已大有变化。

2006年，王怡辰《东魏北齐的统治集团》②一书出版，魏齐政治史研究迈上一个新的台阶。王著从反思"胡汉矛盾"论入手，指出"汉化"与"胡化"观念并非尖锐对立，两种政策可在同一政权并行不悖，以汉化政权或胡化政策来区分国家，或以血统和文化认同来区分人群，对于厘清北朝晚期社会冲突真相的作用极为有限，此书则试图建立一种新的政治框架，即"以派阀在统治集团内部的发展情形，和派阀中次级派系间升降、统合、冲突、分化的现象"重新阐释魏齐政局。王怡辰认为，高氏统治集团由北镇流民武装、河北坞堡汉人郡姓、洛阳胡汉士族和尔朱氏余部四大派阀构成，具有邺城、晋阳两个政治核心，经过高欢的整肃，河北坞堡人物基本从军队脱离，与洛阳胡汉士族共同支撑起邺都的官僚系统，而随同创业的北镇武装与接收来的尔朱氏余部合流为"晋阳兵团"，整个魏齐时代，唯高欢一人有能力掌握这支武力，高澄与北齐诸帝虽对邺都朝廷如臂使指，对晋阳军方却无可奈何。为摆脱皇权的困境，武成帝与后主起用内廷系统的恩幸以分勋贵之权，形成另一主流派系，他们协助后主剪除军方领袖斛律氏，使晋阳重归皇帝直接统摄，但恩幸的专恣与分赃加剧了政治败坏，北齐终于在诸多派系的分裂与混战中

---

① 相关论述还见于《论北齐的文化》《尉迟迥相州举兵事发微》《从杨隋中枢政权看关陇集团的开始解体》等论文，皆收入《黄永年文史论文集》第一册。

② 王怡辰：《东魏北齐的统治集团》，文津出版社，2006年，第3—9页。

自取灭亡，至于这一过程表现出的"胡汉冲突"，本质上都是政治派系以民族情绪为口号的权力与利益冲突。

对二元政治格局与统治集团内部派系的分析并非王著首倡，毛汉光曾以"核心区"与"核心集团"为抓手梳理北魏至北齐的政治与社会变动[①]，澳洲学者 Jennifer Holmgren 则较早在齐后主朝政治的专题研究中引入派系划分的方法[②]，相较而言，王著的优长在于通过延续性的"派阀"界定与"派系"梳理清楚地解析出统治集团的内部结构，并由细腻的史事考订与人员的量化统计动态地呈现出北齐政治的演进过程，迄今为止，此书仍是论述北齐政权结构与政局演变最为系统且详尽的专著。

值得一提的是，在王著公开出版之前，谢伟杰的硕士学位论文也选择从权力斗争的角度考察北齐的历次政争，指出北齐政治冲突的本质是君主意图扩张皇权，却遭到在军事系统中占据领导地位的"功臣集团"阻挠，武成帝与齐后主从幕僚系统中扶持"恩幸集团"与之抗衡，终于确立专制皇权，却使朝局走向瓦解。[③]谢文以相当篇幅聚焦高欢"功臣集团"的构成与政治影响，与王怡辰的讨论不无异曲同工之处。[④]胡胜源的硕士学位论文同样承接前人对"胡汉冲突"模式的商榷，主张从维护皇权的角度理解北齐的政治矛盾，

---

① 毛汉光：《北魏东魏北齐之核心集团与核心区》，原载《"中央研究院"历史语言研究所集刊》第 57 本第 2 分，1986 年，后收入氏著《中国中古政治史论》，上海书店出版社，2002 年，第 29—104 页。

② Jennifer Holmgren, "Politics of the Inner Court under the Hou-chu (Last Lord) of Northern Ch'i (ca.565-73)," in Albert E. Dien, ed., *State and Society in Early Medieval China*(Stanford: Stanford University Press, 1990), pp. 269-330.

③ 谢伟杰：《北齐的政治冲突——中国中古皇权的个案研究》，硕士学位论文，香港中文大学历史学部，2001 年。

④ 当然，二者的出发点并不相同，谢氏的研究在相当程度上受到李开元《汉帝国的建立与刘邦集团——军功受益阶层研究》（生活·读书·新知三联书店，2000 年）对汉初军功阶层的研究和"有限皇权"论的启发。

重点强调了北魏洛阳政治遗产对东魏北齐统治者及其政治行为的深刻影响。[①]

自缪钺发表《东魏北齐政治上汉人与鲜卑之冲突》，至王怡辰《东魏北齐的统治集团》问世，"胡汉""文武"与"派系"框架相继兴起，与其说更相取代，不如说是互为补充，共同构成了北齐政治史研究的基本范式，时至今日，我们对这一时期政治面貌的整体认识与论述方式，仍未在根本上逸出前辈学者搭建的总体架构。

二、议题的延续与丰富

如果说前贤的贡献主要体现在研究框架的探索与奠立，那么近年来的成绩便集中体现在统治人群的专题研究与具体史事的细腻考辨，这些讨论不仅使我们对这段历史的认识趋于深入和立体，更修正甚至澄清了某些近乎"常识"的刻板观念。

陈寅恪谓"六镇问题于吾国中古史至为重要"[②]，北镇鲜卑几经转手，其主体终由高欢继承，成为魏齐政权存立的直接基础。薛海波的专著《5—6世纪北边六镇豪强酋帅社会地位演变研究》[③]聚焦于六镇的"豪强酋帅"阶层，关注其在北魏后期至隋朝历次变局中的政治参与，第四章专论东魏北齐情况，第五章第一节则检视北齐之亡。薛氏指出，怀朔镇豪强酋帅是高欢南下驱逐孝武帝和平定四方叛乱所倚赖的军事力量，由此奠立其在魏齐政权的支柱地位，权位仅次于高氏宗亲，而河北大族的军事政治实力则随着首领高乾之死

---

① 胡胜源：《东魏北齐的政治与文化问题新探》，硕士学位论文，台湾清华大学历史研究所，2005年。

② 陈寅恪：《论隋末唐初所谓"山东豪杰"》，《金明馆丛稿初编》，生活·读书·新知三联书店，2001年，第259页。

③ 薛海波：《5—6世纪北边六镇豪强酋帅社会地位演变研究》，中华书局，2020年，第289—438页。

而迅速下降，成为依附于高氏政权的文官群体，高氏宗亲与怀朔勋贵在军事及政务运作中的配合关系危及北齐皇权，成为后者限制与打压的主要对象，随着齐后主借助恩幸屠戮斛律光、控制军队，怀朔勋贵子弟大多蜕化为军功寄生官僚，这是北齐走向沦亡的重要原因。

薛海波提出"豪强酋帅"概念，在相当程度上将"胡汉"语境与"文武"之分纳入了社会阶层的讨论之中，而廖基添的研究则使"派系"框架得到更为立体和动态的呈现。廖基添认为，高欢集团成员呈现出"同心圆"结构，最内层的核心成员是高欢的晋州班底，中间层为从讨纥豆陵步蕃和信都建义的代人（葛荣余部），最外层是河北强宗与尔朱降将，体现在任职空间上，尔朱降将与河北强宗多在河南任职，而在汾水谷地作战诸将多为"信都从义"代人，由此形成的"河南－河北"政治格局成为侯景叛乱的重要导源，乱平之后，高氏吸取教训，实行河北本位政策，终使北齐在三国争霸中固步自封。[①] 在分析北齐的政治演进时，他综合身份（Identity）与派系（Faction）两种维度，将统治人群划分为宗室、勋贵、士大夫、文吏与恩幸五种，重新检讨他们之间的利害关系与消长分合：文宣帝任用士大夫而抑制勋贵，力图使国家向以士大夫为主的官僚政治转轨，却被乾明政变拦腰打断，孝昭帝时代勋贵势力抬头，皇权趋于低落，到武成帝时方得重振，武成倚重恩幸与文吏，反而加速统治集团的腐化，至后主时，政争激烈且频仍，宗室、勋戚、士大夫与文吏群体先后遭到重创，在北周平齐之前，北齐的统治集团已然走向瓦解。[②]

有关统治集团的讨论贯穿着一个核心议题，即皇权问题。围绕皇位继承产生的一系列政变与风波是北齐政治最为醒目和精彩的画面，也是学者探析

---

① 廖基添：《论魏齐之际"河南－河北"政治格局的演变——从东魏张琼父子墓志说起》，《文史》2016年第3辑，第91—126页。

② 廖基添：《文武解体：北齐衰亡史新论》，《中华文史论丛》2023年第4期，第1—92页。

皇权政治最常用的抓手，从高澄遇刺到高俨政变，涉及最高权力转移的重大事件皆有相应的专题研究。[①] 这些讨论在细节上持论各有异同，复原思路或推测方向却大体一致，即以乾明政变为"判例"，怀疑此前与此后兄终弟及的权力授受皆由继任者阴谋策划，其成功则归因于三股力量的合谋：高居权力顶层的娄后在幕后操纵，尾大不掉的宗王势力在前台登场，举足轻重的晋阳勋贵在其间推毂。[②] 毋庸讳言的是，围绕权力斗争的事件史研究较多延续了传统史学的分析路径，具体细节的推导与因果关系的建立不可避免地受到"后见之明"的影响，甚或有"原心定罪"之嫌，部分过程的"复原"在证据上难称完足，[③] 而学者做此思考，或许是基于一个隐含的逻辑：重大事件的发生可以折射出结构性矛盾，而结构性矛盾可以用于复原和解释重大事件。问题在于，这一逻辑是否在每一事件中都一以贯之地成立？

结构的存在并非一成不变，"结构往往会遭到事件的挑战与破坏，事件也会反馈结构，大多数事件或许仅是扰动，但有些事件可能成为重塑结构的契机"[④]。

[①] 除前揭专著，还可参何德章：《高澄之死臆说》，原载《魏晋南北朝隋唐史资料》第16辑（1998年），后收入氏著《魏晋南北朝史丛稿》，商务印书馆，2010年，第355—368页；姜望来：《高洋所谓"殷家弟及"试释》（原载《武汉大学学报（人文科学版）》2010年第2期）、《家国之间：北齐宗王政治变迁与末年皇位争夺》（原载《魏晋南北朝隋唐史资料》第35辑，上海古籍出版社，2017年），皆收入氏著《皇位传承与中古政治》，中国社会科学出版社，2023年，第16—39、63—82页；黄寿成：《北齐高演高湛兄终弟及事考释》，载北京大学历史学系编《北大史学》第15辑，北京大学出版社，2010年，第100—111页；曾磊：《北朝后期军阀政治研究》，人民出版社，2015年，第142—168页。

[②] 何德章、谢伟杰与姜望来皆怀疑高澄之死并非偶然，乃高洋阴谋策划，王怡辰与黄寿成认为孝昭暴崩、武成继立并非风平浪静，而带有政变性质。

[③] 辛德勇曾指出武成帝继位的"政变说"在史料与逻辑上皆缺乏依据，见其《北齐乐陵王暨王妃斛律氏墓志与百年太子命案本末》，《石室賸言》，中华书局，2014年，第247—252页。

[④] 仇鹿鸣：《事件、过程与政治文化——近年来中古政治史研究的评述与思考》，《学术月刊》2019年第10期，第169—170页。

就以前述三股力量来说，学者对其中两股力量的认识事实上存在不同程度的失真，一是高欢之妻娄氏的地位与权力，二是晋阳勋贵在政治运作中的影响力，这两个方面并不是孤立的，而是交集于一个更大的问题，即北齐政治的双中心格局。对此，王怡辰的论断最具代表性。他认为，晋阳的军方勋贵与邺城的官僚系统并没有行政上的从属关系，皇帝虽然是两个系统的名义领袖，但自高欢死后，北齐诸帝再无人真正有能力掌控晋阳兵团，后者成一"独立行使权利的团体"，与皇帝近乎伙伴关系，他们以娄后为领袖，深度干预皇位继承，北齐皇位长期难以实现父死子继，而是由高欢诸子轮流即位，实有娄后为保障，她应为皇位继承问题负最大责任。①事实上，吕思勉对娄后的权位早有纠偏之论。②近年廖基添从勋贵群体的结构入手，对娄后的权力基础做了进一步辨析，他指出，北齐勋贵的上层包含多个勋戚家族，娄后的权力建立在娄氏、段氏为核心的勋贵通婚圈上，而其他勋戚与宿将则是帝、后双方同时笼络的对象，娄后绝非所有勋贵的领袖，且后权也并不一直凌驾于皇权，文宣之时最高权力皆在皇帝，只有乾明政变后的一段时间，娄后方因政变余威而达到权力巅峰，至武成时代，娄后移居邺城，权力复被削弱。③这对于客观且动态地看待娄后及勋贵群体与皇权的关系实有启发。

如苏小华所说，"两都体制、胡汉问题与文武问题实际上是交错在一起的"④。对勋贵问题的理解与两都政治的认识关系尤密。高欢继承尔朱氏遗产，建大丞相府于晋阳，北镇军户集中安置在以晋阳为核心的并、肆、汾三州，号为"九州勋人"，构成"霸府"的军事基底。禅代后，霸朝虽然终结，但

---

① 王怡辰：《东魏北齐的统治集团》，第1—2、237—311页。
② 吕思勉："文宣欲受禅，岂其谋及于后？且后亦曷尝能终止文宣之篡乎？其后孝昭、武成之篡，后若成之，则其地位使然，且亦二王势力已成，非真后之能有所作为也。读史者或以为后为能通知政事，能豫政，其说实误。"《两晋南北朝史》，第695页。
③ 廖基添：《文武解体：北齐衰亡史新论》，第9—10、50—51页。
④ 苏小华：《北镇势力与北朝政治文化》，中国社会科学出版社，2012年，第144页。

并州仍具特殊地位，齐人号为"国之下都"，北周谓之"齐氏别都"，北齐诸帝时常幸并。晋阳不止立骑兵、外兵二省，还置并州尚书省（简称"尚书并省""并省"）。由此，学者多视晋阳为"太上京师""实际上的首都"，认为并省自成一套中央机构，与邺都尚书省（"京省"）分庭抗礼，折射出勋贵势大、以军带政的特殊体制。① 太原地区娄叡、徐显秀等勋贵的高等级壁画墓葬相继出土，引起考古与历史学界瞩目，更加深了这一印象。对此，刘兵关于尚书并省与别都地位的两篇专论提出了不同看法。前辈学者已究明，并省的机构渊源为高欢的大行台，而非掌握实权的大丞相府，② 在此基础上，刘兵对并省的地位与职权再做详考，发现即便在齐帝离邺赴并期间，也不倚赖并省处理政务，而是通过一套随驾巡幸的"行台"与京省保持联系，并省的本质是留台，绝难与京省分庭抗礼。③ 关于晋阳的别都地位，刘氏指出，北齐诸帝往返

---

① 代表性看法如渠传福：《我国古代陪都史上的特殊现象——东魏北齐别都晋阳略论》，载中国古都学会编《中国古都研究》第4辑，浙江人民出版社，1989年，第334—347页；严耀中：《北齐政治与尚书并省》，《上海师范大学学报（哲学社会科学版）》1990年第4期，第36—42页；周双林：《北齐并省官考略》，《北京联合大学学报》2001年第3期，第33—35页；左华明：《北齐的并州尚书省》，《沧桑》2004年第Z1期，第60—62页；崔彦华：《晋阳在东魏北齐时的霸府和别都地位》，《晋阳学刊》2004年第3期，第21—22页；渠传福：《魏晋北朝晋阳略论》，载山西博物院编《山西博物院学术文集（2011年）》，山西人民出版社，2011年，第36—44页；苏小华：《北镇势力与北朝政治文化》，第97—145页；胡胜源：《高欢遗言与北齐政治》，《台湾政治大学历史学报》第55期（2021年），第85—126页；林静薇：《从和战关系论两魏齐周形势与国策演变》，博士学位论文，台湾中正大学历史研究所，2016年，第27—47页。

② 牟发松：《北魏末以降的大行台与权臣专政》，载刘心长、马忠理主编《邺城暨北朝史研究》，河北人民出版社，1991年，第286—291页；陈仲安、王素：《汉唐职官制度研究》，中华书局，1993年，第206页。

③ 刘兵：《北齐并州尚书省再探》，载中国魏晋南北朝史学会、山西大同大学云冈文化生态研究院、大同平城北朝研究会编《北朝研究》第12辑，科学出版社，2020年，第89—112页。

两都的记载存在大量疏漏，齐帝并非长驻晋阳，而是在并邺间频繁往返，赴并皆有具体目的和特殊事务，事毕必回邺城，虽然诸帝多在晋阳即位，但属仓促权宜，在邺都祀天祭祖才是最重要的礼制规定。[1]刘兵勾勒的两都面貌符合时人"邺城为宗庙之国，晋阳为兵马之都"[2]的表述，其所揭示的禅代前后"霸府"与"别都"的根本差异，强调二元体制的重归一元，皆值得重视。

围绕政治集团与事件的讨论在渐趋深化的同时也给人题无剩义之忧，"政治文化"的引入则为学者带来新的思路。尽管"政治文化"的概念不无模糊之处，学者的理解亦不尽相同，但不可否认的是，而是二十世纪八九十年代引入的政治文化研究使得政治的文化特征、文化的政治层面和与政治相关的文化事项等传统政治史关涉较少的领域得以纳入研究视野，虽未能形成新的分析工具，却大大丰富了政治史研究的维度与面相。[3]在东魏北齐史领域，这一拓展主要体现在政治合法性的相关讨论之中。如何德章敏锐地注意到魏末帝位异动所透露出的政治文化走向，由"一年三易换"探讨了北魏国统对东、西魏政治走向的深刻影响，对学界启发颇多。[4]胡胜源在延续这一脉络的同时又有发挥，其系列研究分别从王朝认同、孝文帝崇拜与君臣大义等角度申述正统意识对于魏齐禅代和高齐政治或隐或显的制约作用[5]，但部分论断不无求

---

[1] 刘兵：《北齐别都晋阳再论》，载中国魏晋南北朝史学会、山西大同大学云冈文化生态研究院、大同平城北朝研究会编《北朝研究》第11辑，科学出版社，2020年，第138—151页。

[2] 《王秀墓志》，载叶炜、刘秀峰主编《墨香阁藏北朝墓志》，上海古籍出版社，2016年，第146页。

[3] 关于政治文化研究的兴起与内涵，参见陈侃理主编：《变动的传统：中国古代政治文化史新论》"前言"，上海古籍出版社，2023年，第1—16页。

[4] 何德章：《北魏末帝位异动与东西魏的政治走向》，载武汉大学历史系魏晋南北朝隋唐史研究室、武汉大学中国三至九世纪研究所编《魏晋南北朝隋唐史资料》第18辑，武汉大学出版社，2001年，第51—62页。

[5] 胡胜源：《"人心思魏"与魏齐禅代》，《台大历史学报》第42期（2008年），

之过深之嫌。

纵向来看，十六国以来，诸胡迭兴皆以力取，政权之立本乎攻伐，但自北魏开始一改旧规，两魏齐周至隋唐易代一如六朝，皆假借禅让为名，六镇起兵终迁魏鼎，却并不动摇孝文帝本人的正统地位，可见孝文帝所塑造的新型正统确是值得瞩目的问题。①但是，政治文化与政治行为间的相互影响，甚至因果关系并非不证自明，二者是否存在联动，又以何种方式、在何种限度上产生关联，仍是值得探讨的问题。李煜东指出，高欢拥立孝武帝实出仓促，不可过分夸大孝文血统与河北大族的影响，地方豪族在两魏间的政治取向也未可以正统因素一言蔽之，应注意现实局势的变化。②魏齐禅代之议同样如此，反对人员情况复杂，不可都归为"人心思魏"。③稻住哲朗提出，娄后反对高洋篡魏，并非质疑其资质，而是担忧一旦高氏的权力走向绝对化，会引发勋贵的强烈反抗。④稻住氏强调了北朝后期军阀政治普遍存在的私人上下级关系与公共君臣关系间的转化问题，同样以现实政治为着眼点。相较而言，作为一种普遍的抽象观念，正统意识或合法性依据对具体行为的制约效力终

第1—43页；《孝文崇拜与东魏政治》，《台湾政治大学历史学报》第 51 期（2019年），第1—54页；《"君臣大义"与东、西魏政权的建立和稳固》，《台湾政治大学历史学报》第 52 期（2019年），第1—58页；《"齐元"之争与"高祖"更易——高欢、高洋历史地位的改换》，《汉学研究》第 38 卷第 2 期（2020年），第91—132页。

① 仇鹿鸣：《流星与大业——中国历史三岔口上的隋》，《上海书评》2019 年 2 月 26 日版。

② 李煜东：《北魏孝武帝即位因素再研究——兼说孝武西奔的意义》，《中华文史论丛》2022 年第 4 期，第171—192页。

③ 如司马子如虽对篡魏"固言未可"，但不等于"忠于魏室"，高欢兴兵入洛时曾悔恨不听高乾之言早篡魏室，司马子如当即答曰："本欲立小者，正为此耳。"（《北史》卷六《高祖神武帝纪》，中华书局，1974 年，第 222 页）如此论调，显然无忠可言。

④ 稻住哲朗：《北齐文宣帝高洋の即位と婁太后》，《東アジアと日本：交流と変容》第 4 号，福冈：九州大学大学院比较社会文化研究院，2007 年，第1—10页。

究不易度量，有必要在日后的个案研究中细加分梳。

三、重审身份：集团、派系与网络

前文已经提到，北齐史研究可供利用的材料过于寡少，传世正史终究成于敌对的关陇政权之手，作为当事方的北齐没能留下太多的自我陈述，这一缺陷至今制约着我们对当时语境的体察。唐初修北齐史，谓"齐氏之败亡，盖亦由人，匪惟天道也"①，尤重其镜鉴功能，对人物的记述已难免扭曲夸张。现代学者依傍胡汉、文武与派系框架，虽然分野标准各有侧重，但仍是赋予政治人物以单向度的身份标签，力图在人群或势力的矛盾关系中解析政治演进的基本逻辑，在这一过程中，原本生动、立体且富于变化的"人"不可避免地因归类而走向平面化，压缩为表格中的数量和活动场上的分子，随之一起消失的，是历史断面中那些纷繁交织和旁逸斜出的多样图景。

"胡汉"和"文武"是魏齐时代业已行用的概念，由此出发的政治集团研究在相当程度上与传统史学相接榫，但落脚在个案上往往言人人殊。其中，"胡汉"框架的主导时间尤长，学者的争议或商榷也最多，个中症结大抵有二：一是胡汉之分的机械化和简单化，尤其是"胡人"与"胡化"的指涉范围太过宽泛，不免有各取所需之感，难以形成有效对话；②二是过于注重族类之别，重宏观而轻微观，对具体史事的辨析失之粗糙。文武框架的一大推进之处，是将政治斗争的分野从宽泛的族群文化范畴带回到王朝政治的具体结

---

① 《北史》卷八《幼主纪》末"郑文贞公总而论之"，第305页。
② 在陈寅恪的论述中，政治性格上的"鲜卑化"和宫廷好尚的"西胡化"原本分辨甚明，后来的讨论却逐渐泛化，实有相当的危险。需注意《魏书》《北齐书》所谓"胡"，尤其是统治群体自己所说的"胡"乃狭义之"胡"，即西胡，鲜卑和鲜卑化的敕勒、高车等代北族群属广义的东胡，在当时语境为"虏"。西胡的确在东魏北齐颇为活跃，但并不能像"鲜卑车马客"那样构成一个相对独立的政治群体。

构中来，但"文武"关系依旧无法真正摆脱"胡汉"背景而独立存在。黄永年先生虽认为"汉儿"之名"看不出存在多少民族意味"，但仍承认此语之所以用于"泛称文职人员"，实因"文人多汉人"。①此后学者习惯以"北镇勋贵"与"河北士族"表述魏齐政权的内部撕裂，侧面说明这两重维度在实际运用中往往难舍难分。在派系分析法兴起后，"胡汉"与"文武"事实上已被吸纳进派系划分的标准之中。

"派系"借用自现代政治学理论，通过划分与界定统治阶层内部的派别，追踪其聚合、冲突与分化过程，从而梳理出政治演进的基本脉络。迄今为止，派系分析仍然是讨论政治史（尤其是统治集团结构与高层政治冲突）最为便捷且有效的研究范式，但仍有其鞭长莫及之处，甚或与历史的复杂性产生扞格。首先，集团和派系论述的前提是归类，但并非所有政治人物都能对号入座。王怡辰已提到，政治形势的瞬息万变导致许多大臣疲于奔命，游走于各势力之间，成为"骑墙派"，难以明确归入某一派系。②这类逸出"边框"与"主线"的人物难以嵌入线性叙事，却绝非无关宏旨，其中不乏像元文遥这样对朝局影响颇深的重臣。其次，派系框架一经确立，有时会遮盖人物本身，造成目不见睫之憾。廖基添曾论及天统五年（569）齐后主亲政之初对杨愔一党的追赠，认为获赠者仅杨愔、宋钦道、郑颐三人，皆属士大夫阵营，而不及勋贵系统的燕子献与可朱浑天和，此举意在向士大夫示好，与帝、后二党进用士大夫以对抗宗室、勋戚的动向相呼应。③然而《北史》明载燕子献与可

---

① 黄永年：《论北齐的政治斗争》，《黄永年文史论文集》第一册，第116页。事实上，魏齐时代的"胡汉"与"文武"常有或隐或显的对应关系，见诸碑志的"军-汉"概念即其反映。见标异乡义慈惠石柱铭文，载北京图书馆金石组编《北京图书馆藏中国历代石刻拓本汇编》第7册，中州古籍出版社，1989年，第120页，又见《王荣墓志》，载王其祎、周晓薇编著《隋代墓志铭汇考》第3册，线装书局，2007年，第116页。

② 王怡辰：《东魏北齐的统治集团》，第323、349、356—357页。

③ 廖基添：《文武解体：北齐衰亡史新论》，第79页。

朱浑天和在天统五年追赠司空之事①，并未受到勋贵派性的阻碍。此次追赠其实是后主对乾明政变遇难者的集体平反，意在表彰其"尊天子，削诸侯，赤心奉国"②，与武成、后主之际兄终弟及向父死子继的政治转轨基调一致，派系升降并非首要因素。

事实上，那些在北齐政坛上产生广泛影响的人物，往往呈现出复杂而多面的身份特征，这既体现在人际网络的交错中，也折射在族类文化的分野上，近年的研究对此已有不同程度的揭示。

祖珽在政坛几经浮沉，与北齐后期的朝局走向关系密切，学者或视其为汉族士大夫领袖（缪钺），或举其为"门阀主义"代表（谷川道雄），或目其为内廷恩幸分支（王怡辰），分类莫衷一是。稻住哲朗提出，祖珽的政治主张并不拘泥于"门阀主义"，胡族和寒士亦在其交游范围，其政治行为呈现出极强的现实主义倾向，仅以民族框架或门第出身为中心进行考察，很难真正接近北朝后期人们的思想意识。③范兆飞也提示了祖珽身份的多重性，并以政治合作关系为据详细扒梳了"祖珽集团"的人员构成，14人中，除丽伯律的郡望和社会身份不明，其余的人皆为汉人大族，其中8人出身河北，2人出身河东，1人出身河南，段孝言虽云姑臧郡望，实属勋贵子弟，颜之推则为入北南士。范文将祖珽派系暂名为"河北集团"，但亦指出诸人并非铁板一块，如段孝言、阳休之与祖珽的关系颇为松散，在阵线上未能全始全终。④笔者认为，相较于具有明确政治目标的"政治集团"，这一群体的性质或许更契合于"社

---

① 《北史》卷四十一《燕子献传》，第1507页；同书卷五十三《可朱浑元传》，第1901页。
② 《北史》卷四十一《杨愔传》，第1505页。
③ 稻住哲郎：《北齐祖珽考——その政治姿势を中心として》，《东洋学报》第89卷第2号（2007年），第125—153页。
④ 范兆飞：《中古地域集团学说的运用及流变——以关陇集团理论的影响为线索》，《厦门大学学报（哲学社会科学版）》2016年第1期，第20—21页。

会网络"。社会网络固然是官僚"结党"的重要基础，但在多数时候并无明确的政治目标，构成网络"节点"的婚姻、交游与同僚等手段也不具有明显的排他性。①正是这些中心各异却又在不同层次发生交织的关系网络，映射出以往观测不周的人物暗面。

　　对祖珽仕宦升降影响至巨的和士开则是族类方面的典例。史言士开"其先西域商胡，本姓素和氏"②，精于握槊、琵琶与胡舞，在血统与文化上似近于西胡，却又被斛律光詈骂为"汉"③。早年学者多以前项为据，将其与"商胡丑类"归为一党，目为"西域胡化恩幸集团"。随着《和绍隆墓志》《和士开墓志》等新材料的发现，和士开的族属问题引发争议，罗新等学者主张其为隶属拓跋的素和氏后裔④；最近杜海重新梳理和士开家族史料，认为其先祖虽在北魏初年归附拓跋，所谓鲜卑素和氏之说却是攀附，和氏应为东迁粟特胡人后裔。⑤总体来说，这一讨论尚未定谳。至于"汉儿"称呼，在当时并不必然与民族或汉化挂钩。苏航指出，文化、政治及血统都是北朝时区分族类身份的重要标准，魏齐时期"汉儿"的真正意涵是"中州（人）"或"中原（人）"，⑥决定这一身份边界的首要因素是政治而非其他，对"汉儿"的界定与歧视，本质上是一种确认特权集团政治身份边界的文化手段，和氏固

---

① 仇鹿鸣：《事件、过程与政治文化——近年来中古政治史研究的评述与思考》，第 161—164 页。
② 《北史》卷九十二《和士开传》，第 3042 页。
③ 《北史》卷五十二《琅邪王俨传》，第 1891 页。
④ 罗新：《北朝墓志丛札（一）》，载北京大学历史学系编《北大史学》第 9 辑，北京大学出版社，2003 年，第 359—363 页。安瑞军、李鹏为注意到《和士开墓志》中的"金山"之说，认为"西域商胡"之说可能是因为和士开先世曾西迁至河西金山，见《北齐和士开墓志相关问题研究》，《晋阳学刊》2018 年第 5 期，第 132—136 页。
⑤ 杜海：《北朝粟特和氏家族考辨》，《西域研究》2024 年第 1 期，第 8—14 页。
⑥ 柴芃的结论与此相近，见其《"中州名汉"考——中古时期的地域问题》，《中国史研究》2021 年第 1 期，第 21—34 页。

属迁洛代人，但在六镇集团主导的新政权中已无政治优势，终于在迁邺后与代迁户们一同归为"汉儿文官"。①有趣的是，最终定格和士开西胡面目的恰恰是"汉儿文官"们的目光。卢思道是北齐后期政治的亲历者，据他回忆，和士开为武成帝所幸，"淫秽之事，无所不为"，"其面目亦似胡人，轻薄凡猥，为衣冠所弃"②，当时血统、认同与立场在身份标识中的紧张关系由此可见一斑。

不过，在唐人眼中，和士开最为醒目的标签既不是"西域商胡"，也不是"汉儿文官"，而是"佞幸"。和士开与韩长鸾诸人同列《北史·恩幸传》，在原本《北齐书》中应属《佞幸传》，③但从传世文献与新出墓志来看，韩长鸾实为怀朔勋贵子弟，乃韩贤之孙、韩裔之子，家族与高欢有通家之谊，④而和士开父和安相继效力于尔朱氏与高氏霸府，亦属勋贵群体，⑤并非一般寒贱之人。田熊敬之认为，家世相近的和士开与韩长鸾却与高阿那肱及穆提婆母子同入恩幸之列，是因为他们都凭借"君主家政官"的出身迈入中枢。除了宿卫近侍，这类职官还包括和士开父子曾担任的"尝食典御"与"主衣都统"，都带有明显的内亚游牧制度色彩。⑥"苍头"的身份特性与此颇有相近之处。徐成

---

① 苏航：《"汉儿"歧视与"胡姓"赐与——论北朝的权利边界与族类边界》，《民族研究》2018 年第 1 期，第 92—109 页。

② 卢思道：《北齐兴亡论》，载李昉等编《文苑英华》卷七百五十一《论十三·兴亡上》，中华书局，1966 年，第 3929 页上栏。

③ 黄永年：《〈北史·恩幸传〉记齐宦者仓头胡人乐工事杂说》，《黄永年文史论文集》第一册，第 121—122 页。

④ 横山裕男：《北齐の恩倖について》，载中国中世史研究会编《中國中世史研究·続編》，京都：京都大学学术出版会，第 301—331 页；罗新：《北齐韩长鸾之家世》，《王化与山险：中古边裔论集》，北京大学出版社，2019 年，第 395—403 页。

⑤ 许敬宗编，罗国威整理：《日藏弘仁本文馆词林校正》卷四百五十二《征南将军和安碑铭》，中华书局，2001 年，第 144—147 页。

⑥ 田熊敬之：《北齐「恩倖」再考——君主家政官としての尝食典御・主衣都统を中心に》，《史学杂志》第 129 卷第 7 号（2020 年），第 1—36 页。

提出，活跃在魏齐政坛的高氏苍头兼具家奴与朝臣二重身份，性质有类清代的包衣，本质上是游牧部落之习在北朝后期内侍制度的再现，刘桃枝等人对高层政治的深度介入应在这一环境中求得解释。[①]这些讨论皆受到内亚视角的启发，力图超越道德审判，重新审视侧近群体的身份特性，揭示出他们与皇帝之间的微妙纽带，由此牵涉出的"内-外"关系同样值得关注。

毋庸讳言的是，由传世正史着手的传统政治史研究已日渐失去其中心地位。在北齐史领域，学者的目光正越来越多地投向石刻史料与宗教文献，这些讨论大多聚焦于地方人群与信仰空间，但并非拘泥于一时一地的孤立考证，而是以不同的方式或角度与王朝政治产生联系，既涉及统治阶层的附着群体，也关注朝野之间的微妙互动，事实上弥补了以往研究中"看不到人"的叙述困境，为政治史研究重拾活力提供了可能。相较于排他性的单向度分类，综合运用不同层次及类型的史料，对人物与人群展开多面相的分析，在身份的丰富性与复杂性中获得"同情之理解"，或许是重绘历史图景的一种路径。

附记：拙文的写作蒙仇鹿鸣师悉心指导，在此谨致谢忱。

[①] 徐成：《观念与制度——以考察北朝隋唐内侍制度为中心》，社会科学文献出版社，2018年，第62—90页。

近 20 年造像文字所见北朝地域社会研究综述

谭秋含

20世纪80年代初,日本史家森正夫提出"地域社会"视角,意图突破旧有的经济史立场和阶级分析观点。森正夫虽着力于明清地域社会,其视角却与关注中国中世史的诸多前贤暗合:宇都宫清吉、谷川道雄等人提出的"共同体""乡里社会"等观点[1],都与森正夫等人倡导的"地域社会"视角[2]在很大程度上相重叠。日本学界对"地域社会"的持续研究,也影响了中国史家研究视角的转变。

造像材料的发现与整理,为学界提供了管窥中国古代地域社会的新角度。

---

[1] 谷川道雄著,马彪译:《中国中世社会与共同体(增订本)》,上海古籍出版社,2013年。

[2] 森正夫:《中国前近代史研究中的地域社会视角——"中国史研究会'地域社会——地域社会与指导者'"主题报告》,载沟口雄三、小岛毅主编,孙歌等译《中国的思维世界》,江苏人民出版社,2006年,第499—524页。

20世纪末,侯旭东①、刘淑芬②、郝春文③、卢建荣④等学者已经通过造像铭记展开了对北朝基层社会的研究,推动了学界对底层民众与基层社会的关注与深入探索。1999年,侯旭东在回顾造像记与北朝社会史研究时,将20世纪的研究成果大致分为"宗教、民族与民间组织"三个领域,并对未来的造像记研究工作做出了展望:"一是利用造像记及碑刻资料考察北朝的乡里生活;二是记文中出现的官名、地名、人名亦值得充分利用;三是记文中的大量俗字、异字,对研究民间用字情况也颇有用。"⑤进入21世纪后,中日学界纷纷开展了有关造像与北朝社会的研究项目,侯旭东在"北朝乡村社会研究"项目结项报告的基础上,汇集世纪之初发表的多篇文章并进行增补后,出版专著《北朝村民的生活世界——朝廷、州县与村里》⑥;佐藤智水亦于2005年完成了《4—6世紀華北石刻史料の調査・研究》报告书。⑦21世纪初,有关乡村社会等话题的讨论、新造像材料的发现与整理⑧,共同推动了学界对造像与中古社会这一

---

① 侯旭东:《五、六世纪北方民众佛教信仰——以造像记为中心的考察》,中国社会科学出版社,1998年。修订增补后,于2015年由社会科学文献出版社推出学术文库版,又于2018年对标题加以润色后再版,见侯旭东:《佛陀相佑:造像记所见北朝民众信仰》,社会科学文献出版社,2018年。

② 刘淑芬:《五至六世纪华北乡村的佛教信仰》,《"中央研究院"历史语言研究所集刊》第63本第3分,1993年,第497—544页。

③ 郝春文:《东晋南北朝时期的佛教结社》,《历史研究》1992年第1期,第90—106页。

④ 卢建荣:《从造像铭记论五至六世纪北朝乡民社会意识》,《历史学报》1995年第23期。

⑤ 侯旭东:《造像记与北朝社会史研究的回顾与展望》,《中国史研究动态》1999年第1期,第2—8页。

⑥ 侯旭东:《北朝村民的生活世界——朝廷、州县与村里》,商务印书馆,2005年。

⑦ 佐藤智水:《4—6世紀華北石刻史料の調査・研究》,平成13年度—16年度科学研究费补助金研究成果报告书,2005年。

⑧ 牟发松主编:《社会与国家关系视野下的汉唐历史变迁》,华东师范大学出版社,2005年;梁庚尧、刘淑芬主编:《城市与乡村》,中国大百科全书出版社,2005年。

话题的关注与研究。

本文搜集近20年来学界有关造像文字与北朝地域社会话题的研究成果，将其划分为"聚落与组织""宗族与族群""信仰与思想""社会结构与权力网络"四个专题进行梳理。

一、聚落与组织

魏晋南北朝时期，村与里是基层社会中常见的聚落。基于地缘关系，生活在同一村或里的民众自然结成了村社、里社等组织。①随着佛教的流布与造像之风的兴起，北朝出现了新的结社组织——义邑。这些由村民或基层社邑组织成员发起建造的大量造像，为我们观察基层社会中的聚落与组织提供了新材料。

北朝造像记文字中多出现村名，而建造造像的人群也多为村中乡邑。侯旭东运用造像题名比较北朝村民对乡里与村落的不同感受，认为相较于乡里编制，村民对世代生活其中的村落表现出更强的归属感，并依托"村"组织活动。②刘淑芬围绕北齐大宁二年（562）《标异乡义慈惠石柱》，关注不同阶级民众汇集而成的义邑组织展开的救济活动，展现义邑组织对维护乡里秩序稳定的作用。③尚永琪进一步认为，"邑义的最大作用，就是将不同姓氏、不同宗族、不同种族、不同文化背景的北方人群组织在目的一致的民间团体中，通过造像、写经、斋集、诵经、修建佛堂、造桥等共同活动，将这些有差别

---

① 西晋《当利里社碑》是研究里社组织运作的重要材料之一。参见宁可：《记晋〈当利里社碑〉》，《宁可史学论集》，中国社会科学出版社，1999年，第484—492页。

② 侯旭东：《北朝乡里制与村民的生活世界——以石刻为中心的考察》，《历史研究》2001年第6期，第16—29页。

③ 刘淑芬：《五至六世纪华北乡村的佛教信仰》，《"中央研究院"历史语言研究所集刊》第63本第3分，1993年。

的人'不断从地方性制约中解放出来',并创造了一种具有小传统意义的'全民规范',并且又进一步面对'国家的全民性规范',从而为北方各民族的融合,为北方社会成为一个民族共同体的社会构建了基础性的根基"[1]。范兆飞关注社邑组织及其活动对城市与农村关系的影响,从造像记中有关凿井建桥相关的记录切入,认为凿井等公共事务在城乡关系中承担了沟通上下的媒介作用。东魏武定八年(550)《廉天长等造像记》等北朝造像显示以佛教信仰或公共事业为纽带,乡村在当地豪望组织下皆为点状的联合体。东魏兴和四年(542)《李显族等造像记》北面题名部分中多为郡守或县令等州郡大族,还混杂了形形色色、身份阶层不同的李姓宗人,集中起官僚、大族、乡豪和村民等几种力量,提供了一个融合国家精英、地方大族、乡村精英和普通民众的场合。[2]邵正坤则强调宗教对北朝村落人际关系的改造,比较了宗族组织主导的祖先祭祀与宗教组织发起的造像活动的区别。前者具有很强的内向性和排他性;宗教组织受到教义影响,具有很强的包容性和号召力,成为村落中最有活力的组织。宗教在一定程度上引发了北朝村落人际关系的变革,成为地方精英们整合村落的有效途径之一。[3]

学者们多将佛教义邑视为民间或村落的产物,但许多佛教社邑亦存在于通都大邑或坞堡之中。如北周天和六年(571)《枎枎荣造像记》就出于军事坞堡——龙头堡。杜正宇通过西魏大统十三年(547)《杜照贤等造像记》观察位于军事边境的阳翟佛邑。题名部分在姓氏之前冠以京兆、南阳、新兴、修武、太原等出身地,表明这个社邑的成员来自不同地域与不同阶层。杜正

---

[1] 尚永琪:《3—6世纪佛教传播背景下的北方社会群体研究》,科学出版社,2008年,第267页。
[2] 范兆飞:《北魏城市与农村关系新论——一体融合抑或二元对立》,《社会科学战线》2013年第3期,第111—121页。
[3] 邵正坤:《北朝的村落与权力——以造像记为中心》,《社会科学战线》2014年第5期,第89—93页。

宇认为，造像的组织者杜氏家族"本是雍州京兆人"之语表明，杜氏应当是跟随西魏王思政进军河南而驻扎阳翟的军队。阳翟义邑的组成与造像活动，对改善来自西魏的杜氏宗族与原籍东魏的阳翟居民之间的关系多有裨益。① 距离阳翟不远处的汝北郡梁雀镇也存在一个社邑组织，邑义所造北齐天保二年（551）《杨就等人造像碑》记载了一个北齐时期梁雀镇的基本情况。这一军镇与郡合一，既保留了汝北郡的建制，又带有军镇的形制。东西魏分裂以来，汝北郡就是边地，战略地位重要。造像记题名罗列了镇将、镇城都督、东南西北四备都督，军镇建制较为完备。相较之下，汝北郡县文职官员则不够完整，仅见"带汝北太守""郡曹""郡丞""梁县令"几个名衔。②

佛教社邑在打破不同聚落、阶层之间的壁垒的同时，还在一定程度上模糊了传统的等级制度和政治身份，赋予了成员新的社邑身份，重新划定了一套社邑内部的身份结构。20世纪末，郝春文就已运用搜集到的250条有关东晋南北朝佛社的材料，考辨"邑主""维那""邑师""像主""斋主""邑正"等常见的佛社首领名衔。③ 除了社邑中常见的管理者名衔，刘淑芬还结合造像相关的仪式、斋会与法会，对造像记中所见"开光明主""八关斋主""行道主"等名称展开考释。④ 邵正坤进一步考察北周保定二年（562年）《张操造像记》所见的八关邑。这个关中地区修习八关斋戒的义邑组织人数维持在100人左右，分别于北周武成二年（560）和保定二年召集邑众出资造像。其中，造

---

① 杜正宇：《乱世与义邑——西魏大统十三年〈杜照贤造像记〉考释》，《圆光佛学学报》2011年第17期，第29—64页。
② 周伟洲：《〈杨就等造像记〉与北齐汝北郡及梁雀镇》，《文史》2024年第1辑，第285—263页。
③ 郝春文：《东晋南北朝佛社首领考略》，《北京师范学院学报（社会科学版）》1991年第3期，第49—59页。
④ 刘淑芬：《五至六世纪华北乡村的佛教信仰》，《"中央研究院"历史语言研究所集刊》第63本第3分，1993年，第497—544页。

像题名以王姓、张姓为主,他们掌握着八关邑的各项事务。从题名的结衔来看,这个八关邑包括了管理者、劝化者、教化者、布施之人以及普通的基层成员。除了像主与一次性的造像行为有关,属权宜设置,其他应为常设之职,组织严密。①

比较不同地域所见造像中的题名,可知社邑组织内部成员名衔存在地区差异。刘淑芬发现山东地区的佛教社邑组织及其成员称"法邑";关中地区流行佛道混合造像碑,且义邑执事名衔比较特殊,如在佛教造像碑中杂有"典录"等带有道教色彩的名衔。②仓本尚德梳爬北朝时期各地所见造像材料中的社邑头衔,进一步讨论了社邑头衔的地区差异:在陕西、山西、河南常见的"邑师"头衔,在河北山东地区则无;河北、山东地区出现了"邑人""邑母""王主""王人"等特殊头衔。此外,河南北部的"八关斋主"、山西西南部的"迎像主""扶像主"等头衔也不见于别处。

北朝时期,雍州等地也出现了道教信仰者组织的社邑。张泽珣关注北朝道教社群的组织形式:一种以"邑"为信仰组织形式,其职称有源于中国传统最基层行政机构里社的职称,同时也继承了早期天师道的斋官制度;一种以"家"为单位,家族成员共同建造造像,造像碑中出现的"男官""女官"名称亦与天师道有关。③张勋燎进一步围绕北朝道教合邑造像碑讨论道教社群中的职位名衔,合邑造像碑因"牵涉到造像建碑内容的设计安排、经费筹集、场地选择、斋会活动,以及整个社团的组织管理等",题名中包括了50余种衔名。张勋燎将其大致分为宗教称谓、邑义职事和经费赞助三类。宗教称谓包含"道民""清信""道士"等宗教身份;邑义职事则包含"邑师""邑主"

---

① 邵正坤:《〈张操造像记〉所见北周时期的八关邑》,《云冈研究》2023年第4期,第79—85页。

② 刘淑芬:《香火因缘——北朝的佛教结社》,"中央研究院"、联经出版事业公司,2009年。

③ 张泽珣:《北魏关中道教造像记研究:附造像碑文录》,澳门大学,2009年。

等，还有"典录""典坐"等衔应为邑义组织举行集体斋会活动的不同执事人员，但宗教身份不明；在经费赞助类称谓中，"像主"当为负责出资修建全碑或某些碑面造像之人，"堪主""金刚主"则为指定捐钱建造某些部分的施主。①

北朝时期的造像碑刻，或由宗教信仰社邑组织建造，或以家庭为单位，家庭成员共同出资建造。据崔峰统计，北朝时期的佛教造像碑中，"500年以前的合邑形式造像十分少见，500—510年是合邑造像活动的兴起阶段，随后进入发展时期。邑和邑义组织真正的兴盛发展应在520年至574年。560—569年以及周武帝灭佛（574）前的几年是合邑造像的鼎盛阶段，合邑造像的数量超过了个人造像数量"，"北周时期合邑与家庭为形式的造像奉佛活动兴起，特别是合邑造像已经占据优势地位"。但陇东、宁夏南部地区仍然存在许多以家族形式组织建造的造像。②道教造像碑所见的组织形式也有与之类似的演变过程，"家庭造像碑"占比在"北朝道教造像碑总数的50%以上，最初阶段的道教造像碑，全部都是这种性质的材料"。此后才出现了不以一个家庭为限的"合宗造像碑"，以及"联合同一地域范围内同一宗族的人组成邑义"建造的"合宗邑造像碑"。③

家庭与宗族作为北朝造像碑主要的组织形式之一，成为学界讨论造像文字时不可忽视的话题。

二、宗族与族群

传世史料对北朝庶民和地方次级豪族的记载十分有限，北朝时期的造像

---

① 张勋燎：《北朝道教造像再研究》，《南方民族考古》2010年第6辑，第163—206页。
② 崔峰：《论北周时期的民间佛教组织及其造像》，《世界宗教研究》2011年第2期，第25—32、194页。
③ 张勋燎：《北朝道教造像再研究》，《南方民族考古》2010年第6辑，第163—206页。

材料能够很好地补充史传材料的空缺，展现北朝地方社会中庶民群体与地方豪右的生活形态。

侯旭东关注北朝并州乐平郡石艾县境安鹿交村村民凿刻的石窟和摩崖造像，从造像题名可知安鹿交村内存的主要组织是家庭，一般是四至五口之家，未见宗族。数十人的造像却未见发起人，或可表明移居此地的移民与土著之间关系较为融洽，能够共同组织活动。在北朝时期的几方造像题记中并未发现官衔，直至隋代才有人跻身县吏，安鹿交村应当是一个庶民村落。[①]

与安鹿交村造像记类似，在造像题名中未出现官爵名衔的情况还可见于两魏周齐的交界地带。河南洛宁县出土了一通北周保定五年（565）《牛氏千佛碑》，洛宁县牛氏生活在东西政权的夹缝之中，所在地的归属权也常在东西政权之间变动。北村一仁注意到，牛姓族人组织建造的《牛氏千佛碑》中并无地方官员之名，亦无僧侣之名，应是一项私人的佛教造像工程。结合牛氏千佛碑周围的虎头寺石窟等造像碑记中无牛氏题名的现象，可知牛氏虽为地方豪右，其势力却仅集中于牛曲村周围的洛宁县东部和宜阳县西部一带。《千佛碑》中出现了人名被凿去的异刻现象，可能因为是牛氏族人奉北周正朔，建成千佛碑后，宜阳地区再次被纳入北齐境内，为隐藏家族曾支持北周的历史，不得不删去族人之名。[②]在洛宁县以北的山西沁水县，即东魏时期的安平郡端氏县，酒氏家族也建立了四通造像碑。北魏时期的三方酒氏造像碑中并无官职出现，东魏时期的《僧恩碑》则是由当地民众与地方官吏共同制作的，其中部分酒氏族人被授予了官职，这或许与端氏县处于东西政权交战前线的特殊地理位置有关。同处东西边境地域的造像还有山西阳城北齐天保六年

---

① 侯旭东：《北朝并州乐平郡石艾县安鹿交村的个案研究》，《史林》2005年第1期，第10—20、123页。
② 北村一仁：《〈3. ワーキングペーパー：研究論文〉河南省洛寧県出土「北周牛氏千仏碑」に見る東西国境地域社会「南北朝～隋代仏教石刻タイムマップ」の活用例》，2014年度研究报告书。

（555）《上官氏等合邑造释迦佛像摩崖》。题记中描述了上官氏家族抵御西魏杨标的进攻和招揽，忠于北齐政权并被北齐都督任命为周壁戍主的故事。上官氏建立摩崖造像，一是为了向北齐政权表达忠心；二是敌方政权的杨标等人在边境地带广建造像，并借此加强与地方民众的联系，为了抵抗杨标等人入侵，驻守周壁的上官氏家族需要借助佛教造像事业以团结地方民众。①《僧恩碑》与《上官氏等合邑造释迦佛像摩崖》显示了边境家族与东魏北齐政权之间的联系。在边境线的另一侧，杨标等地方豪右也通过造像立碑与西魏北周政权建立了联系。北村一仁敏锐地发现，北魏末至西魏时期河东地区的几方大型造像是以杨标家族为中心的。②

从地方家族组织建造的造像中，我们可以观察到地方家族借用与中央势力的互动与利益交换增强家族势力的现象。这种情况不仅发生作为"中间人"身份游走于多个政权之间的边境家族，也同样可见于和平时期的地方豪右。汲郡尚氏在东魏武定八年（550）建造了《修太公祠碑》，王仁磊发现，碑文记录北魏孝文帝定姓族之时，有"尚氏合宗，还见礼擢"之语，既是在表达对统治者的感恩之情，也是向乡里宣示尚氏的社会地位，并希冀进一步抬升尚氏的声望。尚氏在东魏时期"以时人汲郡太守穆子容的名义树碑，具有显著的政治景观效应。他们正是要借助地方最高行政长官的权威，将自己与当地历史名人太公吕望联系起来，进一步确立其作为太公后裔的地位"，从而"确立了汲郡尚氏的地方望族地位"，"实有'制造'宗族之功"。

佛教造像碑在传入中国时，造像记具有较为固定的书写模式。但北朝时期的宗教造像与华夏传统的碑石直接产生了融合，因此北朝造像记中往往会

---

① 北村一仁：《北朝国境地域における仏教造像事业と地域社会：山西阳城出土，〈上官氏等合邑造释迦仏像摩崖〉を手掛かりとして》，2014年度研究报告书。

② 北村一仁：《両魏期における正平高涼杨氏と地域社会——仏教造像事业をめぐる人々とその目的——》，载龙谷史学会编《竜谷史坛》2015年第140期。

出现祖先世系等独立于发愿文的文字内容。山西芮城西魏大统十四年（548）《蔡洪造太上老君像碑》中就存在大段描写祖先事迹的文字，李凇辨析碑文所载芮城蔡氏的家族谱系后，认为蔡洪应该是芮城蔡氏所能追溯最远且身份确实的高官，蔡洪以前，时代相隔越久的祖先可信度越低。李凇认为，蔡氏在老子祠前建碑并篆刻家谱，是为了向社会公示自己荣耀而显赫的家谱，并借助老君的光芒增强家族影响力。[①] 北魏太和二十年（496）《姚伯多造像碑》、北魏正光二年（521）《锜麻仁合家造像记》、北魏太昌元年（532）《樊奴子造像记》和西魏大统十四年《蔡洪造太上老君像碑》中也都有家族先祖的相关记载，邵正坤认为这些内容具有谱牒的特征，反映了北朝时人的系谱意识。这几方造像碑在记述祖先官职时，将"板授""宗主""平望"等没有实质的头衔亦刻于碑上，反映的实为其人在地域社会或血缘集团中的地位和影响。[②]

汉代以来，诸多北族群体逐渐聚居于关陇一带并形成杂居形态。北朝时期关陇地区的佛、道造像活动也往往包括了多种姓氏、不同族属的地方民众参与。自20世纪60年代，马长寿运用25方关中地区造像整理题名姓氏及其所属族群、分析关中部族在前秦至隋时期的分布范围之后，运用造像记题名分析题名族属与族群分布已成为造像研究的重要范式之一。踵其后者有周伟洲[③]、孙晓峰[④]、李

---

① 李凇：《神化的碑文及新样的造像——山西芮城县西魏〈蔡洪造太上老君像碑〉的识读》，《南京艺术学院学报（美术与设计版）》2009年第6期，第1—5、233页。

② 邵正坤：《造像记所反映的北朝家族的系谱意识》，《吉林师范大学学报（人文社会科学版）》2023年第1期，第70—77页。

③ 周伟洲：《甘肃正宁出土北周造像题铭考释》，载王宗维、周伟洲编《马长寿纪念文集》，西北大学出版社，1993年，第253—270页。

④ 孙晓峰：《麦积山石窟北朝供养人调查》，载麦积山石窟艺术研究所《麦积山石窟研究》，文物出版社，2010年，第174—198页。

铭①、李贺文②、邵正坤③、高海燕④等学者，皆聚焦陕西、甘肃一带出土的北朝造像、石窟，围绕题名姓氏推定族属及其分布范围。关中地区发现的北魏神龟三年（520）《晏僧定合邑 67 人造像》、西魏大统十四年《似先难及造像》和北周《钳耳儁造像》等造像中出现了似先姓题名，当出自高句丽移民似先氏。结合《魏书》等史料中所载高句丽族群的迁徙历史，王连龙认为关中地区的似先氏是三燕迁徙至河北地区，后又被前秦掠至关中地区的高句丽人。高句丽移民作为造像活动的组织者和参与者，逐渐与其他族群成员接触交流，与其他族群建立拟制血缘关系和婚姻关系，推动了族群融合。⑤

在厘清族属与族群分布范围的基础上，学界结合发愿文和题名中的籍贯信息，进一步对北族群体的"编户化"进程展开分析。北魏平定关陇后，逐步对这一地区实施"编户化"改造，一方面在地方行政制度上将旧有的护军制改造为郡县制；另一方面离散部落，将部落民固定在郡县甚至乡里等固定区域中。王怀宥据甘肃华亭县出土的 8 件刻有供养人题记的造像，结合窖藏地理位置，分析这些造像供养人是北朝时期活动于小陇山的南山屠各与陇东屠各。这批造像的题名以张氏为主，张氏家族籍贯的称谓以时间先后为序由大变小，分别为北魏熙平元年（516）平凉郡、北魏永熙三年（534）□县、西魏大统十六年（550）郡平里。籍贯的改称或许与胡族部落的"编

---

① 李铭、何朝晖：《清水北魏秦亭碑考析》，载麦积山石窟艺术研究所编《石窟艺术研究》第 1 辑，文物出版社，2016 年，第 277—288 页。

② 李贺文：《北朝至隋唐陇右少数民族历史与文化：碑铭视角下的考察》，中国社会科学出版社，2021 年。

③ 邵正坤：《西魏〈权旱郎造像记〉研究》，《山西大同大学学报（社会科学版）》2022 年第 4 期，第 43—46、52 页。

④ 高海燕、魏文斌：《新见甘肃合水县双柳树佛教造像碑考析》，《考古与文物》2023 年第 3 期，第 98—106 页。

⑤ 王连龙：《北朝时期关中地区高句丽移民宗教信仰与族群融合研究——以佛教造像记为中心》，《宗教学研究》2024 年第 1 期，第 103—108 页。

户化"进程有关,"郡平里"籍贯表明张氏家族在西魏晚期已经完成"编户化"。①据各书著录统计,陕西耀县(即今铜川市耀州区)出土或发现中古碑、石共170余方,刘莹系统整理了其中有出土地点或发现地的82方,借此进一步对中古关中地区的族群问题进行探讨。通过对碑刻题名的梳理,可以厘清夫蒙氏、钳耳氏、同玉帝氏、雷氏和荔非氏5个部族在耀县地区的聚居地。北魏至隋代,"一区域内的部族、居民在一定时期内的居住地是较为固定的"。刘莹发现,"北魏至隋唐,耀县地区的造像活动是以家族或宗族为主体的。即使结邑,也以家庭或宗族结邑为主要形式",可见"北朝编户统治之下,部族仍具有很强的组织力和凝聚力"。关中部族组织在北魏末年十分活跃,毛氏等家族率领部落、凭借军功跃升成为地方豪族,"西魏、北周时期,村邑中的家族、宗族造像活动开始增多,这一现象与荔非氏这样的地方豪族的兴起正相呼应"②。

与关中部族类似,北魏的北部地区和西南边境也都残存着部族组织。这些族群也在运用造像立碑、刊刻石窟等方式保留其身份记忆。魏斌从河北省唐县城北两山峡的库狄干石窟碑铭中,解读怀朔镇内迁领民酋长库狄干的部落记忆与身份意识;③又以成都龙泉驿《北周文王碑》为切入点,呈现一个驻扎蜀地的由仪同三司强独乐、大都督夫蒙僬带领的氐羌军团的概貌。④

---

① 王怀宥:《北朝关陇民族问题研究——以陇东南及关中地区造像记为中心》,博士学位论文,陕西师范大学,2023年。
② 刘莹:《中古时期关中北部的造像与人群——以耀县出土造像碑铭为中心》,载复旦大学历史学系、《中国中古史研究》编委会编《中国中古史研究》第11卷,中西书局,2024年,第71—110页。
③ 魏斌:《从领民酋长到华夏长吏:库狄干石窟的兴造与部落记忆》,《历史研究》2018年第3期,第21—38、190页。
④ 魏斌:《北周天落石军团》,《文史》2023年第2辑,第47—72、124页。

三、信仰与思想

发愿文是造像文字中的重要内容。佐藤智水曾对北朝造像铭记中的发愿文做过一些考察，但较为简略。[1] 侯旭东在此基础上对发愿文表达的北朝民众信仰做了进一步阐发。[2] 发愿文的基本结构虽然较为固定，各地所见造像的发愿文部分却仍有相异之处。从发愿文字和造像神龛旁的榜题文字，学者可以管窥宗教经典与信仰的流布范围。

赖文英从6世纪华北造像中有关十六王子的相关记述出发，讨论中古时期流行的十六王子信仰与法华信仰。北魏景明、正始年间所造水泉石窟的碑记中有"十六王子行像十六区"之语，可见十六王子信仰最早是由纪念佛陀的行像仪式发展而来的。西魏大统六年（540）《巨始光造像记》中详细罗列了十六王子佛名，表明十六王子成为斋忏仪式中称名或礼敬的对象，也展现了北朝邑义组织对《法华经》精髓的掌握程度。6世纪后叶，十六王子进一步成为石窟造像题材，从王室的行道礼拜窟、僧人诵经行道的修行窟到庶民建斋的功德窟，三种阶层的石窟造像都采用了十六王子这一造像题材，说明十六王子信仰在华北地区流布广泛。[3] 王静芬依据造像所刊刻的佛名来考察北朝时期流行的忏悔仪式。《张荣迁碑》碑阴所列42种佛名均来自《金光明经》和《法华经》，包含了过去和现在诸佛，四方佛、十六方佛、诸佛和大菩萨，以及众生皆成正觉方欲成佛者。这些佛名的文本来源与忏悔仪式有关，《金光明经》和《法华经》是为忏悔发露仪式提供理论依据的主要经典，因此《张荣迁造像碑》上诸佛菩萨名号的来源能够揭示供养人的宗教信仰及其祈祷仪

---

[1] 佐藤智水：《北朝造像铭考》，《史学雜誌》第86编第10号，1977年。

[2] 侯旭东：《佛陀相佑：造像记所见北朝民众信仰》，第158—253页。

[3] 赖文英：《六世纪中国华北地区的法华"十六王子"信仰》，《圆光佛学学报》2006年第10期，第113—138页。

式活动。《陈海龙造像碑》所载佛名则来自疑伪经《大通方广忏悔灭佛庄严成佛经》，亦与忏悔发露仪式密切相关。《张荣迁碑》与《陈海龙碑》中雕刻的佛像与佛名记载了宗教团体的公共社团性活动，其中包含了忏悔和发露、佛名念诵、斋戒和坐禅。其次，赞助者要求每身佛像的雕刻都拥有一个独立的檀越，由此檀越和所命名的佛陀之间便建立了一种契约关系。①邵正坤关注造像所见八关斋戒的组织与仪式。《张操等造像记》置于"善会寺庭"，此处当为八关邑中僧人所居寺院，也是俗家信徒行八关斋戒的场所。结合敦煌写卷《受八关斋文》，可知八关斋戒仪式包含皈依、发露忏悔、受八关戒等仪式。《张操造像记》中"半月忏悔，行筹布萨"正是信徒受八关斋戒时进行忏悔的表现。②付恩浩则从《荔非郎虎任安保造像碑》和《邑子一百一十五人造像碑》发愿文中"多宝彰现于双林""释迦曜刑（形）于净饭"等记载，结合造像碑中线刻的城池图、佛传故事，探究关中地带流行的法华思想。③

道教主张"道无形质"，最初并无偶像供奉之说。北朝时期，受佛教影响，道教信徒将佛教造像加以道教化而建造了道教造像。但道教造像与何种教派相关联，学界仍然莫衷一是。张勋燎、白彬通过梳理北朝道教所尊主神名称，结合南北朝时期道教流派的传布范围，认为北朝造像的起源和推崇"老子化胡说"的楼观道有关，但后来逐渐在某些方面也受到南方其他教派的影响。④刘屹认为研究者之所以将道教造像的起源与楼观道相联系，是因为现

---

① 王静芬、张善庆：《佛名与忏仪——以张荣迁碑和陈海龙碑为中心》，《敦煌研究》2010年第2期，第6—16页。

② 邵正坤：《〈张操造像记〉所见北周时期的八关邑》，《云冈研究》2023第4期，第79—85页。

③ 付恩浩：《陕西省耀县西墙村一带出土造像碑における世界観について——願文、図像構成を中心に考える》，《文化》2024年第3·4期，第55—79页。

④ 张勋燎、白彬：《北朝道教造像的考古研究》，载张勋燎、白彬编《中国道教考古》第1卷，线装书局，2006年，第609—753页。

有的对北朝道教历史的论述中，除了寇谦之的新天师道就是楼观派，这绝非真正的道教史全貌；将造像中所涉的"老子化胡说"直接与楼观派相关联也失之偏颇，"老子化胡说"出现于楼观派兴起之前，关中道教常援引"老子化胡说"，"实是因为关中地区本来就是传说中这一故事发生的地域而已"。刘屹认为，《姚伯多碑》反映的道教信仰并不能简单归结为"新天师道""灵宝派""楼观道"抑或某一特定道派，建议视之为"北方关中道教"，从南北道教交汇的视角加以考释。道教的发展在南北朝时期产生了南北分歧：东晋、南朝以后，南方地区逐渐形成了经典丰富、教法完备的南方经教道教；而北方地区在寇谦之道教改革以后的200年间，北方道教的发展历史一直不甚明晰。《姚伯多碑》中出现的诸如"三徒""南宫"等词，表明姚氏对南方道经极为熟悉。作者考证了姚伯多家族的族源，认为他们并非北地羌人，而是"胡化"了的关中汉人家族。《姚伯多碑》对南方古灵宝经因素的使用，或许显示了北魏时期关中汉人家族在婚姻服饰上逐渐"胡化"，在思想意识上仍然坚持华夏本土道教信仰。当然，《姚伯多碑》中仍然反映了某些北朝道教的特点：与以元始天尊和太上大道君为主神的南方道经不同，《姚伯多碑》奉太上皇老君为主尊，具备比较明显的"老子化胡"思想。[①]

河东地区也出现了许多北朝道教造像。孙齐《芮城道教三百年史——以北朝隋唐造像为中心的考察》[②]是北朝地域信仰研究的佳作，该文搜集中古时期芮城地区57方造像，讨论芮城地区佛道信仰的演变。从造像类型及其分布地来看，中古时代芮城佛教以县城为活跃中心，而道教则在县南沿河的乡村中更有势力，直到唐代道教才慢慢出现在县城周边。从造像题名可知，北朝

[①] 刘屹：《5、6世纪之交南北道教的交汇——以"姚伯多碑"为中心》，原刊于《中国中古史研究》第6期，兰台出版社，2006年，增补后收入氏著《神格与地域：汉唐间道教信仰世界研究》，上海人民出版社，2011年，第281—302页。

[②] 孙齐：《芮城道教三百年史——以北朝隋唐造像为中心的考察》，载叶炜主编《唐研究》第24卷，北京大学出版社，2019年，第207—266页。

时期芮城最具势力的家族是陈氏和张氏，二姓聚居在今芮城县城周边，信仰佛教且存在密切的通婚关系，而聚居于县南沿河村落中的焦氏、李氏与蔡氏是绵延长久的奉道世家。从某种意义上说，北朝时代的道教是边缘地带的弱势家族信仰的宗教。6世纪的芮城道教活动以家族为中心，而8世纪之后芮城道教的重心则已由家族全面转向道观。从8世纪以来建造的道教造像碑中可见义明观、义仙观、清正观等8座道观。唐代芮城道士主要来自李、蔡、张、陈等姓，其中陈氏与张氏这两大北朝时期信仰佛教的家庭也进入了道观体制内部。唐代道士具备相当的政治和社会身份，因此在唐代芮城道教材料中多见到道士身份在家内传承的现象。9世纪后，芮城开始流行侯真人升仙故事，侯道华出身平凡，在道观中充当杂役，属于道观内的"边缘群体"，却达到了道教的最高追求——成仙。这种极具反差感的故事流传背后，透露出唐代道观体制的衰变。道观道士不再享有道教的神圣性，道观体制外的边缘修道群体开始勃兴。

　　北朝时期，关中地区还出现了一批佛道并尊的信徒所建造像。仓本尚德将关中地区佛道混合造像的类型分为"道佛像"与"佛道像"两种类型。"佛道像"南面为佛像，由佛教僧侣担任邑师；"道佛像"南面雕刻道教神像，由道士担任邑师。参与造像的成员的头衔也各不相同。关中地区大量佛道混合型造像的出现，可能与当地崇敬佛道的宗教土壤有关。对于俗家信徒来说，老君与诸佛同居于天上世界，佛道并尊能够获得更多的功德。同时，仓本尚德还注意到西魏以后关中地区道佛像、道教造像减少与佛道像、佛教造像增多的现象。以酋帅毛氏为首的氐、羌人群多信仰佛教，他们在西魏时地位上升，并主导了众多佛教造像的制造。[①]Gil Raz围绕北朝关中地区的60多方道佛造像碑，讨论经典所述的道教与地方社群的宗教实践之间的差距。作者注

---

① 仓本尚德：《北朝造像銘にみる道佛二教の關係—關中における邑義の分析を中心に》，《東方宗教》2007年第109期。

意到，西魏大统十四年《辛延智造像记》供奉"大道如来二圣真容"，将佛教与道教并尊，这种情况是未见于任何道教经典之中的。5、6世纪树立石碑的道教团体的复杂宗教生活，也并不能用文本或经典来解释。因此应当注重石碑所见的宗教信仰的多样性与复杂性。①

四、社会结构与权力网络

社邑将持有相同信仰的、来自不同阶层的信徒汇集在一个群体中，社邑组织建造的造像往往也包含了各阶层的参与者，能够生动呈现出地域社会中阶层结构与权力网络的切面。学者多以造像所见的社邑团体为切入点，观察地域社会中郡姓豪右、军府组织甚至普通村民等不同角色，管窥宗教活动对地域社会的影响。

日本学者谷川道雄运用东魏兴和二年（540）《敬史君碑》及史传指出河东豪族社会中"著姓"通过发动"豪右"阶层来维护乡里秩序，地方上存在"著姓—乡豪（豪右）—乡人"的三层结构。②钟旻圜认为地方势力者内部"或许会出现势力竞争的状态，而不全是'当州首望'—'郡姓'—'县姓'的层层从属形态"。钟氏以河东薛氏与敬氏为例，认为薛氏在东西分立之初，先归附东魏，后因敬氏等次级地方豪族联合归附西魏才不得不倒向西魏，呈现了地方势力者内部的复杂状态。③会田大辅也在河东出土的北周保定元年（561）《延寿公碑》题名部分发现河东地区郡姓的存在感很薄弱，豪右阶层则

---

① Gil Raz：《地方道教：北魏道佛碑的实践社群》，《道教学刊》2018年第1期，第67—98页。

② 谷川道雄：《東西両魏時代の河東豪族社會—〈敬史君碑〉をめぐって》，载砺波护编《中國中世の文物》，京都大学人文科学研究所，1993年，第457—478页。

③ 钟旻圜：《西魏北周时期地方势力型态探讨——以军事结合为主》，历史学系学位论文，台湾大学，2006年，第11—41页。

受到北周朝廷的直接支配，这是朝廷对地方的直接统治逐渐形成的结果。① 北村一仁对山西河南地区的北朝造像碑刻多有关注，自2013年至今，已围绕多方石刻材料对两魏交界地区的社会阶层结构展开个案研究。② 以河东地区为例，北村比较山西运城所见的西魏时期造像与北周时期造像，发现当地造像事业的主导者发生了变化：河东豪右杨标为北齐所败后，杨氏一族的乡里威信力下降，由杨氏主导的造像活动减少；北周保定元年《延寿公碑》与北周天和六年《枎枎荣造像记》都是大规模的造像事例，大体上都是北族贵族作为檀越主导的，表现出了浓厚的政治色彩。③

四川成都所见的北周孝闵帝元年（557）《北周文王碑》成为学者管窥北朝末期蜀地地域社会的重要材料。围绕成都龙泉驿天落石的北周造像龛及摩崖碑刻，魏斌关注西魏北周时期驻扎此地的天落石军团的人员结构及其对蜀地的军事控制。从强氏（如仪同三司强独乐）、夫蒙氏（如大都督夫蒙儁）及相关造像题名来看，这一军团应来自渭水以北的氐、羌人口聚居区。强独乐

---

① 会田大辅：《北周宇文護執政期の地方統治體制—〈延壽公碑〉からみた河東地域—》，载明治大学东亚石刻文物研究所编《東アジア石刻研究》第5号，2013年3月，第90—118页。

② 北村一仁：《〈3. ワーキングペーパー公募研究論文〉北朝～隋における民衆仏教と地域社会：山西省運城市出土の仏教石刻を用いて》；《両魏期における正平高涼楊氏と地域社會——仏教造像事業をめぐる人々とその目的——》；《北朝国境地域における造像事業と人々：汝水上中流域の状況について》，《東洋史苑》2016年第86・87期，第267—324页；《〈白実等造中興寺石象記〉についての一考察—北朝後期南陽地区の政治・社会状況を中心として—》，《刻まれた歴史と文化—仏像・道教像・造像銘の世界—》，2019年；北村一仁：《東魏～北齐期の"豫北"地域における造像と社会事業—義井・義橋・八関斎—》，《東アジア石刻研究》2022年。

③ 北村一仁：《〈3. ワーキングペーパー公募研究論文〉北朝～隋における民衆仏教と地域社会：山西省運城市出土の仏教石刻を用いて》；《両魏期における正平高涼楊氏と地域社會——仏教造像事業をめぐる人々とその目的——》。

军团，一方面防御旧梁残余势力，一方面控遏山地蛮獠和盐铁资源。①王兴振、胡哲聚焦考察西魏北周的治蜀政策。西魏占有蜀地后，在边缘地带设置州级政区又采取了都督治郡县的权力机制和治理路线。以《北周文王碑》立碑的武康郡为例，武康郡缺乏行使郡县制管理的社会基础，而以仪同、大都督强独乐及其所辖都督治理郡县的方式管理地方，集军政、民政于一体。②

造像文字也可以展现中古时期地方社会与中央政权之间的互动。佐川英治《北齐标异乡义慈惠石柱所见的乡义与国家的关系》③将国家所推行的均田制与石柱所见百姓施田活动结合起来，认为施主施入土地有两重意义：一是均田制下土地被细小地分割给农民，难以共同利用，捐献土地给义坊有助于共同利用；二是均田制下土地的利用方式受到国家管理限制，施入义坊后有助于自由经营。同时，佐川注意到石柱中有一条重要史料："诸为邑义，例听县置二百余人，一身免役，以彰厥美。仍复年常考列，定其进退……"他认为这是北齐河清三年（564）令的佚文，它说明当时北齐国家试图把邑义活动纳入律令管理中。

仓本尚德着眼于河南省鹤壁市五岩山石窟中东魏兴和元年（539）十月十日题记的观音像窟，以及造像题记中提到的助建者"高王寺主"。又从文献和石刻史料中钩沉出"齐献武王寺""神武皇帝寺"等以高欢谥号冠称的寺名，推测其前身或为"高王寺"。五岩山以观音座像为主尊的特殊造像样式，或可表明助建者"高王寺主"有意将高王与观音建立关联，怀疑是高欢身边的御用僧人建议借助观音造像和《高王经》应验记，达到利用河北地区流行

---

① 魏斌：《北周天落石军团》，《文史》2023年第2辑，第47—72、124页。
② 王兴振、胡哲：《西魏蜀地的政区建设与治理》，《史学月刊》2024年第2期，第13—25页。
③ 佐川英治：《北齐标异乡义慈惠石柱所见的乡义与国家的关系》，载牟发松主编《社会与国家关系视野下的汉唐历史变迁》，第248—260页。

的观音信仰来树立和提高"高欢=高王"声誉和威望的目的。① 仓本氏在《北朝仏教造像銘研究》②一书中讨论义邑活动内容与政治、社会环境之间的关联：东魏时期，因高欢经常往返于邺城与晋阳之间，邺城—晋阳沿线出现了许多"为勃海大王"祈福的造像；两魏周期交战时期，河南北部地区的军事政治重要性提升，当地也出现了许多建造义井、义桥等公共事业，公共事业、造像活动与官员之间的关系也得到增强。

北村一仁则关注《牛氏千佛碑》中存在的异刻现象。碑中北周时期的人名被人为凿去了，其原因或许与牛氏忠于北齐的政治宣传有关。北朝后期，《牛氏千佛碑》所载的洛宁县处于东西政权的边界上，洛宁的归属权常受东西交战影响。牛氏兄弟在造像时奉北周正朔，或许在洛宁县再次回归北齐境内时，牛氏因某种原因不得不隐瞒曾奉北周正朔的事情，选择将人名凿去。③ 与牛氏家族建碑背景类似的还有在阳城建造摩崖的上官氏家族，结合西魏北周时期河东地区所见的几方大型造像碑，可以描绘一幅国境地域佛教造像事业的图景。"为什么在危险的国境地域会进行比较大规模的造像事业呢？"北村认为，不仅是因为生活在这一地域的家族、人群信仰佛教，同时也因为建碑者希望强化皇帝、政权、地方官员等现实权力机构的存在感。此外，从政权的角度来看，通过这些造像和立碑事业来展示威信，可能是为了在政治形势不稳定的国境地域中更有效地掌握和推进权力。④ 在进一步比较东西政权在国

---

① 仓本尚德：《北朝石刻資料よりみた『高王観世音経』の成立事情》，《明大アジア史論集》2014 年第 18 期，第 51—71 页。
② 仓本尚德：《北朝仏教造像銘研究》第二章《義邑の地域的特徴について》，京都：法藏馆，2016 年。
③ 北村一仁：《〈3. ワーキングペーパー研究論文〉河南省洛寧県出土〈北周牛氏千仏碑〉に見る東西国境地域社会〈南北朝〜隋代仏教石刻タイムマップ〉の活用例》。
④ 北村一仁：《北朝国境地域における仏教造像事業と地域社会：山西陽城出土，〈上官氏等合邑造釈迦仏像摩崖〉を手掛かりとして》。

境地域（特别是河东地区）所立造像的异同后，北村发现，西魏北周在河东所立诸碑都是由作为地方官吏的当地豪族或北方贵族主持修建的、吸纳当地属僚与普通民众参与的大型造像；而东魏北齐属地则缺少这类大型造像事业，参与造像的官吏也不多。可见西魏北周积极地利用了佛教造像事业来作为统治河东的有效手段，东魏北齐却并没有采取类似做法。①

造像对国号与年号的使用可以帮助学者推定政权的势力控制范围。胡国强从造像记使用的年号出发，讨论地方的政权认同。这两件"真元五年"的造像出于河北省曲阳县。真元是北魏正光五年（524）破落汗拔陵起义后所使用的年号，起义只持续了两年。525年，杜洛周也"反于上谷，号年真王"。武泰元年（528）二月，杜洛周覆灭。史书并未记录杜洛周是否延续使用了破落汗拔陵的真元年号。这两件"真元五年"造像出于河北省曲阳县，在北魏时期为起义军中心控制的区域，恰巧证明杜洛周起义军是奉破落汗拔陵为正朔的，延续使用了破落汗拔陵的真元年号。②北村一仁也注意到可以从佛教石刻上的国名和年号重新确认两魏周齐边境线的位置。③反之，结合史传材料，造像所用的年号对确定造像碑刻的立碑地多有裨益。辛德勇对《马天祥造像记》使用的"北齐武平九年"纪年复加探讨。武平为北齐后主高纬年号，行用至武平七年（576）便已改元。北齐国灭后，范阳王高绍义北奔突厥，继续使用武平年号，号令掌握营州地区的高宝宁抵抗北周。由此可知，行用高绍义武平纪年的《马天祥造像记》最有可能镌刻于营州地区。④

---

① 北村一仁：《北魏、东魏时期端氏县酒氏家族的佛教造像事业》，载楼劲主编《魏晋南北朝史的新探索——中国魏晋南北朝史学会第十一届年会暨国际学术研讨会论文集》，中国社会科学出版社，2015年，第518—534页。

② 胡国强：《两件北魏"真王五年"造像铭考》，《文物》2004年第9期，第70—73页。

③ 北村一仁：《北朝国境地域における仏教造像事业と地域社会：山西阳城出土，〈上官氏等合邑造释迦仏像摩崖〉を手掛かりとして》。

④ 辛德勇：《〈马天祥造像记〉与北齐武平九年纪年》，《文史》2013年第4辑，第233—252页。

五、总结

近20年来，学界充分利用造像文字，从聚落与组织、宗族与族群、信仰与思想、社会结构与权力网络等面向探究北朝地域社会，并在北朝乡村与基层社会、地方民众的信仰与活动和央地互动等话题上累积了可观的成果，共同呈现了生动复杂的北朝地域社会场景。

但仍然需要对一些既定的造像文字研究范式进行反思：首先，相当一部分参与造像者是"没有历史的人"，是不见于传世史料的普通民众与地方中下层豪族，能否将河东、青齐等地造像所见的题名与地方豪右、郡姓直接等同，借此探讨郡姓豪右与地域社会之关系，还需谨慎处理。此外，运用造像题名的姓氏推定参与者族属的方法，虽然在有限的材料中攫取出了更为丰富的历史信息，但学界也不应忽略西魏北周时期广赐胡姓这一特殊情况。西魏北周政权在为臣僚赐、复胡姓时，又颁布诏书令"所统军人，亦改从其姓"[①]。造像记的胡姓题名之中，或许还夹杂着跟随军主改姓胡姓的汉人军士。如北周武成二年《合方邑子百数十人造像记》题名大部分就来自驻扎同州的某军府中下层将领和士兵，[②]这种情况下就不宜粗暴地将题名姓氏直接与某一族属相对应。最后，造像文字存在一定的"格套"，发愿文究竟是对宗教义理的复述，还是发愿者结合现实政治与社会环境有感而发，有待具体分析。

造像文字所呈现的内容毕竟有限，想要挖掘更为丰富的历史信息，还需结合造像碑石的立碑位置、形态、图像、文字分布空间等诸多方面进行深入讨论。

[①]《周书》卷二《文帝纪下》，中华书局，2022年，第36页。

[②] 录文参魏宏利：《北朝关中地区造像记整理与研究》，中国社会科学出版社，2017年，第226—228页。拓片见高峡主编：《西安碑林全集》卷一百零六，广东经济出版社，1999年，第104—109页。

南朝陵墓考古发现与研究综述

许志强

古代陵墓是考古学研究的重点关注对象。南朝陵墓与之前的两晋、之后的隋唐相比，具有鲜明特点，是中国古代陵墓制度发展演变的重要环节。南朝陵墓的资料来源包括传世文献记载、地面神道石刻和考古发掘成果等，涉及对象主要包含帝陵和王侯陵墓两大类。此外，部分南朝高等级墓葬也是认识南朝陵墓内涵的重要参考和有益补充。

关于南朝陵墓的相关记载，初见于《宋书》《南齐书》《梁书》《陈书》《南史》《隋书》等正史资料，多记载帝后陵号，并涉及陵墓大致方位。唐宋时期，随着地志学的兴起，南朝陵墓逐渐进入传统学者视野。《建康实录》《元和郡县图志》《太平寰宇记》对南朝陵墓遗存有所著录，《六朝事迹编类》《景定建康志》对建康周边南朝陵墓也有涉及。此类文献为后人研究南朝陵墓提供了原始史料支撑。金石学方面，宋欧阳修《集古录》、宋王厚之《复斋碑录》、宋李思《宝刻丛编》、元陶宗仪《古刻丛抄》、清王昶《金石萃编》、清莫友芝《金石笔识》等对南朝陵墓神道石刻的位置、保存状况、碑表铭文等信息有所涉及。但此类记载过于简略，对确认陵墓位置、考订墓主身份帮助甚微。

一、石刻调查

矗立于地表的神道石刻是南朝陵墓的重要组成部分,基于实地调查的石刻资料著录是开展相关研究的重要参考。存于现场的南朝陵墓神道石刻共有30余处,散布于南京、句容、丹阳等地。完整的神道石刻应为三种六件,由外向内依次为石兽、石柱、石碑各一对,对称分布于陵园入口处。部分神道石刻或有增加,如梁安成康王萧秀墓前有石碑两对,梁文帝萧顺之陵前多出一对石座;多处石刻在漫长的岁月中散失或损毁。

对南朝陵墓神道石刻的调查著录,起步较早。清末民初,上海耶稣会士张璜对萧梁陵墓做了实地调查,调查成果于1912年以法文出版,1930年出版中译本。[①]20世纪30年代,朱希祖、朱偰、滕固等学者在实地调查的基础上,撰成《六朝陵墓调查报告书》,并附以六篇考证文章,汇总而成《六朝陵墓调查报告》[②],涉及陵墓现状、墓主推测、石刻形态与渊源、石兽名称等诸多方面,为后人研究打下了坚实基础。朱偰同时又撰有《建康兰陵六朝陵墓图考》《金陵古迹图考》《金陵古迹名胜影集》[③]等著录,保存了大量石刻影像资料,成为后人研究的必备参考。不过,受客观条件和时代所限,此类调查研究,虽强调实地踏查,然更侧重文献史籍记载,而缺少考古资料支撑。对此,

---

① 张璜:《梁代陵墓考》,上海土山湾印书馆,1930年。后有王志高点校本,南京出版社,2010年。本书译者尚有争论,或为集体所译。见张璜撰,中央古物保管委员会编辑委员会编,王志高点校:《梁代陵墓考・六朝陵墓调查报告》,南京出版社,2010年,第7—8页。

② 中央古物保管委员会编辑委员会编:《六朝陵墓调查报告》,古物保管委员会,1935年。后有王志高点校本,南京出版社,2010年。

③ 朱偰:《建康兰陵六朝陵墓图考》,商务印书馆,1936年,此据中华书局2015年版;朱偰:《金陵古迹图考》,商务印书馆,1936年,此据中华书局2006年版;朱偰:《金陵古迹名胜影集》,商务印书馆,1936年,此据中华书局2015年版。

朱希祖并不讳言，他在《六朝陵墓调查报告书》开篇即明言："盖仅凭地上之遗物，而不发掘地下之遗物，则调查之功，尚未罄也，此则均有待于将来之继续努力，今则未遑矣。"

中华人民共和国成立初期，刘敦桢等实地考察了南京周边南朝陵墓神道石刻现状，并就修复保护方法提出了建议[①]；朱偰详细介绍了丹阳地区分布的10处齐梁陵墓神道石刻[②]；文物部门着力对南朝陵墓石刻开展了全面的修缮保护工作，多处倒卧田野、陷入泥塘的石刻得以提升加固、修复成型，为社会保留了珍贵的文化遗产[③]。此后，关于南朝陵墓神道石刻的著录层出不穷，如姚迁、古兵《南朝陵墓石刻》[④]，林树中《南朝陵墓雕刻》[⑤]，梁白泉《南京的六朝石刻》[⑥]，徐湖平《南朝陵墓雕刻艺术》[⑦]，等等。经过前辈学者和文物部门数十年的不懈努力，南朝陵墓神道石刻逐渐进入学界和公众的视野。

二、考古发现

考古发现的南朝陵墓，集中于都城建康（今南京）及其周边地区。

[①] 刘敦桢：《南京及附近古建遗址与六朝陵墓调查报告》，《刘敦桢全集》第4卷，中国建筑工业出版社，2007年；刘敦桢：《南京附近六朝陵墓调查笔记》，载《刘敦桢全集》第10卷，中国建筑工业出版社，2007年。

[②] 朱偰：《丹阳六朝陵墓的石刻》，《文物参考资料》1956年第3期，第51—56页。

[③] 朱偰：《修复南京六朝陵墓古迹中重要的发现》，《文物参考资料》1957年第3期，第44—46页；金琦：《南京附近六朝陵墓石刻整修记要》，《文物》1959年第4期，第26—31页。

[④] 姚迁、古兵编著：《南朝陵墓石刻》，文物出版社，1981年。

[⑤] 林树中编著：《南朝陵墓雕刻》，人民美术出版社，1984年。

[⑥] 梁白泉主编，卢海鸣副主编：《南京的六朝石刻》，南京出版社，1998年。

[⑦] 南京博物院编著，徐湖平主编：《南朝陵墓雕刻艺术》，文物出版社，2006年。

（一）帝陵墓葬的发现

中华人民共和国成立以来，随着考古工作的持续开展，南京、丹阳地区陆续发现了丹阳仙塘湾墓[①]、金家村和吴家村两墓[②]、南京罐子山墓[③]、狮子冲两墓等六座南朝帝陵级墓葬[④]。其中，丹阳三墓被推测为萧齐帝陵，南京罐子山大墓被推测为陈朝帝陵，狮子冲两墓分别被推定为梁昭明太子萧统墓及其生母丁贵嫔墓。南京狮子冲两墓，虽无帝陵之名，但墓葬规模、砖室构造、墓室装饰等均达到帝陵标准，实体形态与帝陵无二。

（二）王侯墓葬的发现

考古发现的较为明确的南朝王侯墓葬，集中于萧梁一朝。如南京甘家巷M4，位于萧秀石刻西北1000米处，被推测为梁安成康王萧秀墓[⑤]；南京老米荡梁墓，被推测为梁南平元襄王萧伟墓[⑥]；南京石油化工厂南朝墓，出土墓志，明确为梁桂阳简王萧融与其妻王慕韶合葬墓[⑦]；南京炼油厂南朝墓，出土墓志，

---

① 南京博物院：《江苏丹阳胡桥南朝大墓及砖刻壁画》，《文物》1974年第2期，第44—57页。
② 南京博物院：《江苏丹阳县胡桥、建山两座南朝墓葬》，《文物》1980年第2期，第1—18页。
③ 罗宗真：《南京西善桥油坊村南朝大墓的发掘》，《考古》1963年第6期，第291页。
④ 南京市考古研究所：《南京栖霞狮子冲南朝大墓发掘简报》，《东南文化》2015年第4期，第33—48、65—67页。
⑤ 南京博物院、南京市文物保管委员会：《南京栖霞山甘家巷六朝墓群》，《考古》1976年第5期，第316—325、351—356页。
⑥ 南京博物院：《南京尧化门南朝梁墓发掘简报》，《文物》1981年第12期，第14—24页。
⑦ 南京市博物馆：《南京梁桂阳王肖融夫妇合葬墓》，《文物》1981年第12期，第8—13、98页。

明确为梁桂阳敦王萧象墓①；南京白龙山南朝墓，北距萧宏石刻约1000米，被推测为梁临川靖惠王萧宏墓②。

（三）其他高等级墓葬

经考古发掘且身份相对明确的南朝帝王陵墓资料较少，且全部遭遇盗扰，墓葬形制破坏严重，随葬器物残缺不全，严重影响对南朝陵墓整体面貌的归纳总结。因此，需将规模相当、要素相似的南朝墓葬纳入到考察对象。经过分析，甬道内设石门是南朝陵墓和高等级墓葬的重要标志之一。此类墓葬亦集中分布于南京及其周边地区，经考古发掘的有砂石山南朝墓③、西善桥宫山南朝墓④、蔡家塘1号墓⑤、灵山南朝墓⑥、对门山南朝墓⑦、甘家巷M4和M30⑧、板桥南朝墓和仙鹤门南朝墓⑨、东善桥砖瓦一厂南朝墓⑩、西善桥陈中权大将军黄

---

① 南京博物院：《梁朝桂阳王萧象墓》，《文物》1990年第8期，第33—41页。
② 南京市博物馆、栖霞区文管会：《江苏南京市白龙山南朝墓》，《考古》1998年第12期，第46—52页。
③ 王德庆：《南京砂石山发现南朝墓》，《考古通讯》1956年第4期，第40页。
④ 南京博物院、南京市文物保管委员会：《南京西善桥南朝墓及其砖刻壁画》，《文物》1960年8、9期合刊，第37—42页。
⑤ 金琦：《南京甘家巷和童家山六朝墓》，《考古》1963年第6期，第303页。
⑥ 资料未公布，墓葬简介见罗宗真、王志高：《六朝文物》，南京出版社，2004年，第77页。
⑦ 南京市文物保管委员会：《南京郊区两座南朝墓清理简报》，《文物》1980年第2期，第24—31页。
⑧ 南京博物院、南京市文物保管委员会：《南京栖霞山甘家巷六朝墓群》，《考古》1976年第5期，第316—325、351—356页。
⑨ 南京市博物馆：《南京郊区两座南朝墓》，《考古》1983年第4期，第328—333、390页。
⑩ 南京市博物馆：《江宁东善桥砖瓦一厂南朝墓发掘简报》，《东南文化》1987年第3期，第60—63页。

法氍墓①、西善桥第二砖瓦厂南朝墓②、花神庙2座南朝墓③、东杨坊南朝墓④、马家店南朝墓⑤、隐龙山3座刘宋墓葬⑥、尹西村M1⑦、胜太路南朝墓⑧、景家村南朝墓⑨、胡村南朝墓⑩、咸墅刘宋罗健墓⑪等。

上述有些墓葬位于南朝陵墓分布范围内，如甘家巷M6和M30位于建康东北甘家巷萧梁陵区，对门山南朝墓东临梁吴平忠侯萧景墓石刻，隐龙山三座刘宋墓葬位于刘宋龙山陵区；个别墓葬不仅位于南朝陵区，而且与王侯墓规模相当，如蔡家塘1号墓位于甘家巷萧梁陵区内，仙鹤门南朝墓临近梁临川靖惠王萧宏墓，两墓形制构造和规模尺寸与萧梁王侯墓基本相同。部分墓葬墓主身份高贵、地位特殊，如咸墅村刘宋罗健墓、梁普通二年（521）墓以及陈中权大将军黄法氍墓等。这些墓葬极可能包含湮没未知的南朝王侯陵墓，或者即使并非宗室王侯，而等级较高，按照考古类型学的划分标

---

① 南京市博物馆：《南京西善桥南朝墓》，《文物》1993年第11期，第19—24页。
② 南京博物院：《南京西善桥南朝墓》，《东南文化》1997年第1期，第61—65页。
③ 南京市博物馆等：《江苏南京市花神庙南朝墓发掘简报》，《考古》1998年第8期，第53—59、101页。
④ 南京市博物馆：《南京市栖霞区东杨坊南朝墓》，《考古》2008年第6期，第36—42、100—101页。
⑤ 南京市博物馆等：《南京铁心桥镇马家店村南朝墓清理简报》，载南京市博物馆编《南京文物考古新发现：南京历史文化新探（贰）》，第105—111页。
⑥ 南京市博物馆等：《南京隐龙山南朝墓》，《文物》2002年第7期，第41—58页。
⑦ 南京市博物馆、雨花台区文化局：《南京尹西村六朝墓发掘报告》，载南京市博物馆编《南京文物考古新发现：南京历史文化新探（贰）》，第55—61页。
⑧ 南京市博物馆：《南京江宁胜太路南朝墓》，《文物》2012年第3期，第18—21页。
⑨ 南京市博物馆、江宁区博物馆：《南京南郊景家村六朝墓葬》，载南京市博物馆编《南京文物考古新发现：南京历史文化新探（贰）》，第43—54页。
⑩ 南京市博物馆：《南京市江宁区胡村南朝墓》，《考古》2008年第6期，第51—57页。
⑪ 东南大学艺术学院、南京市江宁区博物馆：《南京淳化咸墅南朝罗氏家族墓地发掘简报》，《文物》2019年第10期，第4—15页。

准，可在实物形态上与南朝陵墓列为同一类型，是认识南朝陵墓面貌的有效参照。

三、综合研究

在传世文献记载和石刻调查著录的基础上，结合考古新发现，南朝陵墓的相关研究随之展开。

综合论述方面。罗宗真是较早对六朝陵墓进行综合考察的学者，撰有《六朝陵墓埋葬制度综述》《六朝陵墓及其石刻》《六朝考古》[①]等论著，论及六朝陵墓分布概况、埋葬制度、陵墓石刻等诸多问题，罗宗真和王志高合著的《六朝文物》[②]亦有专门章节论述六朝帝王陵墓和神道石刻。张爱冰从文献记载角度详细梳理了南朝葬制的演变历程。[③]李蔚然所撰《南京六朝墓葬的发现与研究》[④]通论南京地区六朝墓葬，对南朝陵墓材料多有涉及。王志高在多种著作中探讨了南朝陵墓陵区布局、陵园构成、埋葬特点、等级制度等相关问题。[⑤]周裕兴对南京地区南朝墓葬进行综合分析，涉及南朝陵墓神道石刻、形

[①] 罗宗真：《六朝陵墓埋葬制度综述》，载中国考古学会编辑《中国考古学会第一次年会论文集》，文物出版社，1980年，第358—366页；罗宗真：《六朝陵墓及其石刻》，《南京博物院集刊》第1辑，1979年，第79—98页；罗宗真：《六朝考古》，南京大学出版社，1994年。

[②] 罗宗真、王志高：《六朝文物》，南京出版社，2004年。

[③] 张爱冰：《南朝葬制考》，《东南文化》1989年第2期，第35—47页。

[④] 李蔚然：《南京六朝墓葬的发现与研究》，四川大学出版社，1998年。

[⑤] 王志高：《南朝帝王陵寝初探》，《南方文物》1999年第4期，第67—73页；王志高：《六朝帝王陵寝述论》，《南京晓庄学院学报》2004年第7期，第24—31、51页。王志高负责撰写的《江苏考古五十年》（邹厚本主编，南京出版社，2000年）第五部分"三国、两晋、南北朝"第二章《陵墓》亦有相关论述。

制构造、墓葬等级等问题。①部分综合论著如《中国古代物质文化史·陵墓》《中国古代物质文化史·魏晋南北朝》②等在相关章节中对南朝陵墓的基本面貌做了基础介绍。

墓葬分期方面。蒋赞初对长江下游六朝墓葬分期断代标准进行了详细的探讨。③魏正瑾和易家胜以青瓷器为主要依据,将南京地区六朝墓分为四期。④冯普仁对南朝墓葬进行整体分型分期,将"凸"字形砖室墓分为帝陵、王侯级墓、官僚士族墓等不同等级,将南朝墓分为宋齐和梁陈两期。⑤宿白认为六朝墓葬可以东晋初为界划分为前后两段,后段特点在前段后期已出现显著迹象。⑥韦正将长江下游六朝墓分为三期,分别为东吴中期—西晋、东晋—刘宋中期、刘宋晚期—陈。⑦

墓葬制度方面。赵胤宰和韦正注意到东晋、南朝陵墓制度的差异,分析了南朝陵墓的特征和渊源,认为南朝陵墓由复古因素、地域因素、时代特色等混杂融合而成,刘宋王朝在南朝陵墓制度的形成中扮演了重要角色。⑧倪润安从正统争夺的角度论述南朝墓葬制度的面貌和成因,认为南朝为维护文化

---

① 周裕兴:《南京南朝墓制初探》,载蒋赞初主编《南京大学历史系考古专业成立三十周年纪念文集》,天津人民出版社,2002年。
② 刘毅:《中国古代物质文化史·陵墓》,开明出版社,2016年;李梅田:《中国古代物质文化史·魏晋南北朝》,开明出版社,2014年。
③ 蒋赞初:《关于长江下游六朝墓葬的分期和断代问题》,载中国考古学会编辑《中国考古学会第二次年会论文集》,文物出版社,1982年,第196—205页。
④ 魏正瑾、易家胜:《南京出土六朝青瓷分期探讨》,《考古》1983年第4期,第347—353页。
⑤ 冯普仁:《南朝墓葬的类型与分期》,《考古》1985年第3期,第269—279页。
⑥ 宿白:《汉唐宋元考古——中国考古学(下)》,文物出版社,2010年。
⑦ 韦正:《六朝墓葬的考古学研究》,北京大学出版社,2011年。
⑧ 赵胤宰、韦正:《南朝陵寝制度之渊源》,载北京大学中国考古学研究中心、北京大学震旦古代文明研究中心编《古代文明》第4卷,文物出版社,2005年,第207—222页。

上的正统地位,在墓葬制度层面采取了援引汉制的措施。①霍巍从六朝陵墓神道石刻和墓室装饰中"瑞兽"形象的嬗变,探讨墓葬制度中"晋制"的形成确立。②付龙腾认为南朝陵寝制度在师古、任己两端各有取舍。③耿朔认为刘宋孝武帝礼制改革推动南朝陵墓制度的建立④,并认为孝武帝吸纳了源于魏晋洛阳的陵墓石刻,将其提升为帝王陵墓的标配组合,成为南朝陵墓制度的重要组成部分⑤。韦正和付龙腾认为,南朝陵墓在陵区选址、陵墓石刻、墓葬形制与墓室壁画等诸多方面彰显了皇权的伸张,显示出君统对陵墓制度的影响。⑥张科和陈卿从东晋高耆墓平面形制分析入手,推测南朝陵墓后壁外弧的墓葬形制可能来自以余杭小横山M82为代表的当地东晋豪族墓葬。⑦许志强以梁昭明太子萧统及其生母丁贵嫔的墓葬排列分布为例,探讨了南朝陵墓制度中的母子同陵现象和埋葬中的"长子位"问题。⑧

图像样式方面。町田章分析砖拼壁画、墓葬规模和神道石刻的异同,对

---

① 倪润安:《南北朝墓葬文化的正统争夺》,《考古》2013年第12期,第71—83页。
② 霍巍:《六朝陵墓装饰中瑞兽的嬗变与"晋制"的形成》,《考古》2015年第4期,第103—113页。
③ 付龙腾:《试析南朝陵寝制度的两大取向》,《东南文化》2020年第4期,第118—125页。
④ 耿朔:《宋孝武帝礼仪改革与南朝陵墓新制的形成》,载贺西林主编《汉唐陵墓视觉文化研究》,高等教育出版社,2021年,第499—521页。
⑤ 耿朔:《"于襄阳致之":中古陵墓石刻传播路线之一瞥》,《美术研究》2019年第1期,第75—82页。
⑥ 韦正、付龙腾:《晋制与君统——魏晋南北朝陵墓制度的流变》,《考古与文物》2023年第4期,第77—80页。
⑦ 张科、陈卿:《论东晋高耆墓的特殊性——兼谈南朝陵寝制度之渊源》,载武汉大学中国三至九世纪研究所编《魏晋南北朝隋唐史资料》第50辑,上海古籍出版社,2024年。
⑧ 许志强:《南朝时期的母子同陵和墓侧长子位——读〈南史·梁武帝诸子传〉札记》,《南京晓庄学院学报》2021年第5期,第31—34页。

南齐帝陵做了系统考证。① 曾布川宽运用样式学方法，判定南朝陵墓神道神道石刻时代早晚和墓主归属，并对南朝陵墓砖拼壁画进行分期编年，探讨砖画的内容和意义。② 墓室砖拼壁画是南朝帝王陵墓的重要构成和等级标志，郑岩对南京地区东晋南朝壁画墓以及具有特定内涵的"竹林七贤与荣启期"图像展开了综合讨论。③

陵墓分布方面。张学锋全面梳理了南京地区大中型南朝墓葬的空间分布情况，并分析其成因。④ 许志强融合考古资料、传世文献和出土墓志，对建康东北萧梁陵区的墓葬分布、形成过程及形成原因等问题展开探讨。⑤

形制规模是判断墓葬等级的重要依据，然而，部分已发表的南朝陵墓资料尺寸数据文、图不符。许志强利用绘图软件，重测校核墓葬尺寸，并在此基础上分析了南朝陵墓的墓室规制。⑥

三、专题研究

关于南朝陵墓的专题研究，主要集中在神道石刻、墓主身份、墓室壁画三个领域。

---

① 町田章著，劳继译：《南齐帝陵考》，《东南文化》1986年第1期，第43—63页。
② 曾布川宽著，傅江译：《六朝帝陵——以石兽和砖画为中心》，南京出版社，2004年。
③ 郑岩：《魏晋南北朝壁画墓研究》，文物出版社，初版于2002年，后有2016年增订版。
④ 张学锋：《南朝建康的都城空间与葬地》，《中华文史论丛》2019年第3期，第77—111、391页。
⑤ 许志强：《建康东北萧梁陵墓的分布及相关问题探讨》，载武汉大学中国三至九世纪研究所编《魏晋南北朝隋唐史资料》第42辑，上海古籍出版社，2020年，第103—113页。
⑥ 许志强：《试析南朝陵墓的墓室规制——基于考古资料数据校核的考察》，载曹劲松、卢海鸣主编《南京学研究》第9辑，南京出版社，2024年，第115—128页。

（一）神道石刻研究

邵磊曾从石刻称谓与艺术源流、石刻归属、保护与修复等方面梳理述评了相关研究成果。[①]综合学界数十年成果，针对南朝陵墓神道石刻的研究，集中于石兽名称考辨、石刻渊源等领域。

石兽名称考辨方面。南朝陵墓神道石兽分有角和无角两类，分别对应帝陵和王侯陵墓，有角者一为单角，一为双角。朱希祖指出，单角者为天禄，双角者为辟邪，总名桃拔，无角者名符拔，或作扶拔，然而他在《六朝陵墓调查报告书》[②]中仍从俗将有角石兽统称为麒麟，无角石兽统称为辟邪。滕固将帝王陵前的有角石兽叫作麒麟，王侯墓前的无角石兽叫作辟邪。[③]朱偰认为，石兽中单角者为麒麟，双角者为天禄，无角的叫辟邪。[④]罗宗真将帝后墓前的单角石兽称为麒麟，双角石兽称为天禄，王侯墓前的无角石兽称为辟邪，但在叙述中亦将有角石兽统称为麒麟。[⑤]刘敦桢称有角石兽为麒麟，无角石兽为辟邪。[⑥]杨宽认为有角石兽为麒麟，无角石兽因未找到原始称呼，而从俗称呼为辟邪。[⑦]梁白泉主编的《南京的六朝石刻》[⑧]赞同刘敦桢和杨宽的观点，将帝陵前的有角石兽统称为麒麟，王侯墓前的无角石兽统称为辟邪。林树中提

---

① 邵磊：《对南朝陵墓神道石刻研究的回顾与反思》，《南京晓庄学院学报》2010年第1期，第15—27页。

② 朱希祖：《天禄辟邪考》，《六朝陵墓调查报告》，古物保管委员会，1935年。此据南京出版社2010年版。

③ 滕固：《六朝陵墓石迹述略》，《六朝陵墓调查报告》。此据南京出版社2010年版。

④ 朱偰：《建康兰陵六朝陵墓图考》，商务印书馆，1936年，此据中华书局2015年版。

⑤ 罗宗真：《六朝陵墓及其石刻》，载《南京博物院集刊》第1辑，1979年；罗宗真：《六朝考古》，南京大学出版社，1996年。

⑥ 刘敦桢：《中国古代建筑史》，中国建筑工业出版社，1980年。

⑦ 杨宽：《中国古代陵寝制度史》，上海古籍出版社，1985年。

⑧ 梁白泉：《南京的六朝石刻》，南京出版社，1998年。相关部分由卢海鸣执笔。

出有角石兽叫麒麟，无角石兽叫辟邪。①曾布川宽认为帝陵有角石兽为麒麟，并认为王侯墓前无角石兽称狮子比较合适。②邵磊认为将帝陵墓前的有角石兽统称为麒麟似无不妥，但认为将王侯墓前的无角石兽称作辟邪缺乏依据。③杨晓春综合前人观点，提醒石兽名称考察应注意两方面问题，一是当时人的称呼，二是当事人的误解，指出帝陵石兽中的单角兽称天禄、双角兽称辟邪，王侯墓所用无角兽称狮子（或可因其生有双翼而称翼狮）。④刘卫鹏认为南朝帝陵前一单角、一双角的有翼石兽应为一对天禄。⑤宋震昊认为单角石兽应为辟邪，二角石兽应为天禄。⑥

实际上，自东汉出现墓前石兽以来，陵墓石兽的称谓便一直较为多样，关于同一造型的几种称谓往往都有据可依。总的来说，将帝陵前的有角石兽称为麒麟，王侯墓前的无角石兽称为辟邪，是各种不同说法中相对折中的通行意见。

石刻渊源方面。对南朝神道石刻渊源的探讨，主要集中于石兽和石柱。滕固较早以宏大的视角探讨石刻渊源问题。他认为，石柱上半部分的凸棱、石榜和绳索等形制源自本土的木柱传统，下半部分凹棱形态具有希腊柱式风格，柱顶形式与印度阿育王石柱不无关系，是文化融合的产物；陵墓前的有翼石兽已十足中国化，应直接承自汉代，而其渊源是古代亚述地区，也见于

---

① 林树中编著：《南朝陵墓雕刻》。
② 曾布川宽著，傅江译：《六朝帝陵——以石兽和砖画为中心》。
③ 邵磊：《对南朝陵墓神道石刻研究的回顾与反思》，《南京晓庄学院学报》2010年第1期，第15—27页。
④ 杨晓春：《关于南朝陵墓神道石兽的名称问题》，《东南文化》2009年第3期，第71—76页。
⑤ 刘卫鹏：《东汉"天禄"铜镜的发现与探讨》，《文物》2016年第3期，第61—66页。
⑥ 宋震昊：《天禄辟邪新考——从角数规律看南朝帝陵石兽的名称》，《东南文化》2009年第3期，第77—82页。

波斯、希腊、印度、斯基泰和大夏等地艺术。①朱希祖认为中国神话俗语中不乏有翼能飞之兽，此类形象在中国非常古老，但究竟是"吾国固有之遗风，抑外国传来之新范，尚未可遽定者也"②。朱偰将石柱和石兽称为希腊式石柱与亚述式石兽，认为此种作风起自西亚，但也意识到艺术形象的辗转再创造问题，云"故与其谓天禄、辟邪由西域传至中国，毋宁为石兽附翼之作风，……来自西亚之为得也"③。林树中强调应注意南朝陵墓石刻艺术中的源（民族传统）流（外来艺术）关系，认为其远源可上溯到新石器时代，而最直接的来源则是汉代陵墓石刻；神道石柱来源于古代的木楬，并适当吸收希腊、波斯、印度等艺术形式，融化外来艺术形式于民族传统之中。④管玉春认为我国关于翼兽的神话和艺术品早已有之，否定了石兽源自波斯的观点，并认为南朝石柱脱胎于汉代石柱，后受到佛教影响而出现了莲花顶盖。⑤姚迁和古兵不同意神道石柱、有翼石兽源于印度、希腊、波斯的说法，认为其植根于我国固有的艺术传统。⑥杨宽依据李商隐《晋元帝庙》诗中提及麒麟而认为南朝陵墓设置神道石刻承袭了东晋制度⑦，然东晋帝陵不设神道石刻，后经学者论证并已为学界接受⑧。王恺认为南朝陵前石兽并非"舶来品"，而是中国早已存在的艺术造型风格，南朝陵墓石刻的渊源在中国本土。⑨何汉南认为南

---

① 滕固：《六朝陵墓石迹述略》，《六朝陵墓调查报告》。此据南京出版社2010年版。
② 朱希祖：《天禄辟邪考》，《六朝陵墓调查报告》。此据南京出版社2010年版。
③ 朱偰：《建康兰陵六朝陵墓图考》，商务印书馆，1936年。此据中华书局2015年版。
④ 林树中编著：《南朝陵墓雕刻》。
⑤ 管玉春：《试论南京六朝陵墓石刻艺术》，《文物》1981年第8期，第61—65页。
⑥ 姚迁、古兵：《南朝陵墓石刻》。
⑦ 杨宽：《中国古代陵寝制度史》。
⑧ 李蔚然：《东晋帝陵有无石刻考》，《东南文化》1987年第3期，第83—86页。
⑨ 王恺：《南朝陵墓前石刻渊源初探》，《东南文化》1987年第3期，第80—82页。

朝神道石柱源于木作的桓表，是东晋丧葬仪式中"凶门柏历"的缩写。①龚良认为陵墓的有翼石兽，无论在艺术风格，还是在思想意识上，都是中国传统特质的反映。②杨泓认为汉晋南朝的神道石柱形制仿自传统的木表柱，并以战国中山王墓出土的有翼神兽为证，认定南朝陵墓神道石兽完全是中国古文明的结晶。③李零系统梳理了有翼神兽自春秋至汉代的发展演变过程，认为其与西亚、中亚和欧亚草原的艺术有不解之缘，并与中国艺术主题长期共存互动。④沈琍认为中国有翼神兽渊源出本土，最早可上溯到新石器时期带羽翼的兽面纹饰，后不断发展、演变、吸收和借鉴，形成具有本土文化特征的异兽造型。⑤杨晓春认为，南朝陵墓神道石刻从种类组合到风格均沿袭自汉、晋时期的中原地区，并吸收了佛教艺术的一些元素。⑥孙长初认为，石兽艺术形象来自西方，然并非简单照搬，而是经过符合本土审美特征的再创造，是中西经济文化交流及中国传统丧葬礼俗的产物。⑦菊地雅彦通过类型学对比分析，从石兽造型和细部纹饰等诸多方面认定南朝帝陵带角石兽与东汉石兽之间具有明显的承继关系。⑧宋震昊详细比对石兽形态和羽翼纹饰，认为丹阳南朝帝

---

① 何汉南：《南朝陵墓石柱的来历》，《文博》1992年第1期，第36—40页。
② 龚良：《陵墓有翼神兽石刻的发展及其艺术源流》，《华夏考古》1994年第1期，第8页。
③ 杨泓：《丹阳南朝陵墓石刻》，载杨泓、孙机《寻常的精致》，辽宁教育出版社，1996年，第150—157页。
④ 李零：《论中国的有翼神兽》，载刘东主编《中国学术》总第5辑，商务印书馆，2001年，第62—134页。
⑤ 沈琍：《中国有翼神兽渊源问题探讨》，《美术研究》2007年第4期，第59—67页。
⑥ 杨晓春：《南朝陵墓神道石刻渊源研究》，《考古》2006年第8期，第74—82页。
⑦ 孙长初：《六朝石刻辟邪艺术图像的释读》，《东南文化》2008年第2期，第78—81页。
⑧ 菊地雅彦：《南朝石兽与东汉石兽比较研究》，《四川文物》2014年第1期，第23—33页。

陵石兽主要受到南阳地区汉代石兽的影响。①陈轩将石柱分为束竹柱（即凸棱柱）和瓦棱柱（即凹棱柱）两种形态，认为东汉束竹柱源于本土竹木柱传统，而瓦棱柱则受到了西方古典石柱的影响②，为探讨南朝神道石柱的艺术渊源提供了有力借鉴。

关于南朝陵墓神道石刻渊源的探讨，可归纳为两个层面：一是石刻形制渊源，涉及石刻制度、基础形态、种类组合等范畴；二是艺术形象渊源，涉及带翼神兽的形象来源、神道石柱不同构造的文化来源等。南朝陵墓神道石刻应直接承自东汉陵墓制度，石刻的基础形态、种类组合亦成形于东汉，并随着时代发展融合了一些新要素；艺术形象渊源的探讨则更为复杂，带翼神兽形象、凹棱石柱形态应为域外文化因素，然其传播方式、传播路径和艺术形象的融合演变是个很难厘清的复杂问题。

（二）墓主身份研究

现存南朝陵墓神道石刻，刻有墓主信息的石柱、石碑多已散失不存；已发掘的南朝高等级墓葬，均遭严重破坏，大多亦缺少墓主信息。因此，墓主身份研究便成了南朝陵墓研究中的重要议题。朱希祖和朱偰早在20世纪30年代实地调查时，便结合文献记载对石刻归属做了初步判断；此后考古人员在发掘简报中对墓葬时代和墓主身份亦有初步判定。以上两类，不再赘述。现将其他相关研究成果简列如下。

邵玉健认为丹阳吴家村南朝墓墓主为齐东昏侯萧宝卷，金家村南朝墓墓主为齐和帝萧宝融。①王志高曾对南朝陵墓墓主身份开展过系列研究，认为南

---

① 宋震昊：《丹阳地区南朝帝陵石刻的前源——试论汉代有翼石兽对南朝帝陵石兽的影响》，《江苏教育学院学报（社会科学）》，2011年第6期，第81—85页。

② 陈轩：《东汉束竹柱与瓦棱柱的初步研究》，《考古》2019年第5期，第93—101页。

① 邵玉健：《丹阳两座南朝失名陵墓墓主考》，《东南文化》1989年第2期，第171页。

京方旗庙石兽墓主应为归葬江宁通望山祖茔的梁元帝萧绎[①]；南京麒麟铺石兽可能属于宋文帝刘义隆长宁陵[②]；南京狮子冲石兽墓主可能为梁昭明太子萧统，其母丁贵嫔墓葬亦应在狮子冲附近[③]；丹阳三城巷（1）石兽具有明显的萧梁特征，墓主可能是梁武帝萧衍祖父萧道赐夫妇[④]；南京甘家巷"萧恢墓神道石刻"并非属于萧恢墓，而可能是萧憺世子始兴嗣王萧亮墓前列置[⑤]；南京尧化门北家边石刻及其对应的老米荡梁墓墓主，并非学术界普遍认为的梁南平元襄王萧伟，而是梁吴平忠侯萧景及其夫人琅琊王氏[⑥]。杨晓春对墓主研究也颇为关注，最初认为南京麒麟铺石兽可能是一处史书未载位置的陈代帝陵，是陈景帝瑞陵的可能性较大[⑦]，后又否定了这一推测，认为可能是梁代帝陵，或为梁末一度称帝的萧渊明[⑧]；南京石马冲石兽为陈武帝万安陵之说有相当的可能性，狮子冲石兽应为陈文帝永宁陵[⑨]。曾布川宽亦对南朝陵墓墓主做了系列考证推

---

① 王志高、沈宏敏：《南京方旗庙南朝陵墓墓主考》，《江苏地方志》2005年第3期，第47—49页。

② 王志高：《南京麒麟铺南朝陵墓神道石刻墓主新考》，《南京晓庄学院学报》2006年第2期，第39—42页。

③ 王志高：《梁昭明太子陵墓考》，《东南文化》2006年第4期，第41—47页。

④ 王志高：《丹阳三城巷（1）南朝陵墓石兽墓主身份及相关问题考订》，《东南文化》2011年第6期，第64—74页。

⑤ 王志高：《南京甘家巷"梁鄱阳王萧恢墓神道石刻"墓主身份辨正》，《中国国家博物馆馆刊》2015年第12期，第111—118页。

⑥ 王志高：《南京尧化门外北家边南朝陵墓神道石刻墓主身份新证》，《南京晓庄学院学报》2016年第3期，第20—26页。

⑦ 杨晓春：《南京麒麟铺石兽墓主问题的再研究》，《考古》2008年第5期，第59—65页。

⑧ 杨晓春：《南京麒麟铺石兽墓主问题研究补正》，《东南文化》2010年第3期，第63—65页。

⑨ 杨晓春：《略论南京上坊镇石马冲、栖霞山狮子冲两处南朝陵墓石兽遗存的墓主考订问题》，《南方文物》2013年第2期，第49—53页。

论，认为丹阳狮子湾石刻属于齐高帝泰安陵，赵家湾石刻属于齐宣帝永安陵，金家村墓应为齐明帝兴安陵，烂石垅石刻可能属于齐前废帝郁林王萧昭业，水经山石刻可能属于齐后废帝海陵王萧昭文，三城巷（1）石兽可能是梁敬帝陵前之物，南京石马冲石兽非陈武帝万安陵，而应是南齐石刻。①许志强和张学锋利用墓葬发掘资料，结合文献记载，推断南京狮子冲两墓墓主分别为梁昭明太子萧统（M1）及其生母丁贵嫔（M2）。②

（三）墓室壁画研究

砖拼壁画是南朝墓葬中一种极具地域特色和等级标志的墓室装饰方式。此类壁画由数十乃至数百块印有纹饰的画像砖，依照编号指引，按照特定顺序拼砌而成一幅大型图案，制作工艺复杂，拼砌难度极高，等级特征明显。20世纪60年代，考古人员在南京西善桥宫山墓内发现了保存完整的"竹林七贤与荣启期"砖拼壁画，轰动一时；继而又在丹阳金家村、吴家村、仙塘湾和南京罐子山四座南朝帝陵内发现构造复杂的大型砖拼壁画，包括日、月、狮子、武士、羽人戏龙/虎、竹林七贤与荣启期、车马出行等图案内容。2013年，南京狮子冲两墓内均发现了大幅砖拼壁画和大量参与构图的模印画像砖；2016年出版的《南朝真迹——南京新出南朝砖印壁画墓与砖文精选》一书，公布了493块模印画像砖拓片，涵盖墓砖尺寸、刻铭编号、砖侧纹饰等诸多信息，考古资料得到科学公布。③

相隔半个世纪的系列重要发现，激发了学界对这种全新墓室壁画的探讨热情。概括而言，相关探讨主要集中在几个方面：从文献角度论述"竹林七

---

① 曾布川宽著，傅江译：《六朝帝陵——以石兽和砖画为中心》。
② 许志强、张学锋：《南京狮子冲南朝大墓墓主身份的探讨》，《东南文化》2015年第4期，第49—58、127—128页。
③ 南京市博物馆总馆、南京市考古研究所：《南朝真迹——南京新出南朝砖印壁画墓与砖文精选》，江苏凤凰美术出版社，2016年。

贤"和荣启期的生平、思想和社会文化思潮①，对砖拼壁画布局、构图细节、制作方式等问题的综合讨论②，将砖拼壁画砖画置于墓室环境中，探讨其内涵、功能和性质③，关于南朝墓室砖拼壁画的渊源和流变④，南朝砖拼壁画墓墓葬时代和墓主身份的考证⑤；砖画拼砌技术和墓室构图研究⑥；等等。成果蔚为壮观，一时难以穷尽。

---

① 陈直：《对于南京西善桥南朝墓砖刻竹林七贤图的管见》，《文物》1961年第10期，第47—48页；赵超：《从南京出土的南朝竹林七贤壁画谈开去》，《中国典籍与文化》2000年第3期，第4—10页。

② 南京博物院：《试谈"竹林七贤及荣启期"砖印壁画问题》，《文物》1980年第2期，第18—23、36页；林树中：《江苏丹阳南齐陵墓砖印壁画探讨》，《文物》1977年第1期，第64—73页；罗宗真：《六朝考古》第六章《墓砖文字、纹饰和砖印壁画》，南京大学出版社，1994年，第124—142页。

③ 郑岩：《魏晋南北朝壁画墓研究（增订版）》，文物出版社，2016年；韦正：《地下的名士图——论竹林七贤与荣启期墓室壁画的性质》，《民族艺术》2005年第3期，第89—98页；李若晴：《升仙之路：试谈"竹林七贤与荣启期"画像砖的图像内涵》，《美术学报》2006年第1期，第67—72页；王煜：《圣王、高士与神仙：南朝陵墓拼砌砖画的布局与意义》，《故宫博物院院刊》2024年第2期，第106—118、152—153页。

④ 杨泓：《东晋、南朝拼镶砖画的源流及演变》，《文物与考古论文集》，文物出版社，1986年；刘卫鹏：《东晋南朝画像砖的承继与流变》，《厦门大学学报（哲学社会科学版）》2018年第1期，第140—147页。

⑤ 王志高：《简议"竹林七贤"砖印壁画时代及墓主身份》，《中国文物报》1998年12月30日；韦正：《南京西善桥宫山"竹林七贤"壁画墓的时代》，《文物》2005年第4期，第99—111页；王汉：《从壁画看南京西善桥宫山墓的年代》，《东南文化》2018年第2期，第81—91页；王汉：《论丹阳金家村南朝墓竹林七贤壁画的承前启后》，《故宫博物院院刊》2018年第3期，第81—91、160页；赵俊杰、崔雅博：《南朝"竹林七贤与荣启期"砖印壁画墓的年代与等级——以南京石子冈M5与西善桥宫山墓为中心》，《美术研究》2019年第6期，第48—54页。

⑥ 耿朔、杨曼宁：《试论南京石子冈南朝墓出土模印拼镶画像砖的相关问题》，《考古》2019年第4期，第107—120页；左骏、张长东：《模印拼砌砖画与南朝帝陵墓室空间营造——以丹阳鹤仙坳大墓为中心》，《故宫博物院院刊》2019年第7期，第42—57、110页；张今：《南京狮子冲南朝墓出土散砖图像研究：以卤簿画像为切入点》，《东南文化》2020年第2期，第96—107页。

五、小结

综上所述，学界对南朝陵墓的关注起步较早，经过百余年耕耘，南朝陵墓考古发掘与研究工作取得了丰厚成果。主要表现在：南朝陵墓分布状况以及地下墓葬、神道石刻、陵园构成等整体轮廓基本清晰；六朝墓葬分型分期框架基本形成，为南朝陵墓时代判断和等级划分提供了重要参考；许多未有明确文字资料的南朝陵墓墓主身份和墓葬时代得到合理推定；南朝陵墓研究的外延不断拓展，来自考古学、历史学、美术史学等学科力量纷纷对相关问题展开讨论，墓室壁画、神道石刻等专题研究不断拓展、深化等等。

在成果丰硕的同时，南朝陵墓发现与研究仍存在一些不足之处。首先，研究方法存在一定限制。部分南朝陵墓石刻墓主考证仍停留在文献史学与传统金石学阶段，讨论的切入点依然是地志所载方位道里及石兽的外在视觉印象，难以有所突破。其次，研究成果分布不均衡。神道石刻、墓室壁画、墓主考证等专题研究成果较多，但综合论著较少，且综合论著多停留在资料梳理层面，缺少将南朝陵墓置入南朝历史演进以及汉唐陵墓制度变迁视野中的宏观观察。再者，整体关注程度有限。与同时期的北朝陵墓和前后段的汉唐陵墓相比，南朝陵墓的发现与研究明显更为单薄，整体面貌不够清晰，相关研究也不够深入。

研究尚不够全面、深入，原因是多方面的，最根本仍在于资料的限制。南朝陵墓中墓主身份和时代明确的墓葬寥寥无几，大多需要间接地类比推定；已发掘南朝大型墓葬几乎均遭严重盗扰，墓葬形制扰乱破坏，随葬品残缺不全，文物信息存在明显缺陷。此外，研究方法和关注视野的缺失也是原因之一。南朝陵墓作为历史时期考古对象，在利用考古资料、以考古学方法为前提下，必须重视与历史学、美术史的交叉融合，方能将研究推向深入。

　　以上为南朝陵墓考古发现与相关研究的梳理归纳，管见所及，难免挂一漏万，谨列于此，以期抛砖引玉之效。

魏晋北朝农牧交错带研究综述
——以陕北至内蒙古中部为中心

陈 阳

农牧交错带是游牧与农耕之间的过渡区域，也是两种文明的交汇区。我国北部边疆地带基本都属于传统游牧区，东起大兴安岭，西至河湟地区，按照植被环境和游牧方式的不同又可划分为更小的区域，中部的内蒙古地区属于草原游牧地带，从内蒙古中部向南至陕西北部则属于中国北方农牧交错带的一部分。此区域含有黄土高原和鄂尔多斯高原两个地理单元，植被有落叶林、草原和荒漠，从战国开始，这里便是中原农耕政权和北方游牧政权的交界带，是双方攻防的重点区域，因此本文选择该区域作为观察中国北方农牧交错带的窗口。

农牧交错带生态环境复杂多样，对其进行观察和研究也有很多不同的视角。简单来说，学界对中国北部地区的研究有两种路径和取向：一种是将中国北部放入更大的欧亚游牧世界，将之作为其中的一部分来观察，研究偏向人类学；另一种则是以中原王朝为中心，将之作为中国边疆史叙述中的一部分，研究更偏历史地理和制度史。前者以《中国的亚洲内陆边疆》《危险的边疆》等著作为代表，把从东向西整个地带作为具有独立意义的地理单元来考察，进一步将边疆地带分为东北、蒙古、新疆、西藏四个不同的部分，将每个地区的环境、社会、经济、政治等结合，整本书从史前跨至明清，但是针对每个地区又选择了不同的时段，例如对于蒙古地区，则以战国至秦汉即匈奴活跃时期为论述时段。①后者则以顾颉刚、史念海的《中国疆域沿革史》②为代表，考证不同朝代的边疆界线，分别叙述各个朝代对边疆的政治、军事、民族政策等。③近年来，王明珂的《华夏边缘：历史记忆与族群认同》《游牧者的抉择：面对汉帝国的北亚游牧部族》等著作结合了人类学和历史学方法，强调从边缘本身出发。④总体而言，这些对中国北部地区的综合研究更偏理论思考，关于历史过程的论述较少，在研究对象上，也以游牧人群为中心。

对于农牧交错带的研究，存在两种观察视角，从草原看，注定了以几个突出的政治体如匈奴、鲜卑、突厥、蒙古等为中心和视角，而在这个序列中，魏晋北朝时期的内蒙古中部是被一带而过的，因为在对于鲜卑的考察中，东北及内蒙古东部是重点。从中原看，曹魏和西晋时陕北至内蒙古基本不属于中原政权的有效控制区，经历了十六国的混战进入北朝后，这里也不属于核

---

① 此处只是列举两本在国内影响较大的著作略作说明，关于西方学界对中国北部地区研究的评论可参看姚大力：《西方中国研究的"边疆范式"：一篇书目式述评》，《文汇报》2007年5月7日第6版。

② 顾颉刚、史念海：《中国疆域沿革史》，商务印书馆，2015年。该书应初版于1938年。

③ 中国的疆域沿革从清代开始就是学者关注的重点，清代出现了一批考证历朝历代疆域的著作，如洪亮吉的诸种作品。在清末，更是出现了高潮，参看梁启超著，夏晓虹、陆胤校：《中国近三百年学术史（新校本）》，商务印书馆，2011年。近代在顾颉刚之前的著作有葛绥成《中国边疆沿革考》（1926年），后继者更多，但是方法和思路基本是相同的，故此处只举一例作为代表。

④ 王明珂：《华夏边缘：历史记忆与族群认同》，上海人民出版社。该书初版于1997年，允晨文化。《游牧者的抉择：面对汉帝国的北亚游牧部族》，上海人民出版社，2018年。该书初版于2008年，广西师范大学出版社。

心区域，相比之下，平城所在的山西北部得到了更多的关注。因此，从区域史的角度反观，关于魏晋南北朝时期内蒙古中部至陕北一带的研究很少，专门的研究几乎没有。然而魏晋北朝史关注的核心问题，又似乎都与这一区域关系密切，例如各种族群的迁徙与融合、胡化与汉化、赫连夏和统万镇等。笔者尝试将以往不同理路的学术研究置于区域史的视角下做初步的整理，以期对推进这一区域的研究和认识有所助益。由于学力和视野所限，梳理的过程中难免挂一漏万，祈请见谅。

一、民族[①]迁徙与融合

陕北至内蒙古中部区域是草原游牧民族南下进入中原的重要通道，也是不同人群往来于东北和西南、西北的必经区域，而魏晋南北朝时代最大的特征之一便是迁徙和流动，此时该区域内人群流动性强且成分复杂，迁入的各种人群由于彼此影响和生态环境的限制，又会重新组合，或新生，或消解。

本区域的人群涉及的主要问题有南匈奴的内迁和流散、氐羌的迁入等，而这些从两汉时期便已开始了，魏晋十六国时只是在续演，各种民族进入后，乃是不同民族之间的融合与竞争。

作为秦汉时期活跃在蒙古高原的游牧人群，匈奴建立了强大的政权，又在公元前54年分裂为南、北匈奴，从此以后，居于漠南草原的南匈奴便与两汉王朝发生了密切的联系。伴随着汉匈战争的发展以及南匈奴的分裂，匈奴

[①] 近年来，学界对"民族"的指称和使用进行了诸多讨论和反思，加之政治体、文化和心理认同等新研究视角进行拓展，认为经典的民族定义可能并不符合我国古代的历史事实，遮盖了更加复杂的历史面相，因此开始更多地使用"族群"等概念。笔者这里使用"民族"一词，主要因为近代以来，前辈的著作中多用"民族"，本篇是一份小的研究综述，沿用原语语表达更方便，且能反映原有研究的背景和语境。

也逐步入居塞内，在这个过程中，有部分匈奴便流入了陕北至内蒙古中部。关于匈奴的研究很多，通论性的便有林幹《匈奴通史》①和内田吟风《北アジア史研究——匈奴篇》②，都有部分关于南匈奴入塞后的论述。和农牧交错带人群直接相关，且贯通式研究南匈奴的解体、流散直至十六国北朝时的屠各问题的著作是马长寿的《北狄与匈奴》③，书中第二章第二、三节按时间顺序叙述了匈奴和两汉之间的重要事件，第四、五章以入塞匈奴的活动为线索，将时间线从建武二十五年（50）匈奴入居缘边八郡拉至北朝末年，以阶级分析的方法论述了匈奴入居之后的情况和十六国时期与匈奴有关的民族运动，其中的关键人物包括石勒、刘渊、冉闵等；另外一个论述的重点便是北朝时期活跃于黄河两岸的稽胡。黄烈《中国古代民族史研究》上编第三章《南匈奴的变化和消失》和下编第二章《〈徙戎论〉与关中氐羌和并州匈奴》论述了从西汉后期至汉赵国的建立、南匈奴在政治结构和社会状况等方面的变化。④

除了匈奴的迁入和流散，进入陕北至内蒙古一带的还有羌、乌桓、鲜卑

---

① 林幹：《匈奴通史》，人民出版社，2022 年，第 71—111 页。此书初版于 1986 年，人民出版社。

② 内田吟风：《北アジア史研究——匈奴篇》，京都：同朋舍，1975 年。

③ 马长寿：《北狄与匈奴・突厥人和突厥汗国》，崇文书局，2022 年，此为合订本。据陕西师范大学西北民族研究中心编"中国古代北方民族史丛书"（广西师范大学出版社，2006 年）总序所言，马长寿的几本著作都写作于二十世纪五六十年代。

④ 黄烈：《中国古代民族史研究》，人民出版社，1987 年，第 161—219、351—376 页。关于汉赵政权与匈奴的关系以及并州匈奴的情况，可参看陈勇：《汉赵史论稿——匈奴屠各建国的政治考察》，商务印书馆，2009 年；周伟洲《汉赵国史》，广西师范大学出版社，2006 年，2019 年社会科学文献出版社再版；聂溦萌：《从"匈奴五部之众"到"五部领屠各"——汉赵族群演变的考察》，载北京大学中国古代史研究中心、《中国中古史研究：中国中古史青年学者联谊会会刊》编委会编《中国中古史研究》第 3 卷，中华书局，2013 年，第 145—164 页。同样，因为氐人苻氏建立了前秦政权，所以关于前秦的研究一般也会涉及一些氐人的情况，例如蒋福亚《前秦史》，北京师范大学出版社，1993 年，2020 年社会科学文献出版社再版。

等，相比之下，乌桓和鲜卑的时间应该稍晚。马长寿《氐与羌》①第二、三章论述了氐族和羌族从西北向内地的迁徙以及魏晋北朝时羌人的活动。东汉时期羌人活动频繁，东汉的灭亡也和羌乱有很大的关系。②鲜卑曾一度在东汉末期形成了以檀石槐为首领的军事政治结合体，所领东起辽东、西至敦煌、南接汉边、北邻敕勒，檀石槐联盟划分为东、中、西三部，西部为上谷以西至敦煌，陕北至内蒙古一带则属于西部。

不过，檀石槐联盟持续了20年左右便分崩离析了，可想而知，其所统的鲜卑也会四散。前引黄烈著作的上编第四章《乌桓和东部鲜卑的社会结构和社会性质》便详细论述了鲜卑的先世及其与乌桓以及汉魏政府的关系。③田余庆《代北地区拓跋与乌桓的共生关系》讨论了魏晋以来拓跋鲜卑和乌桓的动向以及彼此的关系，其中第十节"朔方局势与前秦灭燕、灭代"和该区域关系密切。④《宇文氏东迁时间及与拓跋鲜卑的关系》⑤一文利用北周宇文宪神道碑，考察了宇文氏和拓跋鲜卑、慕容鲜卑的关系，认为宇文部在西晋太康初期东迁进入辽西以前，曾长期与拓跋部共居于内蒙古阴山草原地区，为其隶属下的部落。还有一个重要的民族便是"胡父鲜卑母"的铁弗，因为铁弗后来建立了大夏，所以对铁弗的研究又和大夏国的研究息息相关，吴洪琳《赫

---

① 马长寿：《氐与羌》，崇文书局，2022年。
② 谢伟杰从政治地理和西北边地的角度论述了东汉的崩溃，参看谢伟杰著，刘子钧译：《东汉的崩溃——西北边陲于帝国之边缘》，东方出版中心，2023年。
③ 黄烈：《中国古代民族史研究》，第220—271页。
④ 田余庆：《拓跋史探》，生活·读书·新知三联书店，2019年，第99—201页。该书初版于2003年，生活·读书·新知三联书店。
⑤ 李海叶、陈长琦：《宇文氏东迁时间及与拓跋鲜卑的关系》，《文史哲》2016年第3期，第151—155页。关于宇文部的问题，还可参看温拓：《多重层累历史与双重正统建构：宇文部、北周与契丹先世史叙述的考察》，《民族研究》2020年第2期，第119—131、144页。

连夏国史》①第一、二章和胡玉春《大夏国史研究》②第二、三章都对铁弗的形成和早期活动做了论述。

以族属为分类、单一民族为研究对象的论述之外，关于魏晋北朝"杂胡"的考论本质也是关于民族溯源、迁徙和融合的讨论，学者研究对象或者说名称的转变，也正表明了魏晋北朝民族史纷繁复杂的特点。最具代表性的论著便是唐长孺《魏晋杂胡考》，其论述了和匈奴有关各部的分合关系，包括屠各、卢水胡、羯胡、乌丸、乞伏、稽胡。③周一良《北朝的民族问题与民族政策》中的下部"北朝之少数民族问题"考察了北朝境内的"四种胡"和羌、氐、巴、僚等。④"四种胡"之一便是"山胡"，就是活跃在黄河两岸的胡，也被称为"稽胡"，除了前文已经提到马长寿关于稽胡的研究，还有唐长孺《北魏末期的山胡敕勒起义》⑤。"山胡"是比较笼统的称呼，进一步细分的话，黄河以东、汾水以西的也被称为"汾胡""离石胡""吐京胡"等，这可能和魏晋时期的匈奴五部有关；黄河以西的也被称为"河西胡"，成

---

① 吴洪琳：《赫连夏国史》，社会科学文献出版社，2024年。此书基于作者的博士学位论文《大夏国史》（陕西师范大学，2005年）。《铁弗匈奴与夏国史研究》，中国社会科学出版社，2011年，后纳入周伟洲主编"十六国史新编"，名为《赫连夏国史》。
② 胡玉春：《大夏国史研究》，内蒙古大学出版社，2016年。此书基于作者的博士学位论文《大夏国史研究》（内蒙古大学，2008年）。关于铁弗与拓跋的关系，还可参看李文才、周永新：《赫连氏先世行迹考述：以铁弗刘氏与拓跋鲜卑之关系为中心》，《南京晓庄学院学报》2013年第4期，第23—29页。
③ 唐长孺：《魏晋杂胡考》，《魏晋南北朝史论丛》，《唐长孺文集》（一），中华书局，2011年，第369—435页。按《论丛》跋语，所收文章多作于1949年之前，也有1955年之前三四年所作。
④ 周一良：《北朝的民族问题与民族政策》，《魏晋南北朝史论集》，商务印书馆，2020年，第146—220页。该篇原载于《燕京学报》1950年第39期，第61—130页。
⑤ 唐长孺：《北魏末期的山胡敕勒起义》，《山居存稿》，《唐长孺文集》（三），第62—99页。该篇原名为《北魏末期的山胡敕勒起义——北魏末期人民大起义研究之二》，载于《武汉大学学报》1964年第4期，第60—78页。

分则更为复杂，和前述的匈奴、氐羌等可能都有关系。这些多样的称呼在《周书》里被统一为"稽胡"。①陈琳国《中古北方民族史探》②一书从匈奴南迁和杂胡化开始，至十六国时期的民族分布结束，同时论及了羌人、乌桓、鲜卑。此外，田余庆在晚年有一些关于杂胡化的零散思考，笔记也即将刊布。③鲁西奇在《观念与制度：魏晋十六国时期的"杂胡"与"杂户"》④一文中考证了"杂胡""杂户"的含义，并进一步论述了中古早期的人群分划问题。

马长寿在《碑铭所见前秦至隋初的关中部族》⑤中利用收集到的25种碑刻和造像记详细地讨论了十六国至隋关中的少数部族的分布以及前后的变化。虽然书中的区域基本在今延安以南，但提供了方法论上的参考，而且因涉及这些部族的来源和迁徙，所以也会关涉更北的区域。在这些早期的奠基之作后，民族关系在我国学界一直是备受关注的话题，兹不备举，仅列一例说明。周伟洲的《中国中世西北民族关系研究》分为上、下两编，上编为魏晋南北朝时期，下编为隋唐时期。上编论述了东汉、曹魏和西晋、北朝对西北诸族的统治，十六国西北诸政权的建立及相互关系，最后论证了西

---

① 刘莹：《北朝稽胡的"统一"》（载叶炜主编《唐研究》第26卷，北京大学出版社，2021年，第119—150页）论述的便是这个问题。还可参看北村一仁：《「山胡」世界の形成とその背景——後漢末-北朝期における黄河東西岸地域社会について》，《東洋史苑》第77号，龙谷大学东洋史学研究会，2011年，第1—38页；滝川正博：《北周における「稽胡」の創設》，《史観》第160册，2009年，第37—56页。

② 陈琳国：《中古北方民族史探》，商务印书馆，2010年，第1—307页。

③ 田余庆：《关于杂胡化的思考》，《璞玉编：田余庆先生文稿拾遗》，中华书局，2025年，也可见"北京大学中国古代史研究中心"微信公众平台2024年12月16日的推文。

④ 鲁西奇：《观念与制度：魏晋十六国时期的"杂胡"与"杂户"》，《思想战线》2018年第4期，第35—49页。

⑤ 马长寿：《碑铭所见前秦至隋初的关中部族》，广西师范大学出版社，2006年。该书初版于1985年，中华书局。

北民族的经济文化交流和融合。其中，十六国时期的讨论所占篇幅最多。在讨论北朝三个政权对西北诸族的政策和管理时，也论述了柔然、突厥等民族的活动和兴衰。①

以上是对于活动在此农牧交错带人群的研究简述，与之相伴相生的问题则是不同政权对他们的管理，也就是在该区域的行政制度和采取的控制措施。因为史料的有限性，前辈学者对材料的分析与利用几乎都是穷尽式的，前引诸作中多少都涉及人群的组织和不同政权对其态度与政策，所以下文仅以护军制和军镇、州等地方行政制度为切口，简述不同政权对该区域的控制。

二、行政制度与区域控制

曹魏和西晋时期，从中原政权的角度来讲，陕北至内蒙古基本不在其有效控制下，谈不上关于此区域的行政制度；从草原政权或者当地人群的角度来看，史料稀薄到略等于无，仅有的史料和相关分析，上节所述关于人群的研究中几乎都涉及了。十六国时期前秦短暂地统一了北方，将此区域纳入版图。前秦崩溃后，赫连勃勃建立大夏，此农牧交错区域成为大夏都城所在的核心区域。北魏灭夏之后，在此设立统万镇，后改为夏州。

前秦在陕北地区唯一可知的郡便是长城郡，治长城（今洛川县西北）。另有五原郡，可能在今天的内蒙古中部、两汉五原郡附近，具体的治所和辖地都不可考。另外和北部相关的便是云中护军，但是治所和辖区也不明，《晋书·苻坚载记上》记载"时匈奴左贤王卫辰遣使降于坚，遂请田内地，坚许之。云中护军贾雍遣其司马徐斌率骑袭之，因纵兵掠夺。坚怒……免雍官，以白衣领护军，遣使修和，示之信义。辰于是入居塞内，贡献相寻"②。以刘卫

---

① 周伟洲：《中国中世西北民族关系研究》，广西师范大学出版社，2007年。
② 《晋书》卷一百一十三《苻坚载记上》，中华书局，1974年，第2287页。

辰率所领入塞种田和云中护军司马徐斌袭击卫辰来看，云中护军应该设在这个区域。护军制和军镇制都属于十六国北朝比较特殊的制度，《中国行政区划通史·十六国北朝卷》①的附编有关于两者的研究，对前辈学者已有的研究成果收集得比较全面，此处不再赘述。简单来说，地方护军制度始于曹魏，有实际辖区，具有军事管制性质，有些护军集军、政于一身，兼领刺史或郡守。护军主要设置于少数民族聚居地，对其实施监护、统治。如上节所述，前秦时期该区域内分布着各种杂胡，成分复杂，符合护军设置的一般原则。

赫连勃勃建立大夏后，修建统万城为都，《晋书·地理志》载："置幽州牧于大城，又平刘义真于长安，遣子璝镇焉，号曰'南台'。以朔州牧镇三城，秦州刺史镇杏城，雍州刺史镇阴密，并州刺史镇蒲坂，梁州牧镇安定，北秦州刺史镇武功，豫州牧镇李闰，荆州刺史镇陕，其州郡之名并不可知也。"②似乎是陕北至内蒙古地区主要分为朔州和幽州。那州一级之下，是否还有郡县或者其他更细致的划分？对此学界存在两种意见，从洪亮吉开始，多数学者认为夏不置郡县，洪氏指出赫连夏是以州统城③，但是吴洪琳认为按照《晋志》所载，赫连夏有州一级行政区划，置州牧或刺史，并据《通鉴》中"弘农太守"、田玚墓志所载"北地尹"和《赫连勃勃载记》提到了"守宰"，认为赫连夏实行过郡县二级行政区划。④

---

① 牟发松、毋有江、魏俊杰：《中国行政区划通史·十六国北朝卷》（下），复旦大学出版社，2019年，第1085—1178页。关于十六国部分的补考参看魏军刚：《出土文献与十六国政区补考》，《历史地理研究》2022年第4期，第1—19、150页。

② 《晋书》卷十四《地理志上》，第432页。

③ 洪亮吉：《十六国疆域志》卷十六《夏国》，载二十五史刊行委员编《二十五史补编》，中华书局，第4206页。还有学者更进一步认为赫连夏的"州"是徒具空名，参看牟发松《十六国时期地方行政机构的军镇化》（《晋阳学刊》1985年第6期，第39—47页）和前引《中国行政区划通史·十六国北朝卷》（下）关于赫连夏军镇的论述（第1121—1124页）。

④ 吴洪琳：《赫连夏国史》，第207—216页。

北魏灭赫连夏之后，于始光四年（427）设置了统万镇，又于太和十一年（487）置夏州，与镇同治，大约太和十三年（489）以后废镇，延昌二年（513）又析分出了东夏州。①对于北魏军镇的研究基本都集中在六镇②，相比之下，关于统万镇的研究较少。进入西魏北周，该地的行政区划愈发细密，有夏州、延州、银州等州，具体研究见王仲荦《北周地理志》③和《中国行政区划通史·十六国北朝卷》（下）。除了地方行政制度，因为统万城经过了考古发掘，所以关于统万城还有很多考古方面资料与研究，《赫连夏国史》第六章《附论》和《大夏国史研究》第九章《大夏的文化及遗存》都有相关论述。此处仅介绍两种较新的文集《统万城建城一千六百年国际学术研讨会论文集》④和《五至十五世纪统万城夏州城考古发现与研究》，其中有些资料属于首次公布。⑤

三、结语

上述主要以区域内的人群流动和国家对区域控制为线索，对陕北至内蒙古中部农牧交错带的相关研究做了粗疏整理。伴随着游牧民族的内迁和人群的流动与融合，区域内的人群生计和经济方式自然也会有所变化。经济对于

---

① 关于北魏灭夏之后的政区设置参看毋有江：《道武帝之后北魏在新占地区的政区设置》，《中国史研究》2010年第3期，第75—88页。
② 参看佐川英治著，付晨晨译：《北魏六镇史研究》，载《中国中古史研究》编委会编《中国中古史研究：中国中古史青年学者联谊会会刊》第5卷，中西书局，2015年，第55—128页。
③ 王仲荦：《北周地理志》，中华书局，1980年。
④ 侯勇坚等编：《统万城建城一千六百年国际学术研讨会论文集》，陕西师范大学出版社，2015年。
⑤ 邢福来、侯勇坚主编：《五至十五世纪统万城夏州城考古发现与研究》，三秦出版社，2022年。

理解一个区域的发展和面貌至关重要，但是受限于史料，魏晋南北朝时期的相关研究并不多，前引有关赫连夏的两本著作中都有关于经济的部分，还有蒋福亚《魏晋南北朝社会经济史》[①]也有部分论及。此处再举几篇：市来弘志《赫連勃勃の領土拡大過程について》[②]从赫连勃勃花了很长时间才进入农耕地带这一点，说明了大夏政权强烈的游牧民族性格；他在《五胡十六国·北魏の牧畜——特集環境から考える東アジア農業—歴史的展開と現在》[③]一文中认为，由于气候趋于寒冷，华北成为农业畜牧交错的地区，因此，游牧民的人口在人口比例中大大增加了。此外，相关研究还有松下宪一《四至六世纪河套游牧民的活动》[④]和王利华《中古时期北方地区畜牧业的变动》[⑤]。

　　总体而言，对陕北至内蒙古中部这片农牧交错带在魏晋北朝时期的面貌和历史过程，我们的了解还是很有限的。前田正名的《平城历史地理学研究》[⑥]和《陕西横山历史地理学研究：10—11世纪鄂尔多斯南缘白于山区的历史地理学研究》[⑦]都是关于农牧交错带的深入综合研究，前者展现了同时期的山西北部的面貌，而后者则展示了同地域靠后时段的面貌。

[①] 蒋福亚：《魏晋南北朝社会经济史》，天津古籍出版社，2005年。
[②] 市来弘志：《赫連勃勃の領土拡大過程について》，载《东洋文化研究》第1卷，学习院大学东洋文化研究，1999年，第33—55页。
[③] 市来弘志：《五胡十六国·北魏の牧畜——特集環境から考える東アジア農業—歴史的展開と現在》，《日中文化研究》第14号，1999年，东京：勉诚出版，第36—43页。
[④] 松下宪一：《四至六世纪河套游牧民的活动》，载侯勇坚等编《统万城建城一千六百年国际学术研讨会论文集》，第250—258页。
[⑤] 王利华：《中古时期北方地区畜牧业的变动》，《历史研究》2001年第4期，第33—47页。
[⑥] 前田正名著，李凭、孙耀、孙蕾译：《平城历史地理学研究》，上海古籍出版社，2012年。
[⑦] 前田正名著，杨蕤、尹燕燕译：《陕西横山历史地理学研究：10—11世纪鄂尔多斯南缘白于山区的历史地理学研究》，中国社会科学出版社，2018年。

然而关于陕北至内蒙古中部这片区域,我们并没有类似的、较为完整的认知。首先,根据前辈学者的论述,我们知道了大概哪些人可能活跃在这个区域,但是不同人群之间的关系如何,又是按照什么样的标准和方式区分人群?因为显然被称作"羌"或"匈奴"的人并不是一成不变的。学界已经在反思族源和迁徙研究,总结性的论述和个案可参看罗新《从民族的起源研究转向族群的认同考察——民族史族源研究的新发展》《匈奴:故事还是历史》《从于都斤山到伊斯坦布尔——突厥记忆的遗失与重建》。① 其次,在魏晋时期"没于羌胡"的地区如何重新融入隋唐统一国家的版图,区域内的人群发生了什么具体的变化,是原有部落组织的离散?② 最后,农牧交错地带不属于游牧政权的中心地带,处于其向农耕地区扩展的边缘,也不属于农耕区的核心。对于中国北方农牧交错带的认识还是要从区域本身出发,考察具体的历史过程。③

期待研究者在方法和视角上的转换,重新激活旧史料或者构建新的叙述逻辑,在未来能给我们展现中国北方农牧交错带更丰富和灵动的面貌。

---

① 第一篇收入罗新:《王化与山险:中古边裔论集》,北京大学出版社,第157—169;后两篇均收入罗新:《有所不为的反叛者:批判、怀疑与想象力》,上海三联书店,2019年,第115—158页。

② 关于北魏部落离散的研究可参看田余庆《拓跋史探》中对贺兰和独孤部落离散的论述;侯旭东《〈大代持节豳州刺史山公寺碑〉所见史事考》《北魏对待境内胡族的政策——从〈大代持节豳州刺史山公寺碑〉说起》,两文载氏著《近观中古史:侯旭东自选集》,中西书局,2015年,第209—247页。

③ 关于魏晋南北朝民族史研究的展望参看胡鸿:《魏晋南北朝民族史研究的可能性》,《文史哲》2020年第6期,第87—90页。

【第三部分】

会议综述

新材料·新命题·新视野
——第六届吐鲁番学国际学术研讨会"出土文献"组的总结发言

张荣强

尊敬的各位师友,感谢会议主办方给我一个为大家服务的机会。其实我心里想的是,会务方可能知道我是第一次到新疆来,担心我找各种时机溜会,就给我安排了繁重的小组总结任务。现在我受命对出土文献组的讨论情况做一简要汇报。我们知道,吐鲁番文书的发现、流布、整理、研究,与敦煌文书一体,极大程度地扩充了我们对历史的认知,不断加深着我们对中国古代史、中外交流史、区域社会史,尤其是魏晋隋唐这段历史的理解。吐鲁番文书内涵丰富,涵盖了政治法制、经济社会、文化交流、中外交通、思想宗教等各个方面。下面我从四个方面对本小组的论文进行介绍。为了节省时间,下面提到各位学者时不再加"先生"此类敬称,请谅解。

本组第一个方面是敦煌吐鲁番文书基础性整理与研究。胡晓丹关注新近整理的国家博物馆藏黄文弼收集的吐鲁番文书摩尼文残片,以此为切入点讨论了黄文弼文书与德藏吐鲁番文书的关系。毕丽兰对德国柏林所藏吐鲁番档案的研究和数字化工作做了介绍。吕博关注新近出土的克亚克库都克烽燧出土文书,结合以往所出相关文书做了进一步讨论。陈丽萍、杨宝玉、王湛、孙丽萍关注的是敦煌文书,其中陈丽萍对张大千旧藏敦煌文献的收藏著录情况做了详细梳理;杨宝玉对法藏敦煌文书P.3952、P.4072(3)做了复原整理及研究,认为这份文书是特殊时期度牒的代用品;王湛对国家博物馆藏马其昶旧藏敦煌写经的题跋情况做了详细介绍;孙丽萍对国博所藏三件唐伊州"转运坊"文书做了重新释读和整理。总的来看,这些研究涉及的文书,来自国内与国外、出自旧藏与新获,珍品众多,提供了很多宝贵资料,充分展现出敦煌吐鲁番文书蓬勃旺盛的发展前景。

二是对传统的政治法制、基层行政管理层面的讨论。吐鲁番文书是研究晋唐时代政治法制、基层行政管理等问题不可或缺的资料,其以鲜活生动的历史细节,展现出历史的复杂面貌。杨荣春聚焦北凉时代的法制问题,指出北凉法制多方面的特点,尤其是对晋代律令的继承;秦丙坤对敦煌邈真赞所见晚唐五代世俗职官做了系统整理研究;本人对西魏大统十三年(547)文书、武周载初元年(689)西州高昌宁和才手实做了讨论;王旭升以《唐神龙三年高昌县崇化乡点籍样》为中心,认为这件点籍样是神龙二年(706)西州括户运动的结果;刘子凡对新近刊布的吐鲁番出土《唐怀洛辞为请公验事》做了考释,认为这一文书为了解唐代捕亡类公验的用途提供了新证据;沈国光对《日本宁乐美术馆藏吐鲁番文书》第4号文书做了研究,认为这一文书展现的府兵番上制度,在开元时期已呈现出色役化趋势;董永强结合出土墓志和文书,对以张氏为代表的唐代西州地方大族做了研究,揭示了他们从高昌国到唐初的历史地位和作用。

三是对典籍文化与中外经济文化交流方面的研究。以敦煌、吐鲁番为代表的西域地处丝绸之路要冲,是中华文化、西域文化、西亚欧洲文化等多元文化交融荟萃之地。在这一地区,我们既可以看到中华文化全面广泛深刻的影响,也可以看到多元文化互动下的浓郁地方特色。郑阿财长期关注蒙书研究,此次报告的论文对晋唐时期吐鲁番地区流传的蒙书做了全面梳理;许建平和韩宇娇分别对吐鲁番出土的《论语》《诗经》写本展开讨论；王启涛从语言文字学和民俗学角度，对吐鲁番文献中的贱名和佳名反映的问题展开论考；黄锦前对吐鲁番出土晋写本"潘岳书札"做了辨析，推测作者为张岳而非潘岳，这件东晋写本反映了当时中原和西域的文化交流；裴成国对两汉魏晋南北朝丝路贸易的形态变化与西域经济的发展做了研究，着重指出了西域绿洲经济的重要历史地位；黄楼从文字流变的角度关注西域文书所见与棉花、棉布有关的词汇，展现出晋唐时期西域种植棉花与生产棉布的悠久历史；刘屹围绕《洛阳伽蓝记》"宋云行记"中两处错简展开讨论，揭示出历史细节的重要价值。

四是关于思想信仰宗教方面的认识。孟宪实讨论了唐代西域官寺及其功能，特别聚焦于阗某寺院支出簿所涉及的边疆驻军与官寺佛教的互动关系；赵洋对旅顺博物馆藏新疆出土的两件《法苑珠林》残片，结合吐鲁番所出《法苑珠林》残片做了分析；余欣对上海图书馆、金泽文库所藏《卜筮书》写本做了缀合、校录和考释，并探讨隋唐之际式占知识谱系的源流、构造及其实践；游自勇对吐鲁番所出解梦书重新写了释文，并结合敦煌写本解梦书做了讨论；潘攀对吐鲁番阿斯塔那-哈拉和卓晋唐墓葬出土"衣物疏"在汉晋唐丧葬活动中的流变做了研究，揭示其背后反映的时人生死观、丧葬观、宗教观的变化问题。这些研究，展现出吐鲁番社会宗教信仰与思想观念的多元复杂层面。

通过以上四个方面的梳理，可以清楚展示出吐鲁番文书在中国古代史、中外交流史以及区域社会史研究中的重要学术价值和意义。

这里，我想再谈一点儿个人体会。我们组是出土文献组，这一研究领域面对的一个重要也老生常谈的问题，就是如何理解出土文献的价值及其与传世典籍的关系。我们以往特别强调出土文献的证史、补史作用。这一组提交的大部分论文，包括我本人的，都属于这种类型。近些年，随着秦汉魏晋简牍、北朝隋唐石刻、吐鲁番纸质文书的井喷式出土，学界利用这些资料倡议创立了一些新的学科，如吐鲁番学、简牍学、石刻学、公文书学等，也开辟出了许多新的研究领域。以我们出土文献组为例，学者对吐鲁番地区的蒙学、宗教信仰、"衣物疏"等问题的研究大致都属于此类。但我总觉得还缺少一点儿什么。如果说第一类研究，也就是出土文献的补史、证史，关注的不过是出土文献的辅助作用；第二类也似乎给人一种放弃历史研究主战场的假象。我这里特别声明这是假象，事实并非如此。现在出土材料层出不穷，但好像没有充分展开与有关传世典籍研究平等的对话，既缺少提出属于我们这个时代的重要命题，也缺乏对以往一些基本命题做出应有回应。

就前一点而言，昨天下午王素先生在主持完我们组第一场报告后的讨论中有所涉及。汉魏之际发生了很大变化，有学者认为是社会性质的变化，有学者认为是同一社会性质内部阶段性变化，并从政治、经济、思想文化方面做了大量说明。但这一阶段在物质方面最明显的变化，就是简纸更替，而这种变化不限于书写载体，而是对国家行政运作体制、管控民众的手段以及方式、民众的知识世界等方方面面都产生了重要影响。我们只要看到现在电子媒介代替纸媒带来的冲击就能强烈意识到这一点。当然这个问题说起来容易，实际操作起来难度很大。我曾撰写《简纸更替与中国古代基层统治重心的上移》[①]一文，现在看起来仍存在不少问题。但简纸更替及其社会变革的问题值得我们下大力气研究。

关于后一点，我们缺乏基于出土文献的对以往一些经典命题的回应。传统史籍与出土文献是历史研究的两大基石，它们之间有密切的关系，同时也必须认识到二者的性质及研究指向有很大不同。我们甚至不妨将它们理解为认识过去世界的两种工具。这次有许多科技考古学者参会，我想大家熟知霍金的一个假说，他在《大设计》中的第三章《何为真实》提到"金鱼物理学"理论。金鱼透过椭圆形的鱼缸玻璃观察外面的世界，它们归纳观察到的现象并建立起的一些物理学定律，将和我们人类现今的物理学定律有很大不同。他这种"依赖模型的实在论"，在科学家中产生很大争议，不过，确实可以

[①] 张荣强：《简纸更替与中国古代基层统治重心的上移》，《中国社会科学》2019年第9期，第180—203、208页。

引发我们的思考。长期以来,史籍尤其是正史为学者打开了一扇观察历史的窗户,它让我们看到了过去的世界,但同时编撰者的思想和意图、观察问题的角度、处理史料的方式也遮蔽了很多历史事实。更值得警惕的是,这限制了我们的视线和想象力。在我们依靠传统的正史获知的历史面相之外,是否还存在一个不同的世界?20世纪90年代以来,随着简牍、吐鲁番文书、徽州文书等新材料的大量公布,我们越来越感受到出土文献给传统观点带来的冲击。举一个具体例子。由于吐鲁番地区的地理特点,古代的高昌民众皆城居,这里的城显然是相对于农村聚落而言。与之相对的是,根据传世典籍的记载,在魏晋南北朝时期,中原地区出现了大量的村落,日本学者由此提出一个重要命题——"中国古代都市国家论",认为战国秦汉时期的民众普遍生活在城市中,到六朝时期民众的居住方式才发生变化。国内许多学者也赞成这一说法。但出土简牍表明,秦汉时期南北方就有许多村落分布。近来一些考古发现又告诉我们,山东地区在史前就存在大大小小的农村聚落。如何看待传世典籍与出土文献带给我们的不同认识?在我看来,我们恐怕很难判明城市与农村这两种聚落形态在历史上出现的先后顺序,战国秦汉史籍中之所以不见农村聚落,主要是因为统治者完全凭借郡县乡里这套行政体制管理民众,并未将客观存在的农村纳入统治视野。传世典籍中乡官里吏穿梭于政治舞台的身影,与出土资料中以丘或聚命名的自然聚落遍布大河南北的情景,不过是历史展现的不同面相而已。魏晋时期人口锐减,除了战争造成人口大量死亡,更重要的原因是民众大规模逃离国家的统治,成为流民。为了加强对人口尤其是流动人口的管控,统治者在重建乡里秩序的同时,开始发挥作为地域组织的村以及城市中的坊的统治作用。这也就初步造成了唐代"在邑居者为坊,在田野居者为村",城市与农村管理分张的局面,当然,二者最终的对立要到宋代城市户籍与农村户籍形成,而这仍主要是土地兼并造成的人口流动的结果。

陈寅恪先生说一时代之学术,必有其新材料与新问题。现在新材料比较充分了,我们期待着更多新的学术命题的出现。我的总结就到这里,谢谢大家!

"中古时期的河西走廊与丝路文明高峰论坛"会议综述

武　鑫　贾小军

河西走廊位于我国甘肃省黄河以西，夹于祁连山与合黎山、龙首山、马鬃山之间，东起乌鞘岭，西至甘肃、新疆交界的星星峡，长约1000千米，东西连接黄土高原和塔里木盆地，南北沟通青藏高原和内蒙古高原，是亚欧大陆上的交通枢纽和十字路口。在中国历史的长河中，多个种群、政治体曾在走廊内外实现文治武功，并通过走廊与中亚、西亚、南亚地区互通交流，创造了伟大的丝路文明，而处在河西走廊上的武威、张掖、酒泉、敦煌诸城，作为丝路文明交流的重要节点，承载了文明的厚重与沧桑。

河西四郡的张掖，《汉官仪》云："张国臂掖，故曰张掖也。"张掖又称甘州，位于甘肃省西北部，河西走廊中段，历史悠久，土地肥美，物产丰富，素有"金张掖"的美誉。2023年7月15—16日，由中国魏晋南北朝史学会、河西学院主办，中国社会科学院古代史研究所魏晋南北朝史研究室、河西学院历史文化与旅游学院、河西学院河西史地与文化研究中心承办的"中古时期的河西走廊与丝路文明高峰论坛"在甘肃张掖召开。本次论坛围绕"中古河西历史与文化研究""中古河西走廊出土文献与丝路文明研究""中古时期的河西走廊历史文化遗存研究""中古历史研究"等主题展开，来自中国社会科学院、复旦大学、浙江大学、南京大学、华东师范大学、西北师范大学、河西学院等单位的40余位专家学者参会讨论，兹将会议内容择要综述如下。

一、中古河西历史与文化研究

贾小军《河西走廊：亚欧大陆交通的十字路口》认为河西走廊是亚欧大陆上的交通枢纽和十字路口，这是在汉唐王朝"大一统"及元朝、清朝在更大范围内实现"大一统"的前提下渐次完成的。李迎春《论"河西四郡"与"河西五郡"概念的嬗变》利用传世文献及出土资料，通过对金城郡的设置及发展，特别是金城郡与河西地区、陇西地区的关系问题，梳理了西汉以来"河西四郡"与"河西五郡"概念嬗变的深层逻辑。冯培红《〈唐曹怀直墓志铭并序〉与敦煌粟特曹氏》梳理出志主所出家族的生命史，对裴氏改姓以及与敦煌粟特曹氏的历史渊源等问题进行了深入细致的探讨。李宗俊《〈沮渠慗墓志〉与北凉政权相关问题》揭示了和传统史书相异的北凉宫廷的内幕以及北凉复杂的外交形势，并梳理了北凉王室之源流世系。李磊《淝水战后河西地区的政治脉络与局势演变》通过探究淝水战后河西地区几个政权建构过程中的政治旗号、制度架构，认为当地政权缺乏能够凝聚人心的政治权威是陇右、河西政局混乱的主要原因，这也成为淝水战后河西诸政权争夺正统旗号的诱因，从而揭示了分裂中蕴含的统一因素。冯晓鹃《五凉易学考》通过系统阐述五凉易学的相关人物及著述成就、学术传承与交流等内容，展现出五凉时期易学的全貌与内涵。汤勤福《五凉礼制初探》指出五凉政权主要行用汉式礼制，但仍存在部分政权沿用少数民族礼仪或地方性礼仪的特性。章义和《北朝河西道教中的国家与社会》从史载张掖郡"柳谷石记"入手，探讨北朝时期河西普通民众在实践中超越宗教理念差异、相互融合的现实取向，深究晚唐五代敦煌道教世俗化的历史渊源。刘森垚《边地传统与朝中秩序：张掖石瑞的文本、逻辑、场景》站在政治文化史的角度看待张掖石瑞屡次

"被发现"的现象,深化朝廷通过对边地文化及谶纬符瑞的嫁接,巩固统治秩序、塑造华夏进程等多元认识。周忠强《西凉武昭王家世新考》从籍贯、世系、功绩三个方面铺陈西凉武昭王李暠及其家族,回顾陇西李氏从武力强宗到文化士族的发展历程。王祥伟《竺法乘于敦煌"立寺延学"史事考略》指出,竺法护于266年在长安译经和286—308年在长安、洛阳、天水、酒泉等地的译经活动中没有竺法乘的参与,与竺法乘的年龄及其在敦煌"立寺延学"密切相关。尚永琪《狮子作为王权象征符号在河西走廊的传播》指出东西方国家政治体因循各自传统观念,选取帝王或王权的表象有异,狮子文化的影响随其东传而相对减弱。濮仲远《唐代阴山贵种与华夏认同》将人类学和社会学的"身份认同"概念引入历史研究之中,认为北方少数民族利用墓志铭的书写来寻求家族的自我塑造,通过攀附阴山郡望来抬高自身地位进而融入华夏,是北方民族自我身份的主观建构。刘进宝《元代河西走廊的文化交流与民族融合》通过聚焦元顺帝至正八年(1348)"莫高窟六字真言碣",展现元代敦煌地区和谐的民族关系和宗教环境,符合当代社会发展的主流与趋势。

二、中古河西走廊出土文献与丝绸之路文明研究

刘再聪《甘肃河西地区汉至十六国北朝时期的基层行政体系》利用出土文献相关记载,对西汉时期内地基层行政制度推行于河西地区及十六国北朝时期河西地区乡里制的沿袭情况做了梳理,展现了汉晋时期河西地区基层行政制度的发展脉络,进而指出县以下基层组织单位的行政体系更具稳定性。姚潇鸫《敦煌文献所见"胡粉"考略》考证"胡粉"除化妆品与颜料,还具有药材的功用和价值。就来源而言,敦煌石窟所使用的胡粉,其中部分应来自龟兹地区,但更多的来源应该是中原内地。闫廷亮《敦煌遗书 P. 2721〈杂抄〉"五谷"说考释》将敦煌遗书《杂抄》中的"五谷"与传世文献中的"五谷"相比较,指出这两种记录属于既相关联又不相同的分类范畴,对推进

"五谷"研究有积极的学术意义。魏军刚《出土墓志与五凉史研究》指出，深入挖掘出土文献和文物的史料价值，是持续推进十六国五凉史研究的重要动力之一，也一定程度上缓解了传世文献记载不足的问题。墓志因其文本特征成为研究五凉人物和家族史最主要的史料之一，墓志记录了丰富的五凉人物官爵名号、籍贯等信息，为研究五凉乃至十六国官制及五凉政区设置、沿革和变迁问题提供了充分的史料支持。崔云胜《"变文"概念的再辨析》通过梳理"变文"概念及其流变，从佛教俗讲发展演变的角度探究"变文"的宗教性。武君《隋唐"散花乐"新考》辨析胡舞曲"散花乐"的三种表现形式之间的差异，反映出隋唐时期"散花乐"丰富的音乐体式和多样的风格用途。吴浩军《镇墓瓶在丝绸之路的流播与衍化》通过梳理镇墓瓶的时代和地域分布，认为镇墓瓶在河西走廊的流播和衍化，充分印证了汉文化的辐射影响力和敦煌文化的博大、丰厚。

三、中古时期的河西走廊历史文化遗存研究

沙武田《墓葬主题规范下的石窟空间及其再造——"天"图像再利用与莫高窟第285窟功能再探》将研究焦点放在一个从营造到再利用进而跨越数百年的莫高窟第285窟，他认为该窟的开凿与北朝时期僧人真身或舍利骨灰供奉有密切关系，表达的是供养人、功德主、佛教徒、普通信众往生天国的永恒主题。正因如此，到了西夏时期才会在主室中心建造一具有度亡功能和仪轨特征的坛城，并把小龛作为瘗埋僧舍利塔的场所，在充分考虑洞窟原本的功能属性基础上再加利用，这在佛教石窟营建史上不多见的案例，引发学界对洞窟空间再造和空间利用的再思考。杨富学《由孙悟空形象演变看敦煌石窟〈唐僧取经图〉的时代》通过梳理、比较元杂剧、绘画、雕塑等相关资料中孙悟空形象的演变，重新考订河西走廊西端石窟的六幅《唐僧取经图》是元代之物。邵正坤《北周〈王令猥造像记〉及相关问题探讨》注重基层社会的研

究，从造像记涉及的人物和族属等微观问题，跃入北周时期宇文氏灭佛等宏观的历史背景之中。杨伟兵《黑河流域古城遗址调查及相关历史地理问题研究》偏重实地考察，系统梳理了黑河流域古城遗址历史信息记录，对西大湾城和居延诸城位置关系有新的探索和认识。王璞《苦峪城位置新证及特殊安置功能新探》考证了苦峪城的位置、修筑时间，认为该城是一座以哈密卫部众为主，多卫部众杂居的古城。章泽玮《中外文化交融下汉魏南北朝大象图像的转型》在分类考察两汉魏晋南北朝大象图像的基础上，从自然与人文的角度分析大象图像转型的内在原因。

四、中古历史研究

楼劲《"西向祭天"与拓跋鲜卑的形成》从拓跋氏有异于内亚及东胡各族"尚东"的"西向祭天"之仪为切入点，结合考古资料讨论其缘由。他认为其所以西向，当与匈奴、鲜卑等族部分墓葬头向朝西之习俗有关，并与鲜卑作为东胡余类的经历、记忆及其各部不断回归匈奴故地的历史运动相连。在最高祭典中，划出拓跋部与鲜卑慕容等部及匈奴等其他族部的界线，从而标志了拓跋鲜卑的崛起及其种族意识的自觉，奠定了其独特发展道路的精神基石。拓跋氏西向祭天的诸多仪节，皆植根于长期以来北族的共习而又刻意"别其异"，反映了拓跋鲜卑原本类同东北地区各族，在较晚迁徙至匈奴故地途中与各族交流融合才得以形成的事实。杨英《美国汉学家戚安道"六朝"研究的新斩获及其启示》对国际汉学界最新的六朝研究成果——美国学者戚安道所著《中国及世界历史上的"建康帝国"》进行介绍，对戚著的观点进行详尽点评，并在此基础上梳理了六朝学术史的研究现状，认为传统的六朝史研究面临瓶颈，但若将六朝史研究纳入全球中古史范围内，将传统六朝史研究所依赖的资料扩大到宗教文献、考古资料、图像资料等，并创建新范式，完全可以突破当下魏晋南北朝史研究的瓶颈，走出主要依赖纯文献的研究阶段。唐燮军《"诸科一如丁卯"考释》考证出所谓"丁卯"是指永初元年（420）六月丁卯日的《宋武帝即位改元大赦诏》；刘劭太初政权瞬息败亡，与沈庆之、柳元景等伐蛮武装对刘骏的鼎力协助有关。陈爽《"王命之副"——魏晋南北朝的起居注编纂与政务运行》探讨兼有历史记述和档案编汇双重性质的起居注，其在作为史志编纂素材的同时，也为东晋南朝政务运行提供了直接的参考和借鉴。童岭《四至五世纪江南政权的"重塑中国"——以刘裕北伐的六朝贵族与铁弗匈奴为中心》考察了刘裕建宋与六朝贵族的态度，认为身处时代大变局中的不同等级的六朝贵族的态度，是探究晋宋禅代的关键；南朝宋政权与铁弗匈奴的关系是汉匈"约为兄弟"模式的再现，本质上皆为打击东晋、建立正统。徐焕《昭陵神道碑与唐国史的早期构型》从神道碑文中提炼史事信息，综合考察该神道碑的书写体制、叙事策略，深化对初唐文学的原生状态及文学史意义的认识。王怀成《崔浩之死与正平改元》从拓跋焘宗教信仰特别是对道教信仰转变，以及以南伐失败后改元"正平"为切入点，对北魏权臣崔浩之死提出新的看法。

本论坛主题鲜明、成果丰硕，与会学者围绕中古时期的河西走廊与丝路文明一系列疑难问题进行讨论，尤其是在牵涉若干重大问题的史实，如拓跋氏"西向祭天"之仪、张掖石瑞、敦煌粟特曹氏的历史渊源、敦煌石窟《唐僧取经图》、莫高窟第285窟功能及空间再造等的考订上，均在前人研究的基础上取得了新的进展。正如中国魏晋南北朝史学会会长楼劲先生在论坛开幕式致辞中所指出的那样，立足于河西走廊研究东亚与中西亚、南亚和北方草原文明的互通互渗互融，对于研究中华文明的连绵发展和壮大，讨论其与诸异域文明的密切关联和相互成就，对于整部亚欧史和世界史研究，都具有关键而重大的意义。本次论坛的成功举办，无疑是对楼先生上述论断的积极回应，也从多个维度进一步诠释了河西走廊作为中原通往西域的交通孔道，以及整个内亚地区东西南北"十字路口"的重要作用。

"丝绸之路暨北朝时期固原区域文化国际学术研讨会"会议综述

刘 卓

2023年7月27—29日，由宁夏回族自治区固原市人民政府、宁夏回族自治区文化和旅游厅、中国魏晋南北朝史学会主办，宁夏回族自治区固原市文化旅游广电局、宁夏固原博物馆承办的"丝绸之路暨北朝时期固原区域文化国际学术研讨会"召开，来自海内外高校、科研机构的70余位学者汇集一堂，以线上线下相结合的方式发表文章并参与讨论。学者提交的50余篇文章紧紧围绕北朝固原区域文化、中古时期的丝路文明研究、魏晋南北朝历史研究等学术主题展开。

宁夏回族自治区文化和旅游厅二级巡视员石学安和中国魏晋南北朝史学会会长楼劲作开幕致辞。楼劲指出，固原所在位置贯通东西、连接南北，为历代形胜之地，并梳理了固原自秦至隋唐的历史变迁以及历史作用，同时也围绕固原指出了其在魏晋南北朝史领域可继续推进的学术问题。

主旨发言阶段共计有10位中外学者发言，发言内容涵盖诸多领域，从图像到音乐，从历史、考古到博物馆学，既涉及微观的器物与图像，也包括宏观的丝路交流与文化传播。美国南卡罗莱纳州堡垒学院历史系教授南恺时、日本佛教大学名誉教授黑田彰与清华大学副教授孙彬均关注"孝子图",南恺时《固原北魏漆棺孝子图历史意义》针对固原漆棺孝子图进行个案分析;黑田彰与孙彬《董黯图像研究——从犍陀罗佛像到孝子传图》则通过孝子图来探究其背后的文化交流,文章敏锐地发现了中国传统孝子图与犍陀罗佛像的相似性,这种相似性体现了丝路中的文化传播。

音乐在中国古代有着重要地位与作用,在知识精英的生活与宫廷礼仪中扮演了重要角色,音乐史研究亦是学者关注的焦点之一。美国肯恩大学教授孔旭荣以《3世纪中国的音乐创作:〈筝赋〉研究》为题,探究了3世纪音乐的变迁,文章指出,汉末礼乐崩坏,域外音乐传入并流行,先秦以来占据主导的编钟打击乐器让位于琵琶等弦乐,文章分析了侯瑾、阮瑀、傅玄等人所作的《筝赋》,指出3世纪精英用新传入乐器创造出共同模式,进而将域外事物本土化了。以色列特拉维夫大学副教授何超音同样关注音乐史,文章从北周长孙绍远与裴正关于乐的讨论出发,探究北周时期规范音乐模式的转型,指出这种转变反映了当时独特的宇宙观和政治观。

南京大学历史学院教授张学锋指出,南京大学北园东晋墓出土"晋式金属带具"的源头是草原文化,草原式金属带具传入中原并吸收中原理念后成为中原文明的象征,进而影响中国南方以及朝鲜半岛、日本等地区。

地方性博物馆是地方文化与形象的重要代言人,上海大学文化遗产与信息管理学院教授安来顺指出,作为我国博物馆的主体,地方性博物馆的角色定位、收藏政策、传播体系、公众介入等与当地经济发展相融合,对促进地方性博物馆高质量、可持续发展有重要作用。

日本三重大学副教授白石将人《阳承庆〈字统〉小考》指出,北魏阳承庆《字统》对文字结构提出"独自的看法",而其他南北朝时期字书均无解释文字结构,进而通过其与《说文》的比较,指出《字统》字释的特征。

北方民族大学民族学学院教授张多勇《宇文泰经营关陇地区的地理布局》分析了宇文泰关陇活动地域的诸多地名,并对其进行了定位研究。

固原市地方志研究室主任张志海《北朝时期的固原历史文化述略》从北朝时期固原基本情况、关陇集团的形成、北朝时期固原经济社会以及文化艺术四个方面考述了北朝固原的历史文化。

宁夏社会科学院教授薛正昌《丝路视域下北朝固原政治军事与文化》在丝路视域下，从丝绸之路与固原、北朝地方政权建制、宇文泰经营原州三个方面分析了北朝固原政治军事与文化的重要作用。

分组讨论环节共分为两个小组。第一小组共有15位学者报告，报告内容包含政治、文学、宗教、丝路交流与民族融合等传统热点问题，既有纵向、横向的长跨度考察，又有单一朝代诸问题分析。除了常见的传统大宗问题，还涉及动物史等话题，展现了历史研究的多元性。

政治史方面，中国社会科学院古代史研究所研究员楼劲《汉唐丞佐之异及其演化》分析了丞佐之异及其演化的状态，认为其反映了先秦、秦汉至隋唐相关建制和辅佐方式的变迁，蕴有大一统王朝建立及其行政体制递嬗转折的丰富内涵，体现了公卿体制到省部体制的不同行政重心、管理方式和运行态势。武汉大学历史学院副教授姜望来探究了从魏晋到唐初的皇位传承以及中古时代特质。"五凉"政权研究仍然受学者青睐，中国社会科学院古代史研究所研究员陈爽《晋室西迁与前凉立国》指出，丧乱之际，西晋王庭的迁移首选西北的长安而非东南的建康，在西晋末东西分陕之局中，凉州从边地变为军事后方，给予长安有力支持。日本电器通信大学讲师小野响《后凉的天王——吕光的正当性由来》则关注吕氏后凉政权的正统性构建，他指出，后凉的核心统治集团是前秦的远征军，在吕光建立政治权威的过程中，缺乏凉州本地人和原来同僚的支持，因此采取前秦苻坚的天王号就成为必然的选择。华东师范大学历史系教授章义和将宗教与政治融合，从黄老与《录图真经》出发探究新天师道与北魏国家的转型。日本大东文化大学、津田塾大学讲师田熊敬之《〈魏书〉门阀中心史观与北朝政治文化》从《魏书·恩幸传》的书写体例出发，指出《魏书》将寒门、寒人视为北魏恩幸，反映的是魏收的门阀中心史观，而非北魏政局的真实反映，北魏时期的政治实践一直以来都在进行着流动的人事任免，这种流动性是北朝政治文化的一贯特征。海南师范大学讲师胡胜源《秘在〈周礼〉：体制变革视野下的魏周禅代》指出，《周礼》体制彻底实行使宇文泰在文帝死后能以大冢宰身份"总百揆"，最终走向禅代。陕西师范大学历史文化学院教授黄寿成考察东魏北齐的领军将军，他指出，领军将军在东魏北齐虽然是禁军的高级指挥官，但在高氏"兄终弟及"的宫廷政变中，起决定作用的是一些显赫家族而非禁军将领。

中国中古时期北方民族和中亚入华民族一直是学界经久不衰的研究话题，陕西师范大学中国西部边疆研究院教授吴洪琳《区隔与认同：中古时期秃发、拓跋与源氏》讨论了本出同源的北魏拓跋氏对南凉秃发氏的指称、赐姓以及后者对不同称谓的反应，认为这一过程的实质是将某一群体排除或纳入拓跋氏共同体结构之中。宁夏师范学院教授冯敏广泛利用文献和考古资料，梳理了汉唐间中亚粟特故地与中原地区的文化艺术交往过程以及中亚粟特人的入华与华化。盐池县文物管理所所长王生岩同样关注粟特人，他指出，北朝隋唐时期大量的昭武九姓从丝绸之路进入宁夏，在固原和盐池墓发现的文物见证了进入宁夏的昭武九姓的生活。

丝绸之路、民族与历史地理等方面，北京师范大学历史学院教授严耀中主要分析北魏的若干平原郡，以及不同时代平原郡所反映的北魏对被征服地区民族政策之变化。宁夏社会科学院副编审郭勤华《固原北魏墓漆棺见证丝绸之路文化的互鉴融通》以固原县雷祖庙北魏墓的描金彩绘漆棺为例，指出固原为中华民族共同体形成与发展提供一个典型案例，有助于理解中华民族共同体和人类命运共同体。中国社会科学院文学研究所研究员范子烨《魏晋时代丝绸之路上的口簧艺术与北魏国家的转型》结合考古实物和人类学调查，探究魏晋时代丝绸之路上的口簧艺术与相关文学书写。北方民族大学民族学学院教授杨蕤《陕北地区的丝绸之路》指出，陕北地区全程参与了东西方文化的交往历程，具有"南北交汇，贯通东西"的特点。宁夏回族自治区文物保护中心研究员马建军《考古所见丝绸之路宁夏段上的文化交流与民族交融》同样在区域视野下考察了丝路与民族。

宁波大学人文与传媒学院教授尚永琪主要探讨中国古代农业文明语境中的鹰及其伦理象征，指出古代中国对于鹰隼的知识分别来自以鹰猎为主的草原游牧系统和以物候为主的农业生产系统。在农业传统知识体系中，鹰不但为农业生产提供了时令节气的"物候"标志，也为农业社会政治秩序的建立提供了天道依据。

第二小组有18篇论文和报告，讨论时段并未局限于魏晋南北朝，而是上溯秦汉，下探隋唐。研究视角方面，既有宏观的、长时段的纵览，也有微观的、鞭辟入里的具体分析，涉及政治、经济、文化、宗教、历史地理、中外交流及出土文献等多方面。

出土文献利用方面，北京师范大学历史学院副教授徐畅以长沙出土"君教"简牍为切入点，深入考察了东汉三国县级长吏的徭使。吉林大学古籍研究所教授邵正坤讨论了东魏《邑义五百余人造像碑》若干问题，如合理命名、结邑目的等，以此来研究义邑组织。上海师范大学历史系教授姚潇鸫、彭阳县博物馆研究馆员杨宁国分别对庆阳北石窟寺《杨元裕造像题记》、新出隋代《弥姐遵立佛塔碑记》进行释读，并对相关基础问题进行研究。宁夏固原博物馆研究馆员苏银梅《英雄不问来路——北周时期原州"三将"姓氏问题探讨》以固原出土李贤等三位柱国大将军墓志铭文为依据，对其姓氏问题进行考察。中国社会科学院大学研究生刘卓以东魏《宗欣墓志》中的郡君封授为切入点，展示出东魏时夫妻间极不对等的官职与封号关系，并以此为基础探究北朝时期的外命妇制度。南阳市博物馆研究员张晓刚独辟蹊径，关注烟标这一载体，以此考察其中蕴含的三国文化。

丝绸之路、中外交通、历史地理等方面，海原县文化旅游广电局主任科员李进兴《彭阳人驼纹青铜牌饰与丝路文化探析》以彭阳出土人驼纹青铜牌饰为媒介，窥管丝路文化的传播。石嘴山市博物馆馆长韩学斌从宁夏考古百年的视角出发，讨论丝绸之路对宁夏文化传承的意义。西北民族大学历史文化学院教授朱悦梅《两汉魏晋时期金城郡交通地理研究》梳理了两汉魏晋时期以金城郡内部的县及区划为节点的交通路线，以此观察金城郡内部交通及其与周边区域间交通的地理空间分布。山东大学历史文化学院教授韩吉绍《〈太清金液神丹经〉卷下与早期南海历史地理》详细考察了《太清金液神丹经》卷下，认为此书集中反映了魏晋时期佛教海外地理出现以前中国对南海、海上丝路以及世界历史地理的认知。长春师范大学历史文化学院讲师刘健佐《高句丽与三燕政权关系研究》则将目光聚焦东北亚，解读以慕容鲜卑为族群主体的三燕及与之毗邻的高句丽之间的关系。

政治制度、社会、文化等传统研究领域，学者吸纳相关学科和交叉学科研究方法，倡导国际研究视野，新见迭出。南朝方面，中国社会科学院古代史研究所研究员杨英以美国汉学家戚安道《中国及世界历史上的"建康帝国"》一书的观点、方法为例，展望未来国内魏晋南北朝史研究采用全球史视角并有所推进的可能性。中卫市博物馆馆长孙学锋《试论侯景之乱对南朝士族的影响》以侯景之乱为切入点，考察侯景之乱的基本问题，重点关注侯景之乱对于南方士族的影响。北朝方面，华东师范大学历史系教授李磊《高平与南凉、后秦、西秦、赫连夏的连环盛衰》以高平为锚点，引入西北地缘政治的概念，将高平置于十六国的宏观背景下，考察南凉、后秦、西秦、赫连夏的连环盛衰。北京师范大学历史学院教授凌文超《北魏羌人王遇姓名的华夏化》关注边裔族群，以羌人王遇姓名的华夏化为例，考察羌人姓名改革的曲折历程，进而考察北魏各族姓名华夏化过程中的一些复杂情况。固原市地方志研究室副主任杨永成《试论家族在中华民族发展过程中的历史地位》以建立前凉政权的安定郡乌氏县张氏家族为例，讨论家族在中华民族发展过程中的历史地位。中国社会科学院古代史所助理研究员刘凯《〈魏书〉"浇人"诏试考》对《魏书·孝静帝纪》天平二年（535）勒诸门"浇人"诏的含义、来源进行了考察，认为"浇人"应该是一种以水洒人模拟降雨的方式，与中原王朝雩祭为主的祈雨方式迥异,同时文章涉及历史人类学方面的知识。

会议闭幕式由中国魏晋南北朝史学会副会长戴卫红研究员主持,中国社会科学院古代史所副研究员陈志远、助理研究员刘凯分别对两组讨论情况做总结,指出近10年来魏晋南北朝史的研究正以较快的速度朝不同的研究方向、多元的研究领域拓展,目前研究的新趋势即魏晋南北朝史的研究正在进入特色鲜明的区域史研究。本次研讨会的主题便是古代欧亚文化背景下的大历史研究,是在发掘古代欧亚世界的先民们留在特色文化地域的历史遗迹和历史文化。最后,戴卫红研究员宣布会议圆满结束。

【第四部分】

专论

隋及唐初的亲王与地方僧团之关系

孙英刚

隋到唐前期政治的一大特点，是皇位由宫廷革命所决定，理论上的嫡长子继承制形同虚设，皇子在国家政治生活中非常活跃，是权力结构中重要的一极。[①]这一时期政治文化的另一个特色，同时又是社会生活的一大特色，是思想世界和知识世界依然深受宗教意识的影响。[②]宗教知识分子（主要包括佛僧和道士）在政治生活，尤其是政治宣传中扮演着举足轻重的角色。事实上，政治与宗教的关系不但是中古时代政治活动的一个主题，同时也是中古宗教世界的一个主题。然而，在研究政治与宗教关系的时候，"政治"和"宗教"的两段往往均遭到了简化。以佛教为例，"政治"往往被简化为君主，似乎只存在一种由君主可以代表的、所有政治势力认可的宗教意识；而"宗教"也

[①] 参看孙英刚：《唐前期宫廷革命研究》，载荣新江主编《唐研究》第7卷，北京大学出版社，2001年，第263—288页。

[②] 参看陈弱水《唐代文士与中国的思想转型》（广西师范大学出版社，2009年）的相关论述。陈弱水认为唐人心灵世界为二元结构，深受宗教思想的影响，这是当时思想世界的主要特点。

遭到了简化，往往被描述为一个单一群体。①但是实际上，在复杂的政治史和佛教史的语境中，各种政治势力到底如何与佛教僧团发生联系，佛教知识分子如何影响政治的运作，这个过程是非常复杂的。本文写作的一个目的就是揭示这种复杂性。

此外，6—7世纪的佛教关系，往往偏重在中央层面上论述，而忽视地方僧团的独特作用。长期以来，治唐史的学者似乎形成一种共识，即认为唐代的亲王出藩仅仅是遥领，并不真正履行地方长官的职责。但是正如笔者下文所揭示的，这一时期的亲王出藩，实际上是真正到所统辖的州府，履行一定的职权，所以也就自然而然干涉地方佛教事务，甚至与地方僧团结成亲密关系，极个别的，甚至利用与地方僧团的关系支持自己在中央的皇位争夺。即便皇子不是出莅州府，而是被流放到地方，其与地方僧团的关系都能支持他将来的政治诉求。比如唐中宗曾被武则天流放到房州（靠近荆州），在他复辟登基之后，大量引进荆州僧人到长安，为自己的佛王形象造势。这批荆州僧人离开长安，也正是政治对手的压迫所致。中宗的统治稳固，由此与荆州僧团密切相关。②

一、蜀王杨秀遭废与蜀地宗教信仰

隋朝统一之时，因为国家经历了几百年的分裂，所以从文化、政治、经济、风俗上分裂成好几个有相当独立倾向的地区，比如山东、河北本来是东魏北齐管辖的地区，江南本来是南朝宋、齐、梁、陈管辖的地区，江陵一带

---

① 比如 Stanley Weinstein 在研究唐代的王法与佛法时，实际上是仅仅探讨君主的佛教意识与佛教政策。参见 *Buddhism under the Tang*（Cambridge: Cambridge University Press, 1987）。

② 参见孙英刚：《长安与荆州之间：唐中宗与佛教》，载荣新江主编《唐代宗教信仰与社会》，上海辞书出版社，2003年，第125—150页。

曾经是后梁傀儡政权的所在。从某种意义上讲，对于出自关中的隋朝而言，这些地区是被征服地区。比如河北地区，从北齐开始就有反叛的传统，一直到安禄山之变，都与河北地区的分离主义有关。①文帝时"天下唯置四大总管，并、扬、益三州，并亲王临统"②。最初，"国之南门"荆州也是由秦王俊统辖，后才任命非皇子担任。依据相关记载，统计隋代诸王出藩情形如表1。

表1　隋代诸王出藩表

区域	开皇元年到九年（581—589）	开皇九年到十年（589—590）	开皇十年到十七年（590—597）	开皇十七年到二十年（597—600）	仁寿元年到二年（601—602）	仁寿二年到四年（602—604）
并州	晋王杨广	晋王杨广	秦王杨俊	汉王杨谅	汉王杨谅	汉王杨谅
扬州	尚未统一	秦王杨俊	晋王杨广	晋王杨广	晋王杨广子豫章王杨暕	豫章王杨暕
益州	蜀王杨秀	蜀王杨秀	蜀王杨秀	蜀王杨秀	蜀王杨秀	

除了统辖地域广、权力大，诸王任期也很长。比如晋王杨广，开皇十年（590）之前担任并州总管长达10年，此后与秦王俊对调，又担任扬州总管10年。蜀王杨秀更是临统益州达22年之久。隋中央政府规定每岁一朝，此外，如果皇帝征召，也可以离开辖区。在该王离开辖区时，其职务由人权代。比如晋王杨广每入朝，均有蒲州刺史、河间王弘"领扬州总管，及晋王归藩，弘复还蒲州"③。

隋朝以崇佛著称，不但文帝本人弘扬佛教，而且晋王杨广在争取皇位过程中也多借助佛教势力，比如天台智者大师。这一问题前贤已有细致研究，不需赘述。但是值得指出的是，跟杨广同时的诸王，也都试图通过供养和干

---

① Edwin G. Pulleyblank, *The Background of the Rebellion of An Lu-shan*(Oxford: Oxford University Press), 1955, pp.75-81.
② 《隋书》卷四十七《韦世康传》，中华书局，1973年。
③ 《隋书》卷四十三《河间王弘传》，第1212页。

预宗教团体而争取政治上的筹码。

开皇元年（581），蜀王杨秀出镇益州，担任益州总管、二十四州诸军事。一直到仁寿二年（602）被废，杨秀掌控蜀地长达22年。杨秀"秀有胆气，容貌瑰伟，美须髯，多武艺，甚为朝臣所惮"①。唐太宗说："隋文帝时，一品以下皆为诸王所颠蹶。"②此后杨秀渐奢侈，违犯制度，车马被服拟于天子。仁寿二年，独孤皇后崩，诸王被召回京师。不久，杨秀被控以道教符章厌镇文帝、太子及汉王杨谅，被废为平民。具体的情形，《北史》记载最详：

> 帝乃下诏数其罪曰："皇太子，汝兄也，次当建立，汝假托妖言，乃云不终其位。妄称鬼怪，又道不得入宫，自言骨相非人臣，德业堪承重器。妄道清城出圣，欲己当之，诈称益州龙见，托言吉兆。重述木易之姓，更修成都之宫，妄说禾乃之名，以当八千之运。横生京师妖异，以证父兄之灾；妄造蜀地征祥，以符己身之策。汝岂不欲得国家恶也？天下乱也？辄造白玉之珽，又为白羽之箭，文物服饰，岂似有君？鸠集左道，符书厌镇。汉王于汝，亲则弟也，乃画其形像，题其姓名，缚手钉心，枷锁杻械。仍云请西岳华山慈父圣母神兵九亿万骑，收杨谅魂神，闭在华山下，勿令散荡。我之于汝，亲则父也，复云请西岳华山慈父圣母，赐为开化杨坚夫妻，回心欢喜。又画我形像，缚手撮头，仍云请西岳神兵收杨坚魂神。"③

杜光庭所集《太上宣慈助化章》卷一所收《救急解计章》中，就有道士"伏地拜奏口章一通，上闻天曹，伏愿无极太上老君、太上丈人、三师君、慈父圣母，丐无极之恩，原除某年生已来所犯万死之罪"④的文字，同书卷二所

---

① 《隋书》卷四十五《庶人秀传》，第1242—1244页。
② 《资治通鉴》卷一百九十四唐太宗贞观十年（636）二月条。
③ 《北史》卷七十一《庶人秀传》，中华书局，1974年，第2469—2470页。诏书又见《隋书》卷四十五《庶人秀传》，第1242—1244页。
④ 杜光庭：《太上宣慈助化章》卷一，《道藏》第11册，第310页。

收《道士天地水三官手书箓状章》中也有"如蒙省察，慈父圣母哀怜元元，自今以后络绎自改"之语，可见"慈父圣母"是道士上章所请之神①，而"九亿万骑"则是道教理论中五岳神兵的数目，如杜光庭《太上灵宝玉匮明真大斋言功仪》在请神时所屡次提到"五岳四渎兵马各九亿万骑"。很显然，杨秀受到了道教的深刻影响。

《北史》所载诏书中，也重点指责了杨秀以谶纬祥瑞来为自己应天命制造舆论，比如"木易之姓"（"杨"）、禾乃之名（"秀"）、八千之运（"禾"）等谶语，"益州龙见"等祥瑞。雷闻认为，按益州地区道教开窟造像之风极盛，镇蜀多年的杨秀不能不受其影响。②开皇十二年（592）六月，其府掾辛德源曾撰《至真观记》一文，就盛称其在蜀兴道的功德。③当蜀王妃患病时，又有"绵州昌隆白崖山道士文普善者，能升刀禁火；鹄鸣山有二导士，能呼策鬼神，符印章醮，入水不溺。并来同治"④。更重要的是，唐初彦琮《唐护法沙门法琳别传》卷下记载："又开皇十八年，益州道士韩朗、绵州道士黄儒林，扇惑蜀王，令兴恶逆，云欲建大事，须借胜缘。遂教蜀王倾仓竭库，造千尺道像，设千日大斋，画先帝形，反缚头手，咒而压之。河北公赵仲卿检察得实，送身京省。被问伏罪，在市被刑。"⑤文帝诏书中指责"清（青）城出圣"的谶语，也明显与道教有关。

杨秀的被囚，似乎不但与杨广有关，还与汉王杨谅有关。这里面似乎还

---

① 杜光庭：《太上宣慈助化经》卷一，《道藏》第 11 册，第 319 页。
② 雷闻：《郊庙之外：隋唐国家祭祀与宗教》，生活·读书·新知三联书店，2009 年，第 215—218 页。
③ 龙显昭、黄海德主编：《巴蜀道教碑文集成》，四川大学出版社，1997 年，第 7—11 页。
④ 道宣：《续高僧传》，《大正藏》第 50 册，第 576 页中栏。
⑤ 彦琮：《唐护法沙门法琳别传》，《大正藏》第 50 册，第 208 页中栏。

掺杂着佛、道之争的色彩。不过杨秀在益州兴建空慧寺、法聚寺①、大建昌寺，供养孝敬寺，似乎很难讲他是一个道教徒。但是可以肯定的是，与其他诸王相比，他具有更多的道教色彩，这明显受到了四川地方宗教性格的影响。若文帝诏书所言为实，则说明杨秀在争取政治合法性方面更多地依靠了道教和传统的谶纬祥瑞之说，而不像杨谅和杨广那样，依靠佛教为自己上台制造理论依据，并且以佛教供养者的身份，奠定自己在思想和学术世界的地位。

从相关史料来看，杨秀对佛教的热情远不如其他诸王。开皇末，杨秀曾携高僧善胄同行。"释善胄，俗姓淮氏，瀛州人……隋初度北，依远法师，止于京邑住净影寺，听徒千数，……敕令于净影寺为涅盘众主，开皇将末，蜀王秀镇部梁益，携与同行，岷嶓望德，日归成务，逮仁寿末岁，还返关中，处蜀道财，悉营尊像，光坐严饰，绝世名士，虽途经危险，而步运并达，在京供养以为模范。"②但《续高僧传》记载释智炫回蜀地事则显示了不同的意味：

> 释智炫者，益州城都人也，……隋文作相，大弘佛法，两都归趣，一人而已。岁景将秋，怀土兴念，又以蜀川迥远，奥义未宣，援首西归，心存敷畅，蜀王秀，未之知也。时长史周宣明，入朝赴考，隋文帝谓之曰："炫法师安和耶？"宣明惊惶莫知所对，文帝曰："一国名僧，卿遂不识，何成检校？"宣明稽首陈谢死罪。③

隋文帝认为像释智炫这样的"一国名僧"去到了蜀王的辖境，不但蜀王"未之知"，长史也"不识"，是一种严重的失职行为。这一事件从侧面也反映了杨秀较为不同的信仰倾向。

杨秀与杨广早有矛盾，比如在与隋朝大将史万岁的关系上。南宁夷爨翫

---

① 《宋高僧传》云："释法江者，江东人也，来游岷蜀，居于法聚寺，寺即隋蜀王秀之造也，寺内有仁寿中文帝树舍利塔。"《大正藏》第50册，第848页中栏。
② 道宣：《续高僧传》，《大正藏》第50册，第519页上栏—519页中栏。
③ 道宣：《续高僧传》，《大正藏》第50册，第631页中栏—632页中栏。

叛乱，史万岁击破之，爨翫贿赂万岁，于是史万岁舍之而还。杨秀遣使索取贿赂，不得。而杨广"虚衿敬之，待以交友之礼。上知为所善，令万岁督晋府军事"。但是杨秀"奏万岁受赂纵贼，致生边患，无大臣节。上令穷治其事，事皆验，罪当死"①。

二、"长弘并部"和"抗论京华"：汉王杨谅与晋阳僧团

开皇二十年（600），秦王杨俊薨，太子杨勇黜，有实力竞争皇位的剩下新太子杨广、蜀王杨秀和汉王杨谅。如上节所述，两年后的仁寿二年，杨秀因以道教符书厌镇文帝、太子和汉王杨谅也遭到废黜。此时真正有实力可以与杨广竞争皇位的只剩下杨谅。而这一年，也是隋朝政治和宗教史上的关键一年。

据《隋书》本传，杨谅为文帝第五子，有宠于文帝。开皇十七年（597）出为并州总管，"自山以东，至于沧海，南拒黄河，五十二州尽隶焉"②。此后一直到起兵造反，杨谅一直掌控北方诸州。文帝特许便宜从事，不拘律令。杨谅见太子杨勇被废，"阴有异图"，其王府咨议参军王頍及陈朝旧将萧摩诃赞成其谋。皇帝与太子关系紧张，是隋代和唐初的政治常态。仁寿元年（601），文帝虽已立杨广为储君，却将其主要支持者杨素等斥出中枢，接替执政的柳述、元岩等俱与杨广有隙。同时，文帝放任杨谅，以为京城之援手和制衡的力量。③这样的权力格局，激发了杨谅的政治野心。他长期以晋阳为中心经营北方，掌控五十二州，到仁寿中，渐成尾大之势。

---

① 《隋书》卷五十三《史万岁传》，第1355页。
② 《北史》卷七十一《庶人谅传》，第2471页。
③ 《旧唐书》卷五十九《屈突通传》（中华书局，1975年，第2320页）载："文帝崩，炀帝遣通以诏征汉王谅。先是，文帝与谅有密约曰：'若玺召汝，于敕字旁别加一点，又与玉麟符合者，当就征。'及发书验，谅觉变。"

隋代诸王皆纵横跋扈，早在杨广还是晋王总管扬州时，杨谅就与他存在竞争关系。《北史·薛道衡传》记载，薛道衡被"配防岭表，晋王广时在扬州，阴令人讽道衡，遣从扬州路，将奏留之。道衡不乐王府，用汉王谅之计，遂出江陵道而去"①。除了在政治和招揽人才方面竞争，与杨广一样，杨谅也留心佛教，试图与佛教界建立密切关系。杨广在扬州，多交往南方僧界，而杨谅则关注河北僧团。道宣（596—667）《续高僧传》描述了当时杨谅搜选高僧，弘扬佛法的盛况：

> 释志念，俗缘陈氏，冀州信都人。……隋汉王谅作镇晋阳，班条卫冀，搜选名德，预有弘宣。念与门学四百余人，奉礼西并，将承王供。谅乃于宫城之内更筑子城，安置灵塔，别造精舍，名为'内城寺'，引念居之，开义寺是也。劳问殷至，特加尤礼。又令上开府咨议参军王頍宣教云："寡人备是帝子民父，莅政此蕃（藩），召请法师等远来降趾，道不虚运，必借人弘。正欲阐扬佛教，使慧日清朗，兆庶蒙赖，法之力也。宜铨举业长者，可于大兴国寺宣扬正法。"当即大众还推念焉。既预经纶，即弘敷训，先举大论，末演小乘，辩注若飞流，声畅如天鼓。三乘并骛，四部填埋。其知名者，则慧达、法景、法楞、十力、圆经、法达、智起、僧鸾、僧藏、静观、宝超、神素、道杰等五百余人。并九土扬名，五乘驰德，精穷内外，御化一方。销鄙吝于楚中，断封疑于理际。②

隋代高僧彦琮（557—610）的《辩正论》也记载："隋汉王谅京师造禅定寺，并州造内华寺、法忍寺，各度百僧供养。"③释彦琮自己就是晋阳高僧。开皇初，"炀帝在蕃，任总河北"，就将其"延入高第，……令住内堂，讲《金光明》《胜鬘》《般若》等经，又奉别教撰修文疏，契旨卓陈，足为称首。又

---

① 《北史》卷三十六《薛道衡传》，第1338—1339页。
② 道宣：《续高僧传》，《大正藏》第50册，第508页中栏—509页中栏。
③ 彦琮：《辩正论》，《大正藏》第52册，第518页下栏。

教住大兴国寺,尔后王之新咏旧叙,恒令和之,又遣萧懿、诸葛颖等群贤,迭往参问,谈对名理,宗师有归"。开皇十年(590),秦王杨俊和晋王杨广对调职务,杨俊调任并州总管,而杨广调任扬州总管。杨俊到太原,对彦琮也甚为礼遇。后杨广于京师曲池造日严寺,作为自己在京城的佛教中心,降礼延请彦琮入住此寺。彦琮于仁寿初年"送舍利于荆州[1],时汉王谅,于所治城,隔内造寺,仍置宝塔,今所谓开义寺是也,琮初至塔所,累日云雾晦合,及至下晨,时正当午,云开日耀,天地清朗,便下舍利,瘗而藏之"[2]。

杨谅除了修建京师禅定寺以及并州诸寺,还在洛阳修建"王之本寺",即"汉王寺"。唐代亲王公主捐建寺观,多以国号命名,比如安国相王李旦的安国寺(永乐坊)和相国寺(汴州)、温王李重茂的温国寺(太平坊)、太平公主的"太平观"(大业坊)、卫王李重俊的卫国寺(宣风坊、殖业坊)等等。隋代似乎并无"某国寺"叫法,杨谅在洛阳的本寺直呼为"王寺",显示了该寺与特定亲王的密切关系。据道宣记载,仁寿三年(603),释灵干奉旨送舍利于洛州,"时汉王谅作镇晋阳,承干起塔王之本寺,远遣中使赍赐什物"[3]。与道宣同学的道世在《法苑珠林》中记道:"隋西京大禅定寺道场释灵干,……仁寿二年奉敕送舍利于雒州,置塔于汉王寺。"该记载明确指出,灵干是京师禅定寺僧,而禅定寺本就是杨谅在京师修建的寺院,是杨谅在京师的重要据点。[4]

义帝时,诸王除了在所在州修建寺院,而且在京师也纷纷修建寺院,招纳高僧(见表2)。杨广的日严寺(青龙坊)、杨俊的延兴寺(长寿坊)、杨秀

---

[1] 按:据上下文当为"并州"。

[2] 道宣:《续高僧传》,《大正藏》第50册,第436页中栏—439页下栏。

[3] 道宣:《续高僧传》,《大正藏》第50册,第518页上栏—518页下栏。

[4] 道世:《法苑珠林》,《大正藏》第53册,第946页中栏。元昙噩述:《新修科分六学僧传》(《卍新纂续藏经》第77册,第290页上栏)作"路州汉王寺",误。

的胜光寺（丰乐坊）、杨谅的禅定寺（永阳坊）一度成为京城重要的佛教中心。这些寺院规模一般都很大，比如杨谅的禅定寺供养百僧。

表2 诸王在所在州、京师修建寺院表

亲王	京城造寺	地方造寺
秦王杨俊	延兴寺、济度尼寺	并州开化寺
晋王杨广	日严寺	扬州慧日寺
蜀王杨秀	胜光寺	益州空慧寺、法聚寺、大建昌、供养孝敬寺
汉王杨谅	禅定寺、禅林寺	并州内华寺、法忍寺，洛阳汉王寺

杨谅所招揽的僧众多是北方僧人。《续高僧传·道杰传》云释道杰"开皇十九年，自卫适邺，听休法师摄论。又于洪律师所听四分，略知户牖，意在小论。将事东行，属隋汉王召沧州志念、河间法楞，长弘并部。忽遇斯际，即往从之"。道杰大通经论，博学文辞，并州谓曰"大头杰"。他在并州一直待到杨谅倒台才返回故里。在并州期间他跟志念、法楞多有交往，曾经问难于志念，听法楞讲述十地等论。"尔时法门大敞，宗师云结，……一期总萃，并晋中兴。"并州一时成为隋代重要的佛教学术中心。①僧侣之间紧密交往，交流见解，形成一定的社会影响力。释慧萧原居龙门县定林寺，后因藏匿亡命之人而被牵拖。"时沙门道积、神素、道杰等，晋川英彦，素与周旋，留连累载。"这些僧人，据上文所引资料，俱为杨谅所供养的高僧。但是等到隋炀帝即位，"法令滋彰，藏匿严科，殊为峻刻"，而此时杨谅已经败亡，诸僧四散，慧萧再次流亡。②

杨谅召集500多位高僧云集晋阳，或有宗教信仰的因素，他曾经师事高僧静端，"重其戒德，数受弘训"。在周灭法时，静端"竭力藏举诸经像等百

---

① 道宣：《续高僧传》，《大正藏》第50册，第529页上栏—529页中栏。《释氏蒙求》，《卍新纂续藏经》第87册，第240页下栏。

② 道宣：《续高僧传》，《大正藏》第50册，第617页下栏—618页上栏。

有余所，终始护持，冀后法开，用为承绪。及隋开化，并总发之。经籍广被，端之力也"①。杨谅的一些重要僚佐都虔信佛教，比如萧摩诃，在南朝时就对僧人"深加礼异"②。《金刚经受持感应录》记载，隋杜之亮，仁寿中为汉王府参军。杨谅败后，杜之亮与其他王府僚属皆系狱。杜之亮惶惧，日夜涕泣。忽夜梦一僧曰："汝但念诵《金刚经》，即此厄可度。"至晓即取经，专诚习念。③这或许也反映了杨谅僚佐中信佛者颇多。不过，即使杨谅对佛教的供养是出于真心信仰，这种赞助背后的政治色彩却始终非常鲜明。

仁寿二年，独孤皇后驾崩，杨谅被召入京师。在临行前，杨谅召集晋阳众僧说："今须法师一人，神解高第者，可共寡人入朝，拟抗论京华，传风道俗。"最后，选定志念跟随入京。《续高僧传》记载此次入京的盛况：

> 既达京师，禅林创讲。王自为檀越，经营法祀。念登座震吼，四答冰消。清论徐转，群疑潜遣。由是门人慕义，千计盈堂。遂使义窟经笥，九衢同轨。百有余日，盛启未闻。王又与念同还并部，晋阳学众，伫想来仪。王又出教令，于宝基寺开授，方面千里，法座辍音。执卷承旨，相趋阶位。

可以说，这次"抗论京华"取得了一定成功，似乎使"义窟经笥，九衢同轨"，从见解上统一了佛教界的一些认识。之后杨谅与志念回到并州，获得了晋阳学众的认可。后来，杨谅举兵失败，志念遂回到故里。隋炀帝即位，屡次征召，希望招揽其进入慧日寺，但他屡辞不就，卒于沧州。④

禅林寺在兴庆坊，杨谅专门在此开设论坛，精心准备，试图彰显自己的文化优势，却遭到了太子杨广集团的狙击。对志念的非难主要来自杨广日严

---

① 道宣：《续高僧传》，《大正藏》第 50 册，第 576 页中栏—576 页下栏。
② 道宣：《续高僧传》，《大正藏》第 50 册，第 503 页下栏。
③ 《金刚经受持感应录》，《卍新纂续藏经》第 87 册，第 473 页上栏。
④ 道宣：《续高僧传》，《大正藏》第 50 册，第 508 页栏中—509 页中栏。

寺的辩义。

> 释辩义，……隋炀搜选名德，令住日严。以义学功显著，遂之关辅。谘义决疑，日不虚席。……仁寿二年，隋汉王谅，远迎志念法师，来华京室。王欲衔其智术也，乃于禅林寺创建法集，致使三辅高哲咸废讲而同师焉。义厕其筵肆，聆其雅致，乃以情之所滞，封而问之。前后三日，皆杜词莫对。念处座命曰："向所问者，乃同疑焉，请在下座返询其志。"义潜隐容德，世罕共宗。及见慧发不思，合京竦神传听。其为显晦，皆此类也。

很显然，杨谅的目的就是"衔其智术"，并且让"三辅高哲咸废讲而同师"。但是作为杨广日严寺的高僧，辩义前后三天，将志念问得"杜词莫对"。在学术交锋背后，隐隐可以看到政治上的角力。这也是为什么杨谅败亡之后志念拒绝接受隋炀帝招揽。

独孤皇后去世，杨广"召日严英达五十许人，承明内殿，连时行道"，为独孤皇后追福。① 实际上，不论是为独孤祈福，还是为抑制杨谅并州僧的风头，杨广最后依靠的，都是自己在京城的日严寺僧团。

仁寿二年是关键的一年。此时杨谅的势力达到了顶峰，而杨广却失去了两个最重要的支持者。除了杨素被贬斥，支持杨广的独孤皇后也去世了。为废太子杨勇叫屈的上书开始出现，比较突出的是贝州长史裴肃，他上表请照东汉东海王之故事，封废太子杨勇为王，文帝知道杨勇被废"不允天下之情"，于是征肃入朝，"具陈废立之意"。值得注意的是，贝州正在杨谅管辖之下。杨勇被废黜之后，他的旧势力部分地被杨谅接收，比如沈光。沈光"字总持，吴兴人也。陈灭，家于长安。皇太子勇引署学士。后为汉王谅府掾，谅败，除名"②。两年后，文帝神秘死于仁寿宫，或为杨广所弑。这是当时一

---

① 道宣：《续高僧传》，《大正藏》第50册，第499页上栏。
② 《隋书》卷六十四《沈光传》，第1513页。

种流行的看法，比如祖君彦《为李密檄洛州文》和唐太宗《谕侍臣绝逸构论》都持此种意见。文帝亲近的心腹大臣柳述、元岩等俱被贬逐，杨素重新执政，杨广更以伪诏征杨谅入朝，企图不战而下并州。杨谅识破之后随即起兵。陈寅恪《武曌与佛教》①引南宋僧人志盘《佛祖统记》述及佛教徒为炀帝弑父弑君做辩护，将其比作阿闍王。陈先生其书所论出于唐代天台宗相承之微言。但是，这绝对不代表所有佛教僧侣的态度。从杨谅的例子来看，在争夺皇位的斗争中，佛教世界也是分裂的，并不存在一个统一立场的佛教界。

三、唐初的亲王典州与地方僧团

唐朝建立之初，诸王就留心佛教。比如武德中，秦王李世民就开始招揽高僧，隋代蜀王杨秀所造胜光寺，此时成为秦王沟通佛教界的平台。比如释辩相：

> 大业之始召入东都，于内道场敷散如故，为郑拥逼，同固洛滨，武德初年，蒙敕延劳，还归京室，重弘经论，更启蒙心，今上昔在弘义，钦崇相德，延入宫中，通宵法论，亟动天顾，嚫锡丰美，乃令住胜光，此寺即秦国之供养也，故以居焉。②

特别重要的高僧，李世民甚至将其延入弘义宫。弘义宫是当时李世民居所，也是秦王府所在地，在宫城之北墙外。李世民登基之后，入住太极宫，迁其父高祖于弘义宫，改名大安宫。可以想见，当时在弘义宫中，或许有一内寺或者道场。释道宗就曾在弘义宫讲法和居住。

> 释道宗，俗姓孙氏，莱州即墨人，……晚住慧日，英彦同聚，该富

---

① 陈寅恪：《武曌与佛教》，《金明馆丛稿二编》，生活·读书·新知三联书店，2001年，第153—174页。
② 道宣：《续高僧传》，《大正藏》第50册，第519页下栏—520页上栏。

是推，常讲成实，弘匠后学，伪郑钦敬，礼问优繁，上清东夏，又钦德素，召入西京住胜光寺，复延入弘义宫。通霄法集，群后百辟，咸从伏听，披阐新异，振发时心，自尔周轮，随讲无替，虽无成济而学者推焉，以武德六年卒于所住，春秋六十一，秦府下教赠物二百段，收葬于终南山至相寺之南岩。①

可以说，从唐朝开始，亲王与佛教小区的关系就非常密切，而且亲王对佛教的供养和资助使佛教僧团与政治的关系变得更加复杂。

与隋代亲王出镇不同，唐代前期实行的是亲王典州制度。尽管亲王典州制度贯穿了唐前期100年的历史，并且实际上产生了深远的影响。但是亲王及其庞大的僚佐队伍在地方政治制度中的角色和地位，向来被治史者忽略。②实际上单就唐代前期地方政治制度而言，王府及其僚佐就在其中就扮演了重要的角色。新出墓志提供了大量信息，可以力证：若亲王离开京城出任刺史、都督，王府僚佐会跟随前往，担任所在地的地方政府相应僚佐。③

唐前期的亲王典州制度，将皇室子弟安排在各处战略要地，作为皇室的屏藩。比如贞观十一年（636）亲王所典各州及都督府，基本上包括唐朝的战略要地：关中为皇帝所在，君主亲统，所以仅秦州一地为纪王李慎临统。其他诸王分布各处形胜之地，屏藩王室。益州为关中后院，所以梁州和益州两

---

① 道宣：《续高僧传》，《大正藏》第50册，第512页上栏—512页上栏。
② 产生这样结果的一个重要原因是史料的缺憾。从武则天到唐玄宗，皇室子弟在中央和地方政治中的影响力被逐渐削弱。特别是开元九年（721）以后，诸王并征还京师，自此，亲王在地方政治体制中的影响被彻底遏绝。在随后的两个世纪里，王府官僚猥滥，无足轻重，相关记载多偏重描述后期情形，而忽略前期王府僚佐的地位和角色，给后人留下唐代王府官无足轻重的整体印象。
③ 比如《大唐故银青光禄大夫定州刺史上柱国尔朱义琛墓志》（《全唐文补遗》第2辑，262页）记载："时赵王以爱子之藩，年尚幼小。诏秋良辅，务取宏才。公振彼英声，膺兹妙选。乃授朝议大夫，守赵王府司马兼行秦州都督府司马。……又除许王府长史兼行同州长史。"

处重镇为亲王临统。河北重要的战略要地幽州、齐州、相州、潞州等也由亲王掌控。在新征服的南方分为两块，以徐州、寿州、扬州、苏州控制长江下游，以荆州、安州、襄州控制长江中游，俱由亲王担任都督、刺史。

通常以为，唐代皇室子弟多是遥领，实际情况却完全相反，尽管不是世代承袭，但是皇子出阁之后即出莅府州已成为一种常规，通过轮流执政，始终把持着重要地域。

亲王典州的政治惯例对唐代政治产生了很大的影响，比较突出的是贞观十七年（643）齐王李佑叛乱和垂拱四年（688）李唐诸王伐武（则天）之役。即使是地方宗教事务，也因为亲王担任府州职务而受到很大影响。比如蒋王李恽在襄州，就对当地的佛教社会产生影响：

> 释智拔，姓张，襄阳人。……贞观十四年九月十七日，于清信士张公英家，宿集竖义。开法花题讫，云今与乡里大德檀越等别，时不测其言也。遂敛容端默，众疑入定。迫而察之，已迁化矣。合境缁素，嗟惋特深。颜状如生，卓然加坐。蒋王躬临礼拜，烧香供养，赠物百余段。墓所设五千人斋，春秋六十八矣。①

《续高僧传》卷十四《释慧棱传》云：

> 隋末还襄，又逐安州嵩师入蜀，凡有法轮皆令覆述。吐言质朴，谈理入微，时人同号得意棱也。及嵩下狱，棱亦同绳，身被桎梏于成都县。一狱囚徒请讲三论，周于五遍，敕遂释放。便逐嵩还，既达安州，粮粒勇贵。……后还襄州紫金寺，讲论五年，众有三百，贞观八年又还须弥，讲涅盘大品惟度等经。至十二年三月，梦鹰入寺，群鸟飞去。因即散众。及司功搜访，一无所获。蒋王临襄，佛法昌显。请于梵云相续斋讲，道俗翕习又复腾涌。至十四年正月半，有感通寺昶法师，日梦见阎王请棱

---

① 唐惠详：《弘赞法华传》卷三，《大正藏》第51册，第19页中栏；又见道宣：《续高僧传》，《大正藏》第50册，第536页下栏—537页中栏。

公讲三论，拔公讲法华如何。……至九月末，蒋王见棱气弱，送韶州乳二两，逼令服之。……棱敛容便卒，即十四年十月十六日也，春秋六十有五。合境僧众七日七夜法集功德。蒋王赠绢五十疋，送于凤林山。①

"蒋王临襄，佛法昌显"，这应该是道宣自己的观察。襄州佛教向来发达，隋代时，秦王杨俊曾建麾襄沔，结交襄州僧众，比如慧旷等。②接替李恽担任襄州刺史的纪王李慎，也与襄州佛教界保持密切联系。永徽三年（652），释法显迁化。未终之前，门人见室西壁大开，白光遍满。"荆州都督纪王，夙传归戒，钦仰清晖，命右记室郭瑜铭之于彼。"③李慎坐镇襄州，"将修追圣废寺，纲总须人"，众人推举惠普，修明因道场凡三十所，皆尽轮奂之工，仍雕金碧之饰。④

两《唐书》中的李恽本传甚为简单⑤，敦煌文献中，有李恽指示其僚佐杜嗣先编纂的《兔园策府》。但是依据佛教文献可知，李恽是一个热心佛教的赞助者，曾在襄州佛教界扮演重要的角色。这自然丰满了他在历史上的形象。

敦煌文献中，《〈普贤菩萨证明经〉感应记》记载，去永徽三年十一月，蒋王府参军沈伯贵前随王任安州之日，住安陆县保定坊黄仕强家云云。⑥据《弘赞法华传》卷三"释智拔"条和《续高僧传》卷十四《释慧棱传》，李恽于贞观十四年（639）在襄州担任刺史。据《〈普贤菩萨证明经〉感应记》，李

---

① 道宣：《续高僧传》，《大正藏》第 50 册，第 536 页下栏—537 页中栏。
② 道宣：《续高僧传》，《大正藏》第 50 册，第 503 页中栏。
③ 道宣：《续高僧传》，《大正藏》第 50 册，第 600 页上栏。
④ 道宣：《续高僧传》，《大正藏》第 50 册，第 600 页中栏。
⑤ 《旧唐书》卷七十六，第 2660 页；《新唐书》卷八十，中华书局，1975 年，第 3575 页。
⑥ 浙敦 026（浙博 001）号 P.2136、P.2186、P.2297，北京图书馆藏阳 021A、露 095A、淡 058，上海图书馆藏 81253 号，俄 Дx.1672，俄 Дx.01680，日本京都大谷大学藏本。其中浙敦 026（浙博 001）号抄写最为精良，而且首尾完整。

恽转离任安州都督当在永徽三年。李恽转任安州，当在贞观十七年。在这一年，纪王李慎转任襄州刺史，接替李恽。所以从贞观七年（633）到贞观十七年，担任襄州刺史的都是亲王，分别是蜀王李愔（贞观七年到十年，633—636）、蒋王李恽（贞观十年到十七年，636—643）和纪王李慎（贞观十七年至永徽二年，633—651）。三位亲王先后莅藩襄州，符合襄州的重要政治军事地位和贞观朝的政治规则。这样，可以断定蒋王李恽的任职是贞观十年（636）转任襄州刺史，贞观十七年转任安州都督，永徽三年转任梁州都督。郁贤皓《唐刺史考全编》"襄州"条在蒋王李恽和纪王李慎之间插入"吉谦"，极不合理。而"安州"条误植蒋王李恽在贞观十年为安州都督，误。实际上，贞观十年接替郑王李元懿担任安州都督的是吴王李恪。① 由于对佛教文献的忽略，出现此类错误在所难免。作为当时人写当时事的佛教文献，理应纳入历史研究中，认真对待其史料价值。

相关的资料还有很多值得挖掘，又比如绛州刺史、徐王李元礼也是倾心佛教：

> 释僧彻，姓靳，河东万泉人。……秦州刺史房仁裕，表陈其事请立伽蓝，下敕许之，今之陷泉寺是也。公私荣庆，请彻以为寺主。俯从物议，遂乃从之。……及徐王部绛，寺又属焉。轩盖来寻，请居州邑。倾心尽礼，厚供弥隆。俄复还山，却崇前业。②

李元礼担任绛州刺史时，亲自去拜访僧彻，请他到州邑居住。

苏州刺史、江王李元祥也与苏州当地的高僧关系密切。苏州高僧释慧旻"入海虞山隐居二十余载，远方请业常百余人"。贞观十九年（645），刺史江

---

① 郁贤皓：《唐刺史考全编》，安徽大学出版社，2000年，第1826—1827页、第2571页。

② 道宣：《续高僧传》，《大正藏》第50册，595页中栏—595页下栏。

王"因国度人,行道之次,请令出山。王欲受戒施衣,传诸香供"①。吴地的另外一位高僧慧頵去世,江王学士诸麟为之制文。②值得指出的是,佛教文献记载都表明亲王僚佐虽然是京官,但是在府主出临州府时,大多跟随亲王上任,以亲王僚佐的身份兼任地方僚佐。这一制度在传统史料中鲜有记载,而集中体现在出土的墓志铭中,宗教文献无疑提供了重要佐证。

佛教史的研究往往容易脱离当时的政治、社会、文化、思想史的研究。在中古时代,佛教僧侣不但是宗教教徒,而且是知识分子。佛教社区构成了中古社会的一部分,佛教知识分子应该被视为知识精英的一部分,佛教僧团在政治和学术上的角色是研究中古史不可缺少的重要部分。就史料而言,许多佛教作品,比如《神州感通录》《法苑珠林》《续高僧传》等,都是当时人写当时事,而且其记述不限于关于佛教,涉及面甚广,对于研究当时的政治、社会、文化、生活都具有重要的史料价值。本文集中探讨了隋及唐初亲王这一政治角色与地方僧团的互动关系,目的正是要说明只有把佛教史纳入普遍的历史语境中才更能展现出真实的历史图景。

---

① 道宣:《续高僧传》,《大正藏》第 50 册,第 619 页下栏。
② 道宣:《续高僧传》,《大正藏》第 50 册,第 535 页中栏。

马长寿先生民族史研究中的唯物史观思想
——以《突厥人和突厥汗国》为例

雷姝婧

马长寿先生是我国著名的民族史学家，也是中华人民共和国成立后第一个运用马列主义研究古代北方民族历史的学者[①]，他的民族史系列论著是马克思辩证唯物主义和唯物史观与中国传统史学结合的重要范例，也是马克思主义中国化的重要成果。在20世纪60年代前，游牧民族的发展史曾引起中外学者的广泛关注，学界产生了关于游牧民族社会形态的种种争论。在讨论中，马长寿先生运用唯物主义的历史分析方法，梳理了突厥汗国的历史变革，论证了突厥社会形态演变的历程，揭示了游牧社会历史发展的内在规律。

一、马长寿先生论突厥社会形态的变革

20世纪50年代，随着新政权的巩固，马克思主义在全国意识形态领域确

---

① 参见林幹：《论马长寿先生在中国古代北方民族史研究中的杰出成就》，载王宗维、周伟洲编《马长寿纪念文集》，西北大学出版社，1993年，第20页。

立了主导地位。在马克思主义唯物史观的指导下，学界开始对我国古代社会的性质进行研究，突厥作为西北地区继匈奴、柔然之后崛起的又一个强大的游牧国家，其发展史自然为中外学者所瞩目。关于突厥汗国社会形态变革的经过，学界存在着三种不同的观点：第一种认为突厥不曾经历奴隶社会阶段，直接由原始社会进入封建社会；[1]第二种认为突厥始终处于奴隶社会阶段，未能进入封建社会阶段；[2]第三种认为突厥经历了从原始社会到奴隶社会再到封建社会的发展过程[3]，马长寿先生即持此种观点。

马先生将突厥社会的发展划分为三个阶段：第一阶段从突厥起源到阿史那土门建立突厥汗国（552）属于原始社会时期；第二阶段从突厥汗国建国后到东西突厥分裂（583）再到东突厥汗国灭亡（630），东突厥属于奴隶社会时期，西突厥则在6世纪中叶后由原始社会直接进入封建社会；第三阶段从东突厥汗国复兴（679）到汗国灭亡（745）属于封建社会时期。

（一）原始公社阶段

在第一阶段，突厥社会经历了从女系氏族部落到男系氏族部落再到柔然汗国奴隶部落的两次变革。与这两次变革紧密相连的是突厥族的两次迁徙，第一次是从叶尼塞河上游迁至高昌北山，第二次是从高昌北山迁至阿尔泰山之阳。

---

[1] 参见张之毅：《游牧的封建社会》，《科学通报》，1950年，第532—535页；侯尚智：《试论突厥汗国封建社会的形成——兼与马长寿先生商榷》，《兰州大学学报（人文科学版）》1959年第1期，第99—112页。

[2] 参见林幹：《突厥社会制度初探》，《社会科学战线》1981年第3期，第155—165页；吴景山编著：《突厥社会性质研究》，中央民族大学出版社，1994年。

[3] 参见马长寿：《突厥人和突厥汗国》，广西师范大学出版社，2006年；樊圃：《六到八世纪突厥社会研究（上）》，载中华书局编辑部编《文史》第32辑，中华书局，1990年，第67—84页；樊圃：《六到八世纪突厥社会研究（下）》，载中华书局编辑部编《文史》第33辑，中华书局，1990年，第145—162页。

突厥人起源于今蒙古草原西北部叶尼塞河上游的谦河流域，据马先生推测，彼时的突厥是一个"尚无畜牧和农业而以射猎捕鱼兼营采撷的氏族部落"①。高昌北山，史称贪汗山，即今吐鲁番盆地西北的博格达山，有丰富的矿产资源，在突厥人来此之前，已有许多铁勒人在这里从事锻铁手工业。迁居于此后，突厥人向铁勒人学习了冶铁技术，形成了畜牧业和锻铁手工业相结合的生产方式。马长寿先生推断，正是在突厥人从事冶铁生产后，由于生产资料、生产工具和从事生产的劳动者的变化，突厥社会才由女系社会转变为男系社会，同时由原始社会向阶级社会过渡。

5世纪中叶，柔然汗国征服高昌，把突厥迁至阿尔泰山之阳，这是突厥族的第二次大迁徙。马长寿先生认为，柔然汗国是一个以奴隶占有关系为主导的国家，此时的柔然统治阶级与突厥之间是奴隶主与奴隶部落的关系。在部落奴隶制下，被征服部落仍按原有的生产方式进行生产，但原有的政治机构被解散，被统治阶级以剥削和管理奴隶的方法统治。②在这一时期，突厥作为生产奴隶，为柔然统治阶级提供锻铁手工业产品。

马先生指出，"从5世纪末叶起，突厥锻工的从属关系和他们的手工业商品所服务的对象已经逐渐在变化了"③，突厥开始与邻国通商通聘，标志着它已经脱离了奴隶身份。摆脱奴隶身份的突厥人获得了积累财产的自由，财产私有制已在形成，在贸易和对其他部族的劫掠中快速积累财富，社会阶级逐渐分化。在与铁勒部落联合对抗柔然汗国的过程中，突厥社会由氏族部落发展到了部落联盟阶段，但在建国前，其社会形态仍处于原始公社的末期，并没

---

① 马长寿：《论突厥人和突厥汗国的社会变革（上）》，《历史研究》1958年第3期，第18页。
② 参见马长寿：《论匈奴部落国家的奴隶制》，《历史研究》1954年第5期，第99—119页。
③ 马长寿：《论突厥人和突厥汗国的社会变革（上）》，《历史研究》1958年第3期，第20页。

有进入奴隶社会。

(二)东突厥汗国奴隶社会、西突厥汗国封建社会阶段

公元552—583年被马长寿先生视为突厥汗国的形成时期。在开国之初,突厥汗国经历了"西破嚈哒,东走契丹,北并契骨,威服塞外诸国"[①]的频繁向外征战时期。彼时,汗国东部由木杆可汗(553—572)带领在蒙古草原四处征战,汗国西部由室点密可汗(562—576)带领征服西域诸国,短时间内就在中亚地区建立起了一个强大的统一国家。然而在马先生看来,东、西突厥虽然同样是通过军事征服建立起了多部族部落的国家,但由于被征服部落的社会性质不同,东、西突厥在同一时期分别发展出了奴隶占有制和封建制两种不同的社会形态,最终在统治阶级内部矛盾和社会制度矛盾的双重影响下走向了分裂。

马长寿先生从被征服的部族部落与汗国统治阶级之间的关系出发,论证了东、西突厥各自的社会性质。他认为,西域原有的许多城郭国家早在5世纪以前就已经建立了封建主义的社会,6世纪后叶西突厥"在各国已有的封建主义基础上建立了西突厥汗国"[②],由此直接从原始公社飞跃到了封建社会。而与西域诸国相比,蒙古草原上的游牧部族多停留在原始氏族社会阶段,在此基础上建立起的东突厥汗国延续了匈奴和柔然汗国的传统,成为奴隶制社会。

对于西突厥汗国而言,从东西突厥分裂(583)到西突厥灭亡(657)期间,是西突厥社会封建主义的发展时期,马先生通过对西突厥汗国与属国之间关系的分析,呈现了这一发展过程。

6世纪末时,龟兹国在西突厥的统治之下,据《大唐西域记》载,龟兹国

[①] 《周书》卷五十《异域下·突厥》,中华书局,1971年,第909页。
[②] 马长寿:《论突厥人和突厥汗国的社会变革(下)》,《历史研究》1958年第4期,第66页。

境内曾有一城，城中居民自恃龙种，拒不服从国王的命令，国王因此"引构突厥，杀此城人，少长俱戮，略无噍类"①。由此可知，突厥统治阶级虽没有取消石国原有的政治组织，但在被征服国家的人民不服从统治时采取残酷的屠杀政策，具有强烈的原始宗法社会和奴隶社会的色彩。此种残酷的政策还体现在西突厥汗国对铁勒部落的统治上，据《北史》记载，公元605年"突厥处罗可汗击铁勒诸部，厚税敛其物，又猜忌薛延陀等，恐为变，遂集其魁帅数百人，尽诛之"②。泥撅处罗可汗（587—611）不仅占有铁勒的劳动产品，还随意杀害铁勒部民，导致了铁勒部落的反叛。然而西突厥统治者发现，屠杀的代价是丧失人口和劳动力，因此他们开始采取其他办法。当中亚东部的石国背叛汗国的统治时，射匮可汗（611—619）兴兵灭之，"令特勤甸职摄其国事"③。马先生认为，此举是消灭原城郭国家的国王而代以突厥本族的贵族亲王④，类似于后世所谓"改土归流"的直接占领性质。直到统叶护可汗（619—628）时期，西突厥汗国"控弦数十万，霸有西域"，才开始对"西域诸国王悉授颉利发，并遣吐屯一人监统之，督其征赋"。⑤不改变西域诸国原有的政治组织，只革去其独立的政权，授予国王颉利发的称号，使臣服于西突厥可汗之下，向其收取赋税，⑥是一种封建主义的统治办法。

马长寿先生又以高昌国为例，证明附属国与西突厥汗国之间的封建关系。他引证《大唐大慈恩寺三藏法师传》中的记载，指出公元629年玄奘西行求法过高昌，麹义泰曾请统叶护可汗关照玄奘，为此献上绫绢五百匹和果味两车。

---

① 玄奘撰，辩机编次，芮传明译注：《大唐西域记译注·屈支国》，中华书局，2019年，第70页。
② 《北史》卷九十九《铁勒》，中华书局，1974年，第3303页。
③ 《北史》卷九十七《西域·石国》，第3235页。
④ 参见马长寿：《论突厥人和突厥汗国的社会变革（下）》，第55页。
⑤ 《旧唐书》卷一百九十四下《突厥下》，中华书局，1975年，第5181页。
⑥ 参见马长寿：《突厥人和突厥汗国》，第42—43页。

马先生认为这可看作是一种实物贡赋,反映了高昌对西突厥汗国的依附关系,《新唐书》所载的"初,文泰以金厚饷西突厥欲谷设,约有急为表里"①,也可看作是一种封建的货币租赋。②他认为,西突厥汗国对于西域城郭国家的关系是一种封建关系,西突厥可汗并没有根本摧毁西域城郭国家原有的经济条件,只是在形式上占领西域各国的全部土地,并对各地各族农牧民、手工业者、商民实行重税赋的剥削,是一种游牧民统治阶级对城郭人民的封建关系。③

对于东突厥汗国而言,汗国建立之初,频繁的对外征战为统治阶级带来了大量财富和异族俘虏,在已有的财产私有制和阶级分化的基础上,东突厥最终发展成了一个"以一部族统治和奴役其他部族部落人民的汗国"。④马长寿先生认为,东突厥汗国与被征服部族部落间是奴隶占有关系,被征服部落作为汗国的部落奴隶而存在。他指出,突厥人称被征服部落为"黑民",向各个被征服部落国家派遣吐屯进行统治,而当被统治部落发生叛变行为时,部落中的部民则沦为奴隶。

马长寿先生指出,6世纪后半叶的"汗国内部有不少异族奴隶,在汗国边境又有不少被奴役的部落和属国"⑤,对于这些被奴役部落和国家,突厥派遣吐屯去执行监统任务。吐屯在各国发挥的职能与匈奴的僮仆都尉类似,不仅收取赋税、榨取财富,还监督国内征战攻伐之事,是对别国政治的一种强权控扼。⑥据《北史·契丹传》记载:"突厥沙钵略可汗遣吐屯潘垤统之,契丹

---

① 《新唐书》卷一百四十六《西域上》,中华书局,1975年,第6223页。
② 参见马长寿:《论突厥人和突厥汗国的社会变革(下)》,第63页。
③ 参见马长寿:《论突厥人和突厥汗国的社会变革(下)》,第64页。
④ 参见马长寿:《论突厥人和突厥汗国的社会变革(下)》,第50页。
⑤ 马长寿:《突厥人和突厥汗国》,第79页。
⑥ 参见吴景山:《吐屯考》,《民族研究》1997年第6期,第100—107页。

杀吐屯而遁。"① 又《北史·室韦传》载："人贫弱，突厥以三吐屯总领之。"② 可知，突厥派去附属国的吐屯，不只行使监察和收取赋税的职能，还是对附属国政治组织的总领和把控，从侧面印证了东突厥汗国与被统治部落和国家间的奴隶占有关系。马先生还以契骨部落为例，引《新唐书》中的记载，黠戛斯"有金、铁、锡，每雨，俗必得铁，号迦沙，为兵绝犀利，常以输突厥"③，认为东突厥与契骨部落的关系类似于过去柔然汗国和突厥部落的关系，契骨作为奴隶部落每年向突厥汗国输送兵器及铁。

公元583年，统一的突厥汗国分裂，分裂后的东、西突厥汗国内部仍不相统一，诸可汗势力分地割据，阻碍了社会生产的发展。直到东突厥启民可汗（599—609）与西突厥泥撅处罗可汗（587—611）先后南下降隋，东西突厥汗国内部才又趋于统一。马长寿先生认为，东突厥在始毕、处罗、颉利三可汗（609—630）时期，社会内部逐渐产生了封建主义的因素，原始的宗法因素则逐渐消亡。④ 但由于统治阶级与被统治部落间的矛盾愈演愈烈，汗国内部被统治部落的反抗运动频频发生，东突厥汗国尚未进入封建社会阶段就在唐帝国的攻打下走向了灭亡。

（三）东突厥汗国封建社会阶段

马长寿先生认为，从8世纪初突厥汗国复国后直到汗国灭亡期间的突厥社会，是封建主义的社会形态。他从三个方面论述了突厥社会由奴隶制到封建制的转变。

第一，奴隶法的废除。如前所述，东突厥汗国灭亡的原因主要在于阶级

---

① 《北史》卷九十四《契丹》，第3128页。
② 《北史》卷九十四《室韦》，第3129页。
③ 《新唐书》卷二百一十七《回鹘下》，第6147页。
④ 参见马长寿：《突厥人和突厥汗国》，第40页。

间的矛盾冲突，因此复国后的统治阶级为巩固统治而采取了改革措施。马先生指出，在突厥以往的法度中，曾亡国家、失可汗者当为奴为婢，在骨咄禄（682—691）复国之时，他们为召集更多部众而宣布了流亡部众免于黜为奴隶的法令。后在苾伽可汗（716—734）时期，对于国内叛变的部落也不再全部歼灭或黜为奴隶。① 随着奴隶法的更改或废除，突厥社会的奴隶来源随之减少，牧民的私有财产得到了保障，阶级矛盾得以缓和。

第二，汗国统治阶级与被征服部落的关系。突厥文《苾伽可汗碑》中记载："为使贪漫山地方不能无主，吾等于整顿诃咥、黠戛斯后，出而征服之，但吾人复还其独立。"马先生认为，这显示出突厥统治阶级对于被征服的部族的政策之改变，仍使之独立成国。② 此外，突厥社会中的宗法关系也在逐渐解体，复国后的突厥汗国承认被征服部落酋长独立时的尊称爵位，足以看出被征服部落地位的上升，附属国与突厥汗国之间的关系逐渐由奴役关系转为封建关系。

第三，突厥汗国的生产关系。马长寿先生把生产关系作为区别两种社会形态的重要标志，他依据斯大林的定义，认为草原牧民封建社会的主要特征是土地为封建牧主所占有和牲畜及其他资料为牧民所私有。③ 在草原游牧国家中，所有牧场与土地在名义上均属汗国的最高统治者所有，其下人民"虽移徙无常，而各有地分"④。但随着最高统治者势力的减弱，突厥汗国很快就陷入分裂之局，贵族伯克们或分封或自立为可汗，通过兼并战争扩大自己的领地，对领地上的牧民进行剥削。"领主越多，领土划分越细，牧民的牧地便越变越小，最后一部落的牧民只能在一小领主所统治的领土内进行游牧，这样就加

---

① 参见马长寿：《论突厥人和突厥汗国的社会变革（下）》，第58页。
② 参见马长寿：《突厥人和突厥汗国》，第89页。
③ 参见马长寿：《突厥人和突厥汗国》，第90页。
④ 《周书》卷五十《异域下·突厥》，第910页。

强了领主对牧民的剥削。"①到了封建社会时期，实际上占领土地的是各地区的封建领主，在土地上从事生产的是小私有者牧民而不是奴隶，在土地与牧民关系日益加紧的过程中形成了游牧社会的封建关系。

据此，马长寿先生认为，8世纪复国后的突厥汗国，其生产关系已经不是奴隶所有者的形态，而是封建主义的社会经济形态了。

二、马长寿先生对唯物史观基本原理的运用

马长寿先生对突厥社会形态的种种分析均建立在马克思主义唯物史观的基础之上。在马克思主义哲学中，唯物史观占据着重要地位，与剩余价值学说一同被恩格斯称为马克思一生中的两个伟大发现，②1845年马克思与恩格斯合作完成的《德意志意识形态》标志着这一伟大发现的诞生。

1859年，马克思在《〈政治经济学批判〉序言》中把唯物史观的基本原理简要表述为：

> 人们在自己生活的社会生产中发生一定的、必然的、不以他们的意志为转移的关系，即同他们的物质生产力的一定发展阶段相适合的生产关系。这些生产关系的总和构成社会的经济结构，即有法律的和政治的上层建筑竖立其上并有一定的社会意识形式与之相适应的现实基础。物质生活的生产方式制约着整个社会生活、政治生活和精神生活的过程。不是人们的意识决定人们的存在，相反，是人们的社会存在决定人们的意识。社会的物质生产力发展到一定阶段，便同它们一直在其中活动的现存生产关系或财产关系（生产关系的法律用语）发生矛盾。于是这些

---

① 马长寿：《论突厥人和突厥汗国的社会变革（下）》，第60页。
② 参见恩格斯：《在马克思墓前的讲话》，载中共中央马克思恩格斯列宁斯大林著作编译局编《马克思恩格斯选集》第3卷，人民出版社，1972年，第574页。

关系便由生产力的发展形式变成生产力的桎梏。那时社会革命的时代就到来了。①

在这篇重要文献中,马克思还指出了人类社会发展的基本历史进程:

> 无论哪一个社会形态,在它们所能容纳的全部生产力发挥出来以前,是决不会灭亡的;而新的更高的生产关系,在它存在的物质条件在旧社会的胎胞里成熟以前,是决不会出现的……大体说来,亚细亚的、古代的、封建的和现代资产阶级的生产方式可以看做是社会经济形态演进的几个时代。②

其中提出的社会经济形态思想,是马克思恩格斯早期思想中最卓越的成果,也是唯物史观创立的标志。③唯物史观的提出为广大研究者提供了研究历史的科学途径,即把社会经济形态的发展视为一种自然历史过程去研究。在马克思主义的指导下,马长寿先生对突厥社会的分析就是以社会形态的发展为核心,运用唯物史观的基本原理分析不同时期突厥社会的生产力与生产关系、经济基础与上层建筑、阶级和阶级斗争等多个范畴,探究游牧民族历史发展的规律。

(一)生产力与生产关系

唯物主义历史观的首要观点就是物质资料的生产是人类社会存在和发展的基础,再基于此展开对物质资料生产方式的分析。马克思在1849年发表的《雇佣劳动与资本》中,对物质资料的生产方式与社会形态之间的关系做了如下的说明:

> 总之,各个人借以进行生产的社会关系,即社会生产关系,是随着

---

① 中共中央马克思恩格斯列宁斯大林著作编译局编:《马克思恩格斯选集》第2卷,人民出版社,1972年,第82—83页。
② 中共中央马克思恩格斯列宁斯大林著作编译局编:《马克思恩格斯选集》第2卷,第83页。
③ 参见艾福成、周宝余主编:《唯物史观史纲要》,吉林大学出版社,1990年,第91页。

物质生产资料、生产力的变化和发展而变化和改变的。生产关系总合起来就构成所谓社会关系，构成为所谓社会，并且是构成为一个处于一定历史发展阶段上的社会，具有独特特征的社会。古代社会、封建社会和资产阶级社会都是这样的生产关系的总和，而其中每一个生产关系的总和同时又标志着人类历史发展中的一个特殊阶段。①

从马克思的论述中可以得知，社会关系是生产关系的总和，生产关系随生产力的变化而变化，也就是说，"社会发展史首先便是生产发展史、数千百年来新陈代谢的生产方式发展史、生产力和人们生产关系发展史"②。

生产力是生产中最活动、最革命的因素，而且是生产发展的决定因素。③马长寿先生在论述突厥的社会形态时始终坚持从生产力入手，从劳动者、劳动资料和劳动对象三个方面分析突厥社会在不同时期的生产力水平。劳动对象是把自己的劳动加在其上的一切物质资料。马克思把劳动对象分为两类，第一类是天然存在的劳动对象，例如土地、河流、森林和矿藏；第二类是经过加工的原料，例如开采出来的矿石，是已经通过劳动而发生过变化的劳动对象。劳动资料是劳动者置于自己和劳动对象之间、用来把自己的活动传导到劳动对象上去的物或物的综合体。马克思把劳动资料分为机械性的劳动资料（如生产工具）和只是充当劳动对象容器的劳动资料（如管、桶、篮、罐等），并且在广义上把劳动过程所需要的一切物质条件（如厂房、运河、道路等）都算作劳动资料。劳动资料不仅是人类劳动力发展的测量器，而且是劳动借以进行的社会关系的指示器。④

---

① 中共中央马克思恩格斯列宁斯大林著作编译局编：《马克思恩格斯选集》第1卷，人民出版社，1972年，第363页。
② 斯大林：《列宁主义问题》，外国文书籍出版局，1946年，第724页。
③ 参见斯大林：《列宁主义问题》，第732页。
④ 参见马克思著，中共中央马克思恩格斯列宁斯大林著作编译局译：《资本论》第1卷，人民出版社，2004年，第209—211页。

马长寿先生认为，突厥人在6世纪之前经历了由原始社会向阶级社会的变革，其主要依据就是突厥人的劳动对象和劳动资料的变革。在迁往高昌北山以前，突厥人是一个生活在叶尼塞河上游南西伯利亚森林雪地中的以射猎捕鱼兼营采集的氏族部落。此时突厥人的劳动对象是天然存在的原始森林与河流湖泊，劳动资料即劳动者的双手和简单的工具，生活生产力水平低下。迁到高昌北山后，突厥族开始以畜牧和锻铁为业，畜牧业和锻铁手工业的劳动对象分别是牲畜和矿石，均是经过加工的原料，并且手工业的发展需要许多精细的生产工具，这意味着生产资料的进步和生产力的发展。基于此，马长寿先生认为突厥社会中主要的劳动承担者也发生了改变，由女系氏族社会进入男系氏族社会的同时阶级逐渐分化。

马克思指出，随着新生产力的获得，人们便改变自己的生产关系：

> 社会关系和生产力密切相联。随着新生产力的获得，人们改变自己的生产方式，随着生产方式即保证自己生活的方式的改变，人们也就会改变自己的一切社会关系。手推磨产生的是封建主为首的社会，蒸汽磨产生的是工业资本家为首的社会。①

马长寿先生强调冶炼与锻造技术对突厥社会发展的作用，他根据柔然汗国贵族墓葬中出土的铁制品和《周书》中对突厥兵器和"金狼头""金镞箭"的记载，突厥的锻铁手工业在作为柔然汗国奴隶部落时已经发展到相当高的水平，认为突厥迁到阿尔泰山之阳后，在该地发展了一个"相当巨大的锻铁手工业工地"②。据马先生推断，突厥的锻铁手工业在6世纪初就已经发展到了相当高的水平，并向西域各国和西魏出售铁器。但此时的突厥仍是柔然汗国的锻奴，马先生指出，落后的奴隶制的生产关系阻碍了生产力的发展，突厥

---

① 马克思：《哲学的贫困》第二章，载中共中央马克思恩格斯列宁斯大林著作编译局编《马克思恩格斯选集》第1卷，第108页。

② 马长寿：《突厥人和突厥汗国》，第10页。

生产力的发展与柔然的生产关系发生了不可调和的矛盾，迫使突厥人爆发了反抗柔然汗国统治的"锻铁手工业集团的起义"。①

生产力对生产关系的决定性作用还体现在西突厥社会封建主义的发展过程中，马先生认为，与东突厥不同，西突厥在6世纪后叶直接由原始公社制飞跃到了封建主义社会，不曾经过奴隶社会的阶段。他指出，要解释西突厥封建主义的早熟性，则必须诉诸当时在西突厥统治下的西域诸国的生产力上。②在西汉时期，西域诸国就已经发展了灌溉农业和矿产手工业，在丰富的农产品和手工业产品的基础上又发展出了商业贸易，发达的生产力使西域诸国在被西突厥统治之前就建立起了封建的生产关系。西突厥的统治阶级征服西域诸国后，自然地在各国已有的封建基础上建立了自己的统治，迈入了封建主义社会。西突厥汗国的封建制度是西域各国生产力发展的结果，只凭征服者的军事组织是无法制造封建的内容的。③

生产关系与生产力并不总是相适应的，生产关系既可能落后于生产力的发展，也可能先于生产力的发展。斯大林在1938年写作的《辩证唯物主义与历史唯物主义》一文中归纳了马克思主义的"生产"的三个特点，其中生产的第三个特点是：

> 新的生产力以及与其相适合的生产关系产生的过程，并不是离开旧制度而单独发生的，不是在旧制度消灭以后发生的，而是在旧制度内部发生的；不是由于人们有意自觉活动的结果，而是自发的、不自觉的、不依人们意志为转移地发生的。④

据此，马先生认为，虽然6—8世纪的东突厥汗国属于奴隶社会，但封建主义

---

① 参见马长寿：《突厥人和突厥汗国》，第13页。
② 参见马长寿：《论突厥人和突厥汗国的社会变革（下）》，第64页。
③ 参见马长寿：《突厥人和突厥汗国》，第97页。
④ 斯大林：《列宁主义问题》，第732页。

的势力同样长期存在于突厥社会之中。他指出，草原游牧社会中的封建的畜产私有制早在四五世纪就已经出现了，奴隶制却剥夺了牧民对牲畜的所有权。在颉利可汗时期，突厥社会中也存在某种封建主义的生产关系，牧民与领主之间已经产生了通过土地相联系的封建关系。他相信，新旧社会的交替不是截然分离的，新的社会制度是在旧的社会制度的不断崩溃中萌生的。

（二）经济基础和上层建筑

在唯物史观中，生产关系的总和构成了经济基础，经济基础之上有法律的和政治的上层建筑，并有一定的社会意识形式与之相适应，"如果基础发生变化和被消灭，那么它的上层建筑也就会随着发生变化和被消灭。如果产生新的基础，那就会随着产生同它相适应的上层建筑"[①]。

马长寿先生对突厥汗国奴隶法的分析，就建立在对经济基础与上层建筑关系的把握之上。在马克思主义理论中，法律作为政治上层建筑的一种，源于经济基础，是一定物质生产方式所产生的利益和需要的表现。马先生认为，在6—8世纪的突厥汗国中存在一种奴隶法，隋文帝讨突厥诏中的"世行暴虐，家法残忍"一句，即是对此种残酷的奴隶法而言的。他根据阙特勤碑和苾伽可汗碑上突厥文的记载，总结出了突厥汗国关于奴隶的几种法度：其一是国内外被征服部落、部族如有叛乱行为，这些部落人民则降为奴隶；其二是突厥平民中的从征骑士，在作战中如不能保护主帅，因而至于亡国家、失可汗者，这些骑士就被黜降为奴隶。[②] 此种严苛的奴隶法，体现了奴隶制经济对大量奴隶的需要，扩大了奴隶的来源，维护了奴隶主阶级的利益，是经济基础对上层建筑的决定作用的体现。

[①] 斯大林著，中共中央马克思恩格斯列宁斯大林著作编译局编：《马克思主义和语言学问题》，人民出版社，1971年，第3页。

[②] 参见马长寿：《突厥人和突厥汗国》，第82—84页。

相对地，法律作为上层建筑也具有影响经济基础的能力。复兴后的汗国统治阶级意识到突厥汗国灭亡的原因，决心对旧制度进行改革，其中最重要的改革就是取消奴隶法。突厥奴隶法的取消始于骨咄禄复国时期，据《苾伽可汗碑》记载：

> 吾父（颉跌利施可汗）东西奔走，招集散亡，得众七百人。既得众七百，依吾祖宗之法，而组织曾亡国家失可汗，为奴为婢，丧失突厥法制之民族，并从而鼓舞之，彼整顿铁勒及达头民众，并予以叶护及设。①

8世纪突厥汗国复兴后，统治阶级取消了国内人民中不必沦为奴隶却黜降为奴隶的传统法度，且对于国内叛变的部落，并不全部歼灭或降其人民为奴隶，大大减少了奴隶的来源，打击了落后的奴隶制经济。随着奴隶法度的改变，社会里的宗法关系也逐渐在解体②，各属国的异族酋长的尊称爵位获得了突厥汗国的承认，推动了汗国与被征服部落之间由奴隶关系向封建关系的转变。

马长寿先生清楚地认识到，无论是国家、政治制度还是法律的上层建筑，本质上都是统治阶级意志的表现。在对突厥汗国的奴隶法改革进行分析时，他强调："这些改革和让步，不是为了人民，主要还是为了维持统治阶级的利益。"无论是从原始公社制到奴隶制的变革，还是从奴隶制到封建制的变革，都不是统治阶级的有意识的自觉活动。统治者"只是想到自己的日常利益，只是想要减轻自己的劳动，谋得某种直接的可以感触到的益处"③，他们改革的直接目的是维护统治，并没有意识到结果会引向社会制度的变革。

（三）阶级和阶级斗争

在马克思主义理论中，阶级是一个历史的范畴，其存在与生产发展的一

---

① 汤姆森（V. Thomsen）译，韩儒林重译：《突厥文苾伽可汗碑译释》，第5页。
② 参见马长寿：《论突厥人和突厥汗国的社会变革（下）》，第58页。
③ 斯大林：《列宁主义问题》，第733页。

定历史阶段相联系。恩格斯在《反杜林论》中说明了阶级分化的两种途径，两者均是以生产力发展的一定程度为前提。其中的第二种是：

> 生产已经发展到这样一种程度：人的劳动力所能生产的东西超过了单纯维持劳动力所需要的数量；维持更多的劳动力的资料已经具备了；使用这些劳动力的资料也已经具备了；劳动力获得了价值。但是公社本身和公社所属的集团还不能提供多余的供自由支配的劳动力。战争却提供了这种劳动力……在这时已经达到的"经济情况"的水平上，战俘获得了一定的价值；因此人们就让他们活下来，并且使用他们的劳动。这样，不是暴力支配经济情况，而是相反地暴力被迫为经济情况服务。奴隶制被发现了。[①]

在马长寿先生看来，草原游牧社会阶级的分化就是通过这第二种途径，他在分析游牧国家的奴隶制时指出，第一次大分工中畜牧业从原始狩猎业中分化出来，畜牧业的生产率大大提高，产生了对新的劳动力的需要，战争中的俘虏就成为奴隶，社会分裂为主人和奴隶两个阶级。[②] 在对突厥社会进行阶级分析时，马长寿先生不仅区分了统治阶级与被统治阶级，还区分了统治阶级内部的不同的集团和被统治阶级中的不同阶层。

突厥建国后，统治阶级参考过去匈奴国家的统治方式，将汗国划分为东西两部，西部由土门之弟室点密治理，东部由土门及其直系子孙治理。汗国成立之初，东、西突厥各自征伐，国力空前强盛，也在统治阶级的内部产生了多个利益集团。它钵可汗继位后，分封了其兄科罗之子摄图为尔伏可汗，统东面，其弟褥但之子为布离可汗，统西面，统治阶级的权力愈发分散。它钵可汗去世后，东突厥内部就产生了汗位继承的纠纷，到沙钵略可汗时

---

① 恩格斯：《反杜林论》，载中共中央马克思恩格斯列宁斯大林著作编译局编《马克思恩格斯选集》第3卷，第560页。

② 参见马长寿：《论匈奴部落国家的奴隶制》，第102页。

期，突厥汗国即呈现五汗分立的局面。汗国内部五个主要的统治集团分别为东突厥的沙钵略可汗、第二可汗（它钵子菴罗）、阿波可汗（木杆可汗子大罗便）、叶护可汗（沙钵略之弟处罗侯）以及西突厥的达头可汗（576—603，室点密子玷厥）。到6世纪末都蓝可汗（587—599）后，又表现为都蓝可汗、达头可汗和突利可汗（处罗侯子染干）三足鼎立，直到7世纪初年才又统一起来。

被统治阶级中包括汗国的普通牧民、被征服部落的"黑民"和奴隶，"黑民"和奴隶均为奴隶阶级。统治阶级与被统治阶级之间存在着不可调和的矛盾，并通过阶级斗争表现出来。马克思曾经说过"到目前为止的一切社会的历史都是阶级斗争的历史"[1]，恩格斯对这一结论进行了更进一步解释：

> 按照这个法则，一切历史上发生的斗争（不论它是在政治的、宗教的、哲学的领域中发生的，或是在任何其他意识形态领域中发生的），实际上只是各个社会阶级彼此斗争的多少明显的表现，而这些阶级的存在以及它们之间的冲突，则是由它们经济状况的发生程度、生产的性质和方式及由生产所决定的交换的性质和方式来制约的。[2]

马长寿先生从阶级的观点分析了游牧社会中的战争和冲突，认为这些斗争本质上是草原各族人民在不断对历代统治阶级进行的反奴役、反剥削的斗争运动，是推动社会发展的动力。[3]他把各族牧民从6—7世纪的不断起义形容为"牧民牲畜所有者的起义"，意在强调统治阶级与被统治阶级之间在生产资料占有关系上的冲突。

马先生认为，此种阶级斗争从匈奴立国后就开始了，匈奴国家的灭亡，

---

[1] 马克思、恩格斯：《共产党宣言》，载中共中央马克思恩格斯列宁斯大林著作编译局编《马克思恩格斯选集》第1卷，第250页。

[2] 《恩格斯为本书第三版作的序言》，载马克思《路易·波拿巴的雾月十八日》，人民出版社，1962年，第Ⅶ页。

[3] 参见马长寿：《突厥人和突厥汗国》，第85页。

是由于奴隶与被奴役部落的联合反抗；其后的柔然汗国的灭亡，也是由于被奴役的高车和突厥部落的联合起义。突厥汗国建立之后，承袭并发展柔然汗国的奴隶制度，并对外频繁展开征服战争。这种制度给汗国的统治埋藏下了严重的危机，即形成了一个庞大的奴隶阶级，奴隶阶级对奴隶主阶级的持续斗争最终使突厥汗国走向了灭亡。他指出，蒙古草原上奴隶和被奴役部落的起义斗争，不仅颠覆了奴隶主的国家，而且削弱了奴隶所有者社会的基础。突厥汗国复国后，统治阶级为了平息被征服部落和奴隶的反抗运动，废除了奴隶法，使奴隶主与牧奴的关系变为封建牧主对牧民的关系，封建主义的社会开始形成。①

在阶级和阶级斗争理论的基础上，马克思主义的阶级分析方法还要求研究者持有正确的阶级立场，把爱憎分明的阶级感情和冷静的科学精神结合起来，始终站在人民的立场上对历史进行分析。在《我们拒绝什么遗产？》一文中，列宁对米海洛夫斯基的观点进行了激烈的批评，并发表了如下观点：

> 如果某种学说要求每个社会活动家要以严峻的客观态度分析现实以及在这个现实的基础上所形成的各阶级间的关系，那怎么能够由此作出结论，说社会活动家不应当同情这个或那个阶级，说他"不应该"这样做呢？在这里谈应该不应该，简直是可笑的，因为没有一个活着的人能够不站到这个或那个阶级方面来（既然他已经了解它们的相互关系），能够不为这个或那个阶级的胜利而高兴，为其失败而悲伤，能够不对敌视这个阶级的人和散布落后观点来妨碍这个阶级发展的人表示愤怒，等等，等等。②

---

① 参见马长寿：《论突厥人和突厥汗国的社会变革（下）》，第62页。
② 列宁：《我们拒绝什么遗产？》，载中共中央马克思恩格斯列宁斯大林著作编译局编译《列宁全集》第2卷，人民出版社，2013年，第424页。

马克思主义的阶级观认为每个人都属于某个阶级，因此具有鲜明的阶级情感，这种阶级情感不可避免的会在该人的活动中体现出来。马长寿先生在分析突厥社会发展的过程中，始终站在受到奴役和压迫的牧民的立场之上。因此，他对突厥汗国的复国运动给予了较高的评价，认为复国运动代表了突厥人民的意志，由于"唐灭突厥后，干涉突厥自治，并役使突厥人民东征西讨，而突厥人民深感亡国家、亡可汗之苦，故不惜拥护任何一个可汗的后裔使之进行突厥复国运动"①，此种复国运动具有反压迫、反奴役的起义性质。然而，关于突厥汗国复国运动的性质，也有学者提出了不同意见，如樊圃先生认为，骨咄禄重建突厥汗国是属于分裂大唐王朝的性质，是贵族奴隶主阶级为了重新取得对突厥人民的统治权、恢复对突厥人民的奴役而发动的叛乱，不是多数突厥人民的愿望。②马先生与樊圃先生均是站在突厥人民的立场上，却得出了截然不同的结论，此种看法上的分歧也许与两人不同的研究视角有关，究竟应该如何看待，有待于更进一步讨论。

（四）民族和民族之间的关系

马克思在《德意志意识形态》中提出："各民族之间的相互关系取决于每一个民族的生产力、分工和内部交往的发展程度。这个原理是公认的。然而不仅是一个民族与其他民族的关系，而且一个民族本身的整个内部结构都取决于它的生产以及内部和外部的交往的发展程度。"③

马长寿先生认为，研究古代国家或地区的社会历史时，首先要区分单部族的国家和多部族部落的国家。在多部族部落国家中，各族的历史与整个国

---

① 马长寿：《突厥人和突厥汗国》，第59页。
② 参见樊圃：《六到八世纪突厥社会研究（下）》，载中华书局编辑部编《文史》第33辑，第158—160页。
③ 马克思：《德意志意识形态》，载中共中央马克思恩格斯列宁斯大林著作编译局编《马克思恩格斯全集》第3卷，第24页。

家的历史是以一种辩证的关系而发展着的问题。①国家社会性质的变革和飞跃源于生产关系的变化，而生产关系的变化则受到国家整体与国内各部族部落之间错综复杂的相互关系和作用的影响。

马长寿先生把此种多部族部落国家看成是"许多阶级的对立、许多所有制的对抗以及许多族的共同体的相互矛盾的产物"②。首先是各族之间的关系。族与族之间的关系表现为矛盾和共生两个方面，各族之间既有征服和压迫，也有经济的联系和文化的交流。在此种往来过程中，进步的经济战胜了落后的经济，先进的文化带动了落后的文化，导致了各部族部落的生产方式、所有制和社会形态的变化。其次，国家由各族构成也为各族的生产关系和所有制所决定。因此各族社会性质的变革又导致国家社会形态的变化。同时，国家也制约着各族的生产关系和所有制的变化，统治阶级为了维护阶级利益，通常会通过国家政策的手段推进或阻碍各族的生产力和生产关系的变化发展。

马长寿先生所使用的多部族部落国家的概念与马克思主义中的国际主义的观点也有相契合之处，主张一种超越民族主义的多民族的国家，论述了民族与国家之间的辩证关系，对现阶段我国的多民族国家的建设和铸牢中华民族共同体意识也有重要的启发作用。

三、马长寿先生在唯物史观基础上对社会形态理论的本土化改造

（一）唯物主义的历史观

上文分析了马长寿先生对唯物史观基本原理的运用，在对具体理论的应

---

① 参见马长寿：《论突厥人和突厥汗国的社会变革（上）》，第14页。
② 马长寿：《论突厥人和突厥汗国的社会变革（上）》，第10页。

用外，更重要的是马先生对唯物主义的历史观的认同。马长寿先生在《论突厥人和突厥汗国的社会变革》一文中写道：

> 在一国之内有封建主义的部族，也有奴隶制的部族；有无阶级的氏族和部落，也有从无阶级向有阶级过渡的部落和部落联盟。古代的中国和蒙古草原，就是以这一类参差不齐的各种"族的共同体"为内容的。
>
> 于是，各部民的生产方式、所有制及社会形态，都发生了变化，且与各族社会形态变化相适应的同时，各族的共同体本身也跟着由氏族发展为部落，由部落发展为部族，由部族发展为民族。①

可以看到，马先生根据不同的社会发展阶段，区分了部族、氏族、部落和部落联盟等共同体类型，并使用"族的共同体"一词作为氏族、部落、部族、民族四种共同体的共名。②学界对于"部族"概念通常有两种解释，其一源于我国的古词，是"部落和氏族"的简称；其二源于苏联，指奴隶制和封建制时期过渡型的人们共同体。根据马长寿先生对"族的共同体"概念的解释可以看出，他是在第二种意义上使用"部族"一词的，把部族作为民族共同体中的一个类型，由此体现不同的社会发展阶段有着相应的民族共同体类型。

这种对民族共同体的发展形态和发展阶段的区分也体现在马克思主义经典作家的著作中。在《家庭、私有制和国家的起源》中，恩格斯对氏族、胞族、部落和部落联盟各自的特征及相互之间的关系做了论述，概括来说即几个氏族组成一个胞族，几个胞族组成一个部落，几个部落组成一个部落联盟。由氏族作为社会单位，胞族、部落和部落联盟均从这种单位中发展出来，代表着不同层次的血缘亲属关系，共同建立在氏族组织的基础之上。

恩格斯认为，这种氏族社会组织在蒙昧时代中级阶段发生，在野蛮时代

---

① 马长寿：《论突厥人和突厥汗国的社会变革（上）》，第9页。
② 马长寿：《论突厥人和突厥汗国的社会变革（上）》，第9页注释㊀。

低级阶段达到全盛。但野蛮时代中级阶段发生第一次社会大分工后，生产力迅速发展，生产规模的扩大产生了对劳动力的需求，战争所获的俘虏变为奴隶，社会分裂为主人和奴隶、剥削和被剥削阶级，严重破坏了氏族组织。恩格斯把氏族和部落限定在公有制和无阶级的社会之中，认为氏族制度是从那种没有任何内部对立的社会中生长出来的，而且只适合于这种社会。他把部落联盟视为朝民族形成跨出的第一步，但这只是一个开始。虽然恩格斯不曾明确提出部族组织，但可以推测，从第一次社会大分工后至到文明时代前，从氏族和部落组织到民族之间，还应存在某种过渡的形式——部族。[①]

对部族概念的使用，反映了马长寿先生赞同历史运动具有客观规律，认为民族共同体的发展对应着社会形态的发展，体现了他的唯物主义的历史观，此种科学的历史观构成了他对匈奴、柔然和突厥等游牧民族社会形态分析的基础。

（二）古代游牧民族的社会形态变革

1938年，斯大林在《辩证唯物主义与历史唯物主义》一文中清晰地概括出了马克思主义社会形态的五个阶段，指出："历史上有五种基本生产关系：原始公社制的，奴隶制的，封建制的，资本主义的，社会主义的。"[②]

唯物史观传入中国后，社会形态理论很快就成为我国马克思主义史学家研究中国历史发展的理论依据。马长寿先生对突厥汗国社会性质的分析便是运用社会形态理论分析中国古代游牧民族的一次尝试，也是马克思主义理论中国化的产物。他的分析首先建立在对唯物史观这种单线的、进步的社会发展规律的认同之上，在宏观上以社会形态理论为指导，微观上运用生产、阶

[①] 参见恩格斯著，中共中央马克思恩格斯列宁斯大林著作编译局译：《家庭、私有制和国家的起源》，人民出版社，1972年，第164—176页。

[②] 斯大林：《列宁主义问题》，第727页。

级斗争等理论分析社会变革的具体原因。

马长寿先生对蒙古草原游牧民族社会形态的分析是纵向地、连贯地进行的，他认为，在匈奴国家建立之时，草原游牧民族由原始氏族社会步入了奴隶社会，而后突厥汗国的复兴时，草原游牧部族由奴隶制发展为封建主义社会。① 结合游牧社会的特点与马克思主义社会形态理论，马先生提出了"部落奴隶制"和"牧民封建社会"两个概念，分别与游牧社会的奴隶制时期和封建制时期相对应，适用于判断不同时期不同游牧民族的社会形态。

首先，马先生认为游牧社会中存在一种特殊的奴隶制的剥削，即部落奴隶制。他在1954年发表的《论匈奴部落国家的奴隶制》一文中提出，奴隶制的形式既有初级的和高级的之分，而各地域、各国家在不同的历史条件下，奴隶制发展的内容又不尽相同。他指出：

> 蒙古草原的奴隶制有他显著的特点：他是以家畜和牧奴私有的奴隶主之畜牧经济为基础的；土地和牧场则属于部落的或国家的公有制；他们的社会制度还不曾和原始公社脱离得一干二净，尤其是奴隶主的氏族制还起着很大的作用。但一般说来，这种奴隶制最初是以家长制的家族单位为前提而进行。自从成立了国家以后，然后在家族奴隶的基础上实行了被征服的异族部落的奴隶制。②

在马克思主义的社会形态理论中，奴隶制是人类社会历史发展的必经阶段，但在不同的社会中奴隶制的具体形态存在差别：

> 在古代世界，商业的影响和商人资本的发展，总是以奴隶经济为其结果；不过由于出发点不同，有时只是使家长制的、以生产直接生活资料为目的的奴隶制度，转化为以生产剩余价值为目的的奴隶制的。③

---

① 参见马长寿：《突厥人和突厥汗国》，第17页。
② 马长寿：《论匈奴部落国家的奴隶制》，第104页。
③ 马克思著，中共中央马克思恩格斯列宁斯大林著作编译局译：《资本论》第3卷，人

家长奴隶制也称家族奴隶制或父权奴隶制，是在原始社会解体过程中形成的奴隶社会的雏形，在马克思主义经典作家的论述中，奴隶制按其发展水平可以分为家长奴隶制和发达的奴隶制，前者以满足家庭需要为目的，奴隶有时具有家庭成员资格，后者以生产剩余价值为目的，奴隶只是会说话的工具，可以被任意买卖或屠杀。马克思与恩格斯又进一步把发达的奴隶制分为以希腊、罗马为代表的古典古代的劳动奴隶制和东方的家庭奴隶制。①

马先生认为，蒙古草原上不可能产生如同希腊、罗马一般的劳动奴隶制，而是由家族奴隶制发展到部落奴隶制。② 他指出：

> 部落奴隶制，从古典希腊、罗马的奴隶制社会史来看是一种畸形的发展，但从草原奴隶制社会史来看，我们觉到上述两种奴隶制的产生和赓续都是非常自然的。③

在部落奴隶制下，奴隶主对于所征服的部落和国家，仍让它们在原地按照原有的方式生产和生活，原部落的酋长仍管理这些部落，但奴隶部落的生产资料和生产者均属于奴隶主，部落奴隶在本质上即一种生产奴隶，属于发达的奴隶制中的一种。马先生认为，部落奴隶制不同于封建贡赋制，它是以家族奴隶制为基础的产物，以家畜和牧奴私有的奴隶制畜牧经济为基础，土地或牧场公有并留有原始公社制的残余。由于游牧生产的特点，游牧社会中无法形成大批奴隶一起生产的工场，家庭奴隶也就无法发展为劳动奴隶。奴隶主阶级为了维护自身的利益，便以剥削和管理奴隶的办法统治被征服的异族部落，"于是家族的奴隶制在未充分发展为生产奴隶制的情况下，便扩充为部

民出版社，1975年，第371页。

① 参见恩格斯著，中共中央马克思恩格斯列宁斯大林著作编译局译：《家庭、私有制和国家的起源》，第163页。
② 参见马长寿：《论匈奴部落国家的奴隶制》，第99—119页。
③ 马长寿：《论匈奴部落国家的奴隶制》，第109页。

落奴隶制"①。

其次,马长寿先生提出了"草原牧民封建社会"的概念。从他对西突厥汗国封建制度和东突厥汗国封建制度的论述中可以看出,"草原牧民封建社会"对应着游牧民族的封建社会阶段,不同于西突厥汗国中的"牧民统治阶级对西域各国的封建关系"②,这是一种建立在游牧经济基础上的封建制度。马先生指出:

> 草原牧民封建社会主要特征,在于土地为封建牧主所占有和牲畜及其他资料为牧民所私有……匈奴国家与突厥汗国的主要区别,是前者主要的生产阶级是奴隶,而后者主要的生产阶级,不是奴隶,而是牲畜的小私有者的牧民。所以牲畜及其他资料——帐幕、生产工具之为牧民所私有,是突厥汗国封建社会的主要特征。③

马长寿先生认为,这种牧民的私有制早在四五世纪时就存在了,奴隶制却要剥夺牧民们拥有财产的权力,因此导致了接连不断的牧民起义运动,这些牧民的反奴役反剥削运动成为突厥汗国封建主义发展的主要动力。

综上所述,马长寿先生以唯物史观和社会形态理论为依据,清晰地划分了突厥社会发展的不同历史阶段,回应了学界关于游牧民族是否经历过奴隶制的争论,为游牧民族社会形态发展阶段的划分提供了可供参考的标志。他在唯物史观的基础上,分析了突厥汗国的社会变革,归纳出了草原游牧民族社会的发展历程——从原始的氏族公社到家族奴隶制,再到部落奴隶制,最后进入牧民封建社会,实现了马克思主义社会形态理论的本土化。

---

① 马长寿:《论匈奴部落国家的奴隶制》,第110页。
② 马长寿:《论突厥人和突厥汗国的社会变革(下)》,第62页。
③ 马长寿:《突厥人和突厥汗国》,第90页。

第五部分

书评

历史研究就需要这样的大视野
——评楼劲《魏晋南北朝隋唐立法与法律体系：敕例、法典与唐法系源流》

唐燮军

魏晋南北朝至隋唐，既是中国古代法律体系从分散走向统一的转折期，也是中华法系日趋成型进而影响东亚诸国的重要阶段。楼劲教授的《魏晋南北朝隋唐立法与法律体系：敕例、法典与唐法系源流》一书，以其宏阔的视野、扎实的史料考辨和独特的理论框架，系统梳理了从东汉末年到北宋初期900多年间中国法律体系的嬗变历程，不仅填补了中古法制史研究的诸多空白，更揭示出法律体系与政治结构、社会变迁之间的深层互动。

一

自从20世纪上半叶以来，对魏晋南北朝隋唐法律体系演进轨迹的探索，既经历了从文献辑佚到体系重构的范式转型，又可据其学术脉络和主要成果，分为前后相继的三个阶段。

(一) 20世纪前半叶

程树德《九朝律考》二十卷,作为此期该项研究的代表作,虽然不乏独到的研究心得和精当的考辨,其主旨却在于弥补先唐法律史料散失之缺憾:

> 汉晋士大夫,往往治律,马融、郑玄、羊祜、杜预皆律家也。六朝以后,祖尚玄虚,律令科条,委之胥吏,其治此者,非陋则俗,斯学浸微。今古律之存者,皆自唐以下。窃不自量,欲尽搜罗唐以前散失诸律,考订而并存之。①

事实上,《九朝律考》的最大贡献,就是首次系统地辑录了原本散见于各种典籍的汉隋之际的法律资料。但遗憾的是,《九朝律考》虽为后续研究奠定了法典编纂的文献基础,却明显缺乏对法律体系动态演变的整体分析。

有别于《九朝律考》以辑佚为主的研究取向,同期日本学者则偏重理论建构。譬如仁井田陞成书于1933年的《唐令拾遗》,就曾在复原唐令文本的基础上提出了"律令制"的概念,用以强调唐代法典的系统性。令人讶异的是,无论程树德抑或仁井田陞,均不约而同地将魏晋南北朝时期视为中国法律发展的低谷期。

(二) 20世纪中后期

致力制度溯源与理论探索,无疑是此期该项研究的显著特征。其中陈寅恪《隋唐制度渊源略论稿》往往强调北朝制度对隋唐法律体系的奠基作用:

> 唐律因于隋开皇旧本,隋开皇定律又多因北齐,而北齐更承北魏太和正始之旧,然则其源流演变固了然可考而知也。②

稍后,瞿同祖《中国法律与中国社会》另辟蹊径,转而以社会学方法揭

---

① 程树德:《九朝律考序》,《民国丛书》第1编第28册,上海书店,1989年,第1页。
② 陈寅恪:《隋唐制度渊源略论稿(外两种)》,河北教育出版社,2002年,第114页。

示法律与宗法伦理的关系。[①]尽管两者都忽略了对法律演进机制的动态考察，却也充分表明中古法制史研究范式正在发生可喜变化。尤其令人欣喜的是，时至20世纪70年代，对敦煌吐鲁番文书（如《唐律疏议》写本、契约文书）的整理，极大地推动了对唐代司法实践的实证研究，努力揭示法律与社会经济之关联的池田温《中国古代籍帐研究》，便是其中的典型代表。

（三）21世纪初

时至21世纪初，随着《天圣令》残卷等新出土文献的刊布，学者更多地转而关注法律的实际运作。譬如日本学者富谷至就曾尝试从比较法律史的视角考察唐律对东亚诸国的影响。又如唐长孺先生亦尝在比较南北法律文化差异的基础上探讨分南北法律文化互动对隋唐法律体系的影响。[②]至如高明士的《中国中古礼律综论》（2005年），虽未能充分揭示法律体系的独立性与内在逻辑，但已然自觉地将法律与财政、礼制结合起来加以探究。

总体以观，既有的研究成果固然取得了不俗的成绩，却也至少存在四大缺陷：一是深受"法典中心论"的影响，既过度聚焦于成文法典（律、令、格、式），又有意无意地忽视习惯法、判例及地方司法实践；二是静态描述多于动态分析，对法律体系演变的内在动力（譬如皇权）缺乏深入探讨；三是习惯于借用西方"法典化""官僚制"等理论，却对"礼律合一""比附援引"等中古法律的本土逻辑熟视无睹；四是时段割裂与视角局限，以至于魏晋南北朝与隋唐常被分别研究，未能贯通考察中古法律体系的整体转型。也正有鉴于此，楼劲试图突破传统范式，重构中古法律文明的演进逻辑，遂有《魏晋南北朝隋唐立法与法律体系：敕例、法典与唐法系源流》之撰作。

---

① 徐永康：《瞿同祖〈中国法律与中国社会〉》，载中国学术名著提要编委会编《中国学术名著提要》第6卷《民国编上》，复旦大学出版社，2019年，第160—161页。

② 唐长孺：《魏晋南北朝隋唐史三论》，武汉大学出版社，1993年，第120—125、180—185页。

二

楼劲的早期研究，集中在魏晋南北朝的政治制度和社会结构，并先后发表《论科举制的几个问题》《唐仕途结构述要》诸文，这些研究成果无疑为他后来深入探讨法律体系打下了比较扎实的基础。而《关于北魏后期令的班行问题》《古礼研究的现实意义》在2001年的面世，则又标志着其治学重心，业已从官制过渡为礼制和法制并重。事实上，治学重心的这一转移，不但使"礼制与法制并重"内化为楼劲最富个性的学术思想，而且进一步深化了他对魏晋南北朝隋唐法律体系的理解，遂有《魏晋时期的干支诏书及其编纂问题》《北魏天兴"律令"的性质和形态》《隋无〈格〉〈式〉考——关于隋代立法和法律体系的若干问题》《"法律儒家化"与魏晋以来的"制定法运动"》等诸多论文的相继问世，并最终结集为洋洋80余万字的《魏晋南北朝隋唐立法与法律体系：敕例、法典与唐法系源流》。

《魏晋南北朝隋唐立法与法律体系：敕例、法典与唐法系源流》除了"引言""跋语"，全书内分12章，其第三至九章通过对相关史实和前人成说的考辨，断定唐代《律》《令》《格》《式》体系的形成过程，就是《律》《令》与各种敕例（尤其是"今上敕例"）间或性地相互作用的结果。如其第七章有云：

> 自魏晋以来至南北朝后期，在不同于汉代的新《律》《令》体制趋于巩固以后，立法和法律体系的各种问题，已在很大程度上集中到了《律》《令》之外各种敕例的作用、地位及其删定编纂上。事实上，北周和隋代的法律体系，也正是围绕此而呈现其发展态势和特点的。[①]

其余四章则在此基础上，借用"中古制定法运动"这一欧洲法律史研究领域

---

① 楼劲：《魏晋南北朝隋唐立法与法律体系：敕例、法典与唐法系源流》，中国社会科学出版社，2014年，第341页。

中的术语并赋予全新内涵，致力诠释"魏晋至隋唐间何以出现法典备受重视却又迅速衰落"的这一奇特现象。①

在楼劲的笔下，被赋予全新内涵的"中古制定法运动"，不仅"有其特定的指导思想、基本任务及相关举措"，且其"主干脉络和兴衰曲线明晰可辨"②，亦即魏晋时期的开启、在南北朝的展开、唐初的臻至鼎盛、唐玄宗开元二十年（732）以后的趋于衰败。作者坚信，推进制定法运动的因素固然不少，例如对汉代法律弊病的总结和反思、魏晋玄学的兴起和名理学的盛行、文法吏地位的下降、司法权的不断集中，但最为根本的历史动因，是魏晋以降的法律儒家化进程：

> 魏晋至隋唐制定法运动的兴衰，自应有其贯穿于中和在很大程度上决定其走向的主因。在考虑了上述因素及其作用以后，可以认为对此主因的探寻，恐怕还须回到陈寅恪先生提出，至瞿同祖先生正面论证的"法律儒家化"命题，……才能更好诠释魏晋以来制定法运动……的发展曲线。③

倘若追本溯源，可知"法律儒家化"作为一种观念，最早出现在20世纪30年代；当时，程树德、陈顾远先生在探讨中国法律特质时，就已开始留意儒家与中国古代法律之间的内在关联④；时至1940年，陈寅恪先生在其新著《隋唐制度渊源略论稿》中，创造性地使用了"刑律儒家化"这一名词⑤；受此启发，瞿同祖先生始则在出版于1947年的《中国法律与中国社会》一书中正式提出了中国古代法律儒家化的命题，尔后在见刊于1948年的《中国法律之儒

---

① 楼劲：《魏晋南北朝隋唐立法与法律体系：敕例、法典与唐法系源流》"引言"，第5—6页。
② 楼劲：《魏晋南北朝隋唐立法与法律体系：敕例、法典与唐法系源流》，第659页。
③ 楼劲：《魏晋南北朝隋唐立法与法律体系：敕例、法典与唐法系源流》，第674页。
④ 程树德：《中国法制史》，华通书局，1931年，第12—20页；陈顾远：《中国法制史》，商务印书馆，1959年，第53—63页。
⑤ 陈寅恪：《隋唐制度渊源略论稿（外两种）》，第111页。

家化》一文中又对其加以系统论证和阐发,这就使得"法律儒家化"成为一个用以概括中国古代法律特质的重要术语和理论,并在国内外学术界产生了广泛而又持久的影响。[①]

但近年来,随着出土文献的广泛应用和古代法制史研究的不断深入,部分学者开始批判瞿同祖关于"法律儒家化"的部分论述[②],甚至质疑"法律儒家化"这一提法能否成立[③]。返观楼劲所持"法律儒家化",其实与瞿同祖的相关论述,既有相似之处,又存在着比较显著的差异,并突出地表现为:首先,瞿同祖主要从社会学角度立论,强调儒家思想如何通过法律影响社会秩序,而楼劲侧重考察立法过程和法律体系的具体演变,进而在此基础上探究并呈现法律儒家化的具体表现和机制;其次,瞿同祖的研究涵盖整个传统中国社会,楼劲则集中在魏晋南北朝至隋唐这一特定阶段;再次,瞿同祖主要从宏观层面讨论儒家思想对法律的影响,楼劲则更注重具体法律条文和立法过程的儒家化。也正是这些调整,使得《魏晋南北朝隋唐立法与法律体系:敕例、法典与唐法系源流》比较完美地诠释了"法律儒家化"与"中古制定法运动"之间的因果关联及其阶段性运作的结果。

三

《魏晋南北朝隋唐立法与法律体系:敕例、法典与唐法系源流》作为由非

---

① 何永军:《中国法律之儒家化商兑》,《法制与社会发展》2014 年第 2 期,第 117—130 页。

② 孙家洲:《试论战国、秦、汉时期立法指导思想的演变》,《杭州师范学院学报(社会科学版)》1986 年第 1 期,第 10—17 页;杨振红:《从出土秦汉律看中国古代的"礼"、"法"观念及其法律体现:中国古代法律之儒家化商兑》,《中国史研究》2010 年第 4 期,第 75—106 页;吴正茂:《再论法律儒家化:对瞿同祖"法律儒家化"之不同理解》,《中外法学》2011 年第 3 期,第 484—499 页。

③ 郝铁川:《中华法系研究》,复旦大学出版社,1997 年,第 25—86 页。

法律专业人士撰写的类法律史专著，不可避免地存在这样或那样的问题。一是对部分律令的理解可能不够精准。如其第三章声称：

> 据《晋书》卷三〇《刑法志》关于汉《律》的记载，所谓"旁章律"，无非是《九章律》外不断补充衍生和陆续编纂成篇的刑事"科令"。①

但近年来有不少学者认为律无正旁之分，且在法典编纂层面并不存在这种结构体系。②

二是在具体论证中，其部分推论可能失于武断。譬如该书仅据大统十年（544）苏绰奉敕"更损益之，总为五卷"八字而做如下推断：

> 其"更损益"的过程，自亦当"斟酌今古，参考变通"而非简单缀集。……就是说，《大统式》各条规定的形态，很有可能也是"法条"而非"敕条"，从而说明其已经是一种初具制定法形态和性质的新法典。③

实际情况是，《大统式》究竟采取何种编纂方式，当前并无任何史料可加以证明。④当然，诸如此类的问题既少之又少，也无关宏旨。

唯其如此，《魏晋南北朝隋唐立法与法律体系：敕例、法典与唐法系源流》自2014年12月出版至今，颇受学界好评。譬如陈长琦在总结改革开放40年来的秦汉魏晋南北朝史研究成果时，就曾予以该书高度评价：

> 该书从过往学者关注不多的敕例入手，梳理魏晋南北朝及隋唐立法与法律体系的构建与发展过程，通过讨论魏晋南北朝的敕例与法律体系

---

① 楼劲：《魏晋南北朝隋唐立法与法律体系：敕例、法典与唐法系源流》，第93页。
② 徐世虹：《近年来〈二年律令〉与秦汉法律体系研究述评》，载中国政法大学法律古籍整理研究所编《中国古代法律文献研究》第3辑，中国政法大学出版社，2007年，第232—235页。
③ 楼劲：《魏晋南北朝隋唐立法与法律体系：敕例、法典与唐法系源流》，第38—39页。
④ 赵晶：《评楼劲著〈魏晋南北朝隋唐立法与法律体系：敕例、法典与唐法系源流〉》，《三尺春秋：法史述绎集》，中国政法大学出版社，2019年，第185页。

的关系,澄清了唐代《律》《令》《格》《式》体系的源流。[①]
又如刘后滨亦尝盛称该书的问世,"使成果丰硕的礼制史和法制史研究再上台阶"[②]。即便是对该书多所批评的赵晶,也不吝赞美之词:"本书作者不废考订,能够深入体贴现有史料所传达的信息,辅以相对周密的逻辑推演,深究个案,刊正旧说,从而提出一己之见,殊为难得。如作者敏锐地抓住《魏书·刑罚志》将《太祖纪》所载'定律令'记为'约定科令'的细节,从而定性《天兴律》为条制集、《天兴令》为诏令集,将之与作为法典的泰始《律》《令》加以区别。"[③]

刊正旧说、创为新论,固已相当可贵,但"殊为难得"的还在于以下两点。一是坚持长时段研究法,围绕唐代《律》《令》《格》《式》体系上下探索,这就不但修正了"南北对立""胡汉冲突"的简化叙事模式,更全面勾连起魏晋南北朝隋唐时期的各种立法形式;二是放大历史研究视野,敢于摒弃程树德、陈寅恪等前辈学者的叙事框架,大胆改造并采用"中古制定法运动""法律儒家化"等理论,分段考察并勉力分析魏晋南北朝隋唐时期立法与法律体系的新陈代谢,在相当程度上重新绘制了中古法律文明演进的知识图谱。这种根植于历史深处的智慧,既是我们理解中华法系特质的钥匙,更为探寻法治文明的"中国道路"提供了历史镜鉴。

[①] 陈长琦:《改革开放 40 年来的秦汉魏晋南北朝史研究》,载《中国史研究动态》编辑部编《与时同辉:改革开放 40 年来的中国古代史研究》,凤凰出版社,2018 年,第 69 页。

[②] 刘后滨:《改革开放 40 年来的隋唐五代史研究》,《中国史研究动态》2018 年第 1 期,第 39—53 页。

[③] 赵晶:《评楼劲著〈魏晋南北朝隋唐立法与法律体系:敕例、法典与唐法系源流〉》,《三尺春秋:法史述绎集》,第 181 页。

佐藤达郎《漢六朝時代の制度と文化・社会》评介

胡怡波

佐藤达郎《漢六朝時代の制度と文化・社会》是京都大学学术出版会于2021年出版的专著，由作者过去多年发表的论文集结修订而成，是近年来日本学界关于中古时期制度史与文化史的一部重要著作。本书以汉魏六朝时期记述官制、礼制、法律等的不同文献为对象，结合撰述背景、文献内容与特点等方面展开讨论，多有新见。其上承传统的制度史研究，却将视角转换至记载着制度的文献本身，并以这些文献为棱镜，管窥从汉至六朝时代的文化与社会。

一

本书主要分为两大部分，第一部分围绕官制，以职官仪注书、正史职官志等文献为中心，讨论它们的特点沿革以及与当时历史文化背景的关系；第二部分则关注法律，探讨法律相关文献中所蕴含的社会与文化变迁。

在本书第一部分中，作者选取不同时代记载官制的代表性文献，通过对这些文献的分别探讨勾稽出官制文献的发展脉络。在第一章中，作者讨论了张家山汉简《二年律令》的《秩律》中的关于官秩制度的记载。他指出，以往关于汉代官秩制度的研究材料，鲜有在《汉书·百官公卿表》以前的，而《秩律》能为西汉前期的官秩体系提供线索，从而勾勒出汉代官制的形成过程。

从第二章开始，作者将重心转移到第一部分的主要探讨对象——职官仪注书。第二章讨论了西汉官制记述的发展，职官仪注书如何应运而生。作者认为，职官仪注书包括官员数量与官秩、各官职掌、衣冠印绶、朝廷仪礼、官制沿革、总体概览六个要素，而这些要素在西汉具体体现为多种官制叙述的发展，如律令与官簿、故事、职掌规定、官制历史沿革、官制总体叙述，它们为职官仪注书在东汉的出现奠定了基础。

第三至九章是作者关于汉至魏晋南朝数种职官仪注书的具体讨论。第三章主要讨论佚名《汉官》和卫宏《汉旧仪》，还涉及《汉书·百官公卿表》与职官仪注书的关系。作者注意到《汉官》中对官职名称的记述存在王莽时期的遗留，而其对各地与洛阳距离的强调则是对帝国统治疆域的重视，这都展现出作为东汉初期的官制记述《汉官》的官制和世界理念。而关于《汉旧仪》，作者指出，虽然卫宏是东汉的古文经学学者，但此书并无经学方面的申发，而是对西汉以来制度本身的具体变迁进行了详细记述。虽然《汉旧仪》的制度记述止于汉代，但《汉书·百官公卿表》则将这种倾向延伸到了秦以前，追溯官制历史性发展的思路由此产生，并为之后的职官仪注书所继承。

第四章的讨论对象是汉代扬雄始作、刘騊駼与崔骃父子增补、胡广最终集成的官箴文献。扬雄效仿《左传》所载虞箴作官箴，继承了虞箴的古典风格，展现出向帝王的劝诫倾向。他所作的官箴，需要放到当时王莽新政的背景之下看待；采取的写作方法，则是吸收古代经典的形式，加以自己想表达的创见。接着，作者对刘騊駼与崔骃父子增补官箴展开讨论，先从人物背景入手，指出他们均为因国史编纂而起的扶风出身的博学之士。他们对官箴的增补，与当时外戚、宦官专权的政治局势紧密相关。最终，胡广继承增补后的官箴，又增加四篇，形成《百官箴》四十八篇。东汉官箴的特点是基于现实政治危机而作，内容具有很强的劝诫意味。官箴这一突出训诫意味的官制文献体裁，也影响到此后时代，目前可见不少西晋时人所作官箴。

第五章以胡广《汉官解诂》为中心展开讨论。作者首先回顾了在胡广之前的刘珍、张衡、王隆等人的撰述。王隆《汉官篇》是《汉官解诂》之本，作者指出其撰写与当时王莽政权覆灭、希望光复汉制的背景相关，而《汉官篇》包罗广泛却十分简要的特点是其撰写《汉官解诂》的原因。《汉家礼仪》则是在东汉混乱的政治形势之下由刘珍、刘騊駼等人所撰，表现出其对《周礼》的重视、对朝纲整顿的希望。张衡《周官解说》继承刘珍以《周礼》框架解释汉制的思路，表达了他在当时混乱的政局之下对于秩序与典制恢复的期望。接着作者转入对本章中心《汉官解诂》的讨论，首先对胡广的身份背景进行了分析，指出其作为汉末博闻多识的学者，继承了张衡等人的工作，但保守中庸的态度与前人不同。《汉官解诂》中展现出他对制度典章详细、客观的记录，这种对制度内容和沿革具体而实证性的叙述受到了胡广学术风格的影响。胡广并不以经学或现实政治需要的角度讨论官制，而是从具体事实与考证出发进行客观性论述，这是《汉官解诂》的最大特点，也为之后六朝的官制著述开启先河。

第六章讨论应劭《汉官仪》的情况。作者首先辨析了《汉官仪》与《汉官礼仪故事》《汉仪》《状人纪》的关系，接着通过现存《汉官仪》的佚文分析其内容与取材来源。《汉官仪》中有不少对同类文献的引用，如《汉礼仪》《汉书·百官公卿表》《汉官解诂》等，另外还引用诏令故事、《状人纪》、当时见闻等不同内容。《汉官仪》将广博的汉代官制知识整然有序地记述下来，具有很强的实用性质，在六朝至唐代也广泛为人所阅读，这也是后世《唐六典》等文献可以看到较多《汉官仪》引文的原因之一。作者提出，《汉官仪》这一记述汉代制度的实用性手册，是职官仪注书的正式发端。

第七章围绕挚虞《决疑要注》展开讨论。泰始年间荀颉制定《新礼》，后来元康间挚虞就此上奏十五项删改意见，之后还继续进行礼议工作，留下

《决疑要注》。作者检讨了以往《决疑要注》辑佚工作的不足之处，并进行了新的佚文收集，具有很大参考价值。接着作者参考《晋书·礼志》记载与《决疑要注》佚文，指出挚虞对于经典文献与汉魏故事的重视，他不拘旧说，通过旁征博引不同经典来探究制度变迁中不变之"理"。而《决疑要注》中以谈话方式进行礼制讨论的记述，则展现出当时好尚谈辩的风气。另外，作者注意到有一则佚文的内容亦见于《搜神记》，认为《决疑要注》与当时的志怪小说存在同样的取材来源和文化底色；还有的记载集中于凤、鸾的特征，或为挚虞师承皇甫谧、张华而来的对于博物学的关心。《决疑要注》的这些特征，可以说均为当时共同的时代文化背景的体现。

第八章讨论的则是《续汉书·百官志》，也兼及《晋官品令》相关的问题。作者先从司马彪的家世与所处的文化背景出发，指出经典化、简素化是《续汉志》希望达到的风格，魏晋玄学流行导致的抽象性、理论性思维影响了《续汉志》的写作。他在检讨以往学者对于《续汉书·百官志》诸多讨论的基础上，指出其以《周礼》框架论述汉代制度，摒弃动态的历史过程而以静态的整然体系呈现汉制全貌。而《晋官品令》则参考了汉魏职官仪注书的形式，与《续汉书·百官志》一样呈现出整然有序的形态，作为新王朝的一代典制得以颁行。

第九章以王珪之《齐职仪》为中心展开讨论。作者首先指出南齐永明年间的礼典编撰和礼制整备是王珪之进行《齐职仪》编撰的历史背景，接着对后代文献引用《齐职仪》的情况进行了分析。南齐成立之后，平复政界的混乱情况、整序新王朝的官制是编撰《齐职仪》的目的。之后作者在收集《齐职仪》佚文的基础上，指出其内容并不仅是对制度的静态论述，也包含动态的历史发展情况；另外，当时恩幸与寒门阶层势力抬头的情况在《齐职仪》中也有所反映。

本书第二部分是从汉魏六朝法律制度出发展开的探讨。作者同样每章集中于一个或一类法律案件、概念、文献等展开讨论。第十章是对《续汉书·五行志》所载东汉一男子在宫殿门前射箭事件的讨论。应劭《风俗通》对这一事件有所议论，主张判"大逆"重罪。作者探讨了汉代大逆罪的内涵，并兼及这一概念在魏晋之后的发展情况。他认为应劭将此事判为"大逆"罪与当时礼崩乐坏的时代背景有关，体现出应劭重视礼制秩序、主张刑法严正化的倾向。

第十一章对应劭《风俗通》中所收集的十种虚构案件进行了讨论。作者首先列举这十种案件，并对它们的材料来源进行考证，指出应劭在编撰《汉仪》时参考了许多汉代已有的判例集，《汉仪》的"决事比例""司徒都目"篇就是吸收这些判例集内容再加以润色的产物，而同样为应劭所撰的《风俗通》可能也是如此。这些案件本身的内容其实多含有虚构性，后以"谨案"附上应劭的是非辩驳，具有教导蒙昧者的意义。《风俗通》不仅是实用性的现场手册，更是为士大夫群体准备的具有故事性和道德教育意义的读物，这与当时广泛的士人阅读群体逐渐形成的背景有关。

第十二章聚焦于魏晋南朝时期司法中的"情理"这一观念展开讨论。作者首先通过《三国志》《晋书》中使用"情理"一词的例子分析其含义，接着结合《晋书·刑法志》对"理"这一概念的论述进行了辨析。他认为，魏晋时期名理学、玄学的盛行影响了司法中概念用语的确定，此时确定下来的用词也为后世承袭。作者还指出"情理"一词在礼学讨论中也有不少使用，并且"情"为人之感情、"理"为道理的含义与司法讨论中存在一致性，这是在司法中"情理"概念确定后，因礼学与刑法存在相通之处而产生的。

第十三章是关于汉魏六朝时期地方性教令的讨论。作者先对汉代关于地方教令的记载进行了列举分析，指出这种由地方官制定和颁行的教令是在全国统一的律令以外，根据各地的风俗人情等方面不同而出现的较为柔性的统治策略，它为律令体系提供了细化和补充。作者在讨论时除了使用传世史料，还使用了居延汉简等出土材料展开说明。作者还继续探索了六朝时期的地方教令情况，讨论在地方统治制度有所变化的时期地方教令如何展开，以及国家性律令与地方教令如何在新的时代背景下完成磨合的。

在关于地方性教令的讨论之后，在第十四章，作者对汉代地方长官发布的"教"本身进行了专门探讨。作者同样首先梳理了正史中关于汉代的教的记载实例，再结合居延、敦煌汉简等出土文献中的记述进行讨论。作者还对汉代的教的具体发令过程和场所进行了探索，通过《邛都安斯乡石表》《张景碑》等石刻材料的记述，可以看到关于教的文书体裁、颁布程序、属吏意见等方面的情况；参考和林格尔汉墓壁画、山东汉墓画像石，可见关于教的具体颁布场地的直观描绘，作者参考传世文献与这些出土史料，为我们呈现了汉代教的具体颁布情境。

在之后的第十五章中，作者对六朝时期的教进行了讨论，指出在汉末三国时期教的适用范围在快速扩大，上至宰相、下至县令均成为教的发布者。三国魏晋时期多数地方长官发布的教依然与汉代一样，是关于礼教训诫相关的内容，但有所不同的是，在教的发布中长官和属吏的关系对立变得更为明显。在对魏晋时期教的颁行过程的探讨中，作者着重讨论了作为属吏提案内容的"白"，分析了先后对第一对象属吏、第二对象地方百姓两次发令的二重构造。接着作者继续探讨东晋南朝时期教的情况，结合《文馆词林》《艺文类聚》《文选》等文献中的相关记载，分析了教的形式与内容特征，以及此时教所展现出的地方长官与属吏、地方社会的关系，由于当时门阀士族对"清"的崇尚，教的内容逐渐趋于形式化。北朝与隋唐时代随着中央集权的加强，教这一形式逐渐衰落，教的兴衰体现出魏晋南北朝地方权力的起落。

最后一章对于目前可见汉代地方性教令的具体文本进行了分析。出土汉简中的"扁书"中有不少地方教令的内容，另外这些教令也通过石刻、壁书的形式进行宣传。作为教令载体的扁书、石刻和壁书为当时一般识字的知识阶层所阅读，之后成为当地历史共同的知识和记忆。在本书的最后，作者还对汉代的古官箴进行了译注。

二

　　本书最大的特点是将记述制度的文献放到讨论的中心位置，分析文献内容与记述方式本身的特点，以及文献背后作者与其所处社会、文化背景。作为探讨核心的，自然是各种职官仪注书、正史《百官志》、法律案例记载与教令文本。由于其中不少文献早已亡佚，作者除了采用已有的辑校本，也会利用类书等文献进行进一步的辑佚工作。在对文献作者和时代背景的讨论中，作者广泛运用传世正史与其他各类文献，尤其是对文献作者家世和学术背景的勾勒，往往能抓住史料记载中隐藏的线索。此外，本书还注意利用出土文献，如第一章的《二年律令》和最后几章探讨的地方教令内容。通过对不同类型史料的丰富运用，本书才能在政治、文化、社会等各个方面展开扎实的论述。

　　通观全书，不难发现本书的大多章节都有着相似的论述框架：先介绍作为本章中心的文献本身，在需要时对该文献的内容进行考订、辑佚或释文，然后展开文献作者的身份背景与文献撰述时所处的文化环境，最后论述这一文献的意义和对后代的影响。作者开篇就提出，大庭脩曾批评传统制度史研究仅仅单纯地罗列组织与记述官名变迁以至于十分单调枯燥的弊端，而与之相应的是20世纪以来中日学者对官僚制度与现实历史密切联动的细致论述。① 以往研究往往仅将文献作为制度史等研究的史料进行使用，文献本身情况仅是讨论的背景要素，本书则将这些记述制度的文献作为主要讨论对象。同时，本书也并非仅考证文献本身的书志学、文献学研究，而是更关注文献背后的社会文化背景，观察文献在当时的社会之中所展现出的政治与文化特质。总

---

① 佐藤达郎：《漢六朝時代の制度と文化・社會》，京都：京都大学学术出版会，2021年，第3页。

之，作者以制度为经，以社会、文化背景为纬，重视记述制度的文献背后的历史文化背景及其与文献撰制的关系，这是本书最大的特色所在。

实际上，以文献本身为中心，重视其书写性质、倾向、形式等因素，正是近年来学界研究发展的一个重要方向。尤其是以安部聪一郎等学者为代表的历史书写研究，探讨史料的"构造、性格、执笔意图"，"从史料选择、文章构成和叙述形式等方面考察史料著者、编纂者的意图及其对历史的理解"[1]。这种研究取向实际上与本书的研究路径存在暗合之处，一是以文本内部的线索勾勒其撰述意图和性质，另一则是结合文献本身的性质和编撰过程、作者身份背景等各方面探索文献的特质及其所体现的时代风向。作者在本书中频频提及的徐冲等学者的研究，也是这一潮流中的重要组成，本书也与之进行了对话。[2]

而第二部分以法律史为主题的研究中，作者格外关注地方教令内容，讨论教令的四章占据了此部分过半的内容。在这些篇章中，作者结合传世与出土文献，对地方教令的性质、内容、形式、运作等各方面进行了较为全面的讨论。实际上，地方教令并不是法律史研究中的常见材料，以地方教令这类非法令文献的材料为中心展开法律史的探讨是作者的特别之处。通过考察汉至六朝的教令，可以看到当时的地方统治如何展开，政策与法律如何下达至基层，以及这样的统治结构在汉魏六朝时代中发生的变迁。地方统治、官民关系历来是学界关注较多的议题，作者在书前引言中也提到了诸多以往学者尤其是秦汉简牍研究所带来的启发。[3]本书集中于地方教令的探讨，则为这一

---

[1] 佐川英治等：《日本魏晋南北朝史研究的新动向》，载《中国中古史研究》编委会编《中国中古史研究》第1卷，中华书局，2011年，第8页；安部聪一郎著，刘峰译：《日本学界"史料论"研究及其背景》，《中国史研究动态》2016年第4期，第40页。

[2] 徐冲：《〈续汉书·百官志〉与汉晋间的官制撰述——以"郡太守"条的辨证为中心》，《中华文史论丛》2013年第4期，第201—238页，后收入氏著《观书辨音：历史书写与魏晋精英的政治文化》，北京大学出版社，2020年，第113—148页。

[3] 佐藤达郎：《漢六朝時代の制度と文化・社会》，第10—11页。

问题在中古时期的情况提供了较好的解答。从教令文献出发对地方统治的探索，又可下探隋唐以后，如作者指出，六朝的教是地方权力扩大的体现，而随着北朝隋唐中央集权的加强，教这一形式不再兴盛。在这背后，其实涉及的是南北制度差异和南北朝到隋唐如何转变的经典问题。这一探讨路径，又可关涉之后时段的相关讨论，例如雷闻、高柯立分别关于唐宋时期地方统治的论述[1]，其中对地方官僚与属吏、政府与民众的关系，文书运行的具体情况等探讨，可以与本书相对照。佐藤达郎继承了浜口重国关于隋代废止乡官、地方政府任命属吏的权力收归中央的讨论[2]，而高柯立在对宋代地方胥吏的探讨中同样回顾了这一点，本书中对地方属吏在教令颁布过程中的参与等讨论，也可与后来时代地方官员与民众之间的中间层级及其职能和作用等有关议题形成参照。

三

对集中于记述制度的文献展开探讨，本书在许多地方的具体论述确有可圈可点之处。首先在第一部分中，虽然各章分别探讨不同的具体文献，但实际上其中依然贯穿着官制记述发展的暗线。《汉旧仪》脱出经学影响，详细记述制度本身的变迁，官箴文献受经典形式影响而突出劝诫意味，再到《汉家礼仪》《周官解说》以《周礼》为框架，对其有所继承的《汉官解诂》却不再遵循经学框架，而是详细客观地记述具体制度的内容与沿革。魏晋南朝的文献则因时代文化风气的变化而呈现出新的特征，《决疑要注》通过征引各种不同经典来论证礼制之道，《续汉书·百官志》则在《周礼》结构下呈现静态的整齐记述。作者在多章章末提到当时经史分离、史学独立的背景，而在这些

---

[1] 雷闻：《官文书与唐代政务运行研究》，上海古籍出版社，2023年；高柯立：《宋代地方的官民信息沟通与治理秩序》，国家图书馆出版社，2021年。

[2] 浜口重国：《所谓隋的废止乡官》，载刘俊文主编，夏日新等译《日本学者研究中国史论著选译》第4卷，中华书局，1992年，第315—333页。

文献中可以看出这一历史潮流之下制度记述与经典文献的关系变化。

本书下半部分法律史相关的讨论也多有独到见解。例如作者结合应劭《汉仪》讨论《风俗通》的材料来源，根据应劭在编撰时所处的文献环境情况，从而指出《风俗通》中的案例来自汉代其他判例集；在讨论汉代的教时，还结合画像石、汉墓壁画等图像材料，指出颁发教的具体场景，这种对制度所处情景具体而生动的描绘也十分具有启发性。

本书所进行的探讨对于重新认识汉魏六朝时期记述制度的文献乃至当时的制度史与社会文化史有着很大意义，值得后人在这一研究方向上继续拓展。实际上，黄桢已对这一课题进一步做出讨论，他将官制朝仪的典章和撰述统称为"制度文献"[1]，实际上是在本书讨论职官仪注书、正史职官志的基础上将这些文献更进一步地统合起来作为研究对象。两人的具体论文发表各有先后，也有许多互相呼应之处，一方面在具体文献研究对象上存在相当的重合，如后文所述，黄桢对本书的观点也有回应与反驳。另一方面，两者在研究路径上也有不谋而合之处，如黄桢曾提出在"阅读"视角下研究中古制度文献的可能性[2]，这在本书中也可找到相似的角度，如佐藤达郎讨论《风俗通》所收虚构案件的来源时联想到《汉仪》所参考的汉代判例集，实际上是意识到应劭的阅读环境与《风俗通》材料来源的关系，是黄桢总结为"作者的阅读"的视角；佐藤达郎还强调《汉官仪》作为实用性官制手册的性质，《风俗通》作为当时士人群体道德教育读物的属性，承载教令的扁书、石刻与壁书的阅读传播，这些恰为黄桢"读者的阅读"视角的研究案例。而佐藤达郎也指出，黄桢对《晋公卿礼秩故事》《晋百官表注》的讨论，将具体书籍的经历与现实

---

[1] 黄桢：《汉唐间的制度文献与制度文化》，上海古籍出版社，2023年，第1—2页。

[2] 黄桢：《从"书写"到"阅读"：中古制度文献研究的回顾与展望》，载复旦大学历史学系、《中国中古史研究》编委会编《中国中古史研究》第7卷，中西书局，2019年，修订后收入氏著《汉唐间的制度文献与制度文化》，第2—16页。

政治的情况结合起来，与本书思路与相似之处。①不管是职官仪注书还是制度文献的提法，两位学者的研究均展现出这些文献的重要研究价值和研究潜力，无论从传统制度史或文献学研究中脱胎，抑或是从阅读史等新的理论视角出发，希望未来学者能在此基础上对这一领域展开更深入的研究。

另外，佐藤达郎在讨论六朝的不同文献时，经常提到其新的特点与魏晋玄学兴盛等新文化风气的关系，如《决疑要注》中以谈辩方式展开礼论内容、《续汉书·百官志》简洁整然的体系化论述、"情理"一词含义在此时的确定等，均与当时玄学、名理学、清谈等文化风气的兴盛有关。以往制度史与文化史的讨论往往分立，而现今重视记述史料的文献本身的潮流，与制度文化等研究概念的兴起，使学者越来越重视政治制度、事件与思想文化风气的关系。但在魏晋南北朝史领域，虽然此时玄学、宗教等新思潮兴盛，制度记述也有相当发展，但联系两者的讨论依然较为缺乏，也值得做进一步的深入探索。

然而，本书的讨论也有值得商榷之处。已有学者针对书中的一些具体问题提出新的见解，例如黄桢在同样对东汉多种"汉官"文献的考证中，指出《续汉书》刘昭注中的"胡广曰"确为《汉官解诂》内容，并不如佐藤达郎所认为的那样还存在其他可能。②吴冬莉则在佐藤达郎的基础上，又增补了三条《决疑要注》的佚文。③

对于文献形成与作者及其时代背景关系的重视，是本书论述的一大特质，

---

① 黄桢：《书籍的政治史——以〈晋公卿礼秩故事〉、〈晋百官表注〉为中心》，《中华文史论丛》2015 年第 2 期，第 79—98 页，修订后收入氏著《汉唐间的制度文献与制度文化》，第 86—98 页；佐藤达郎：《漢六朝時代の制度と文化・社会》，第 146 页。

② 黄桢：《汉唐间的制度文献与制度文化》，第 61—62 页；佐藤达郎：《漢六朝時代の制度と文化・社会》，第 117 页。

③ 吴冬莉：《挚虞〈决疑要注〉考论与佚文拾遗》，《淮北师范大学学报（哲学社会科学版）》2024 年第 2 期，第 121—128 页。另外，本书引用文献偶有谬误，引述孙福喜《应劭〈汉官仪〉源流考》时误将其期刊来源注为《文史》，实际应为《文献》1995 年第 4 期，第 244—252 页。

但作者有时过于依赖这一逻辑联系,忽略了实际状况的复杂性。由于本书讨论所涉及的大多为佚书,作者往往根据现有史料关于文献作者身份背景与文献情况的记载,结合留存的佚文,直接简单断定文献撰述的立场和目的。尤其是不少文献的材料来源较为复杂,甚至如《汉官解诂》等还存在此前多位作者的情况,需要讨论不同文献本身情况和文献之间的承袭关系等问题,厘清每种文献编撰的政治背景及其与作者立场、态度的关系,其实是十分复杂的,并不能简单地加以判断。黄桢也曾指出,在佐藤达郎对《汉官解诂》相关文献的讨论中,对政治立场与制度书写的关系构建较为牵强。[1]本书关于《汉官解诂》及其相关文献的信息主要来自《续汉书·百官志》刘昭注的记载和现存佚文,而对诸位作者背景立场的考察则主要基于《后汉书》相关史传描述,但这些记载实际上各自独立,其中少见政治背景与文献编撰的直接联系,作者所言《汉家礼仪》"必定与当时这样昏庸的政界形势有关"、《周官解说》"在这样政治秩序混乱和衰落的危机感之下"而作等论述,可能存在武断之嫌。[2]由于史料的局限和作者的思路,直接以文献所作时代的大背景作为其撰写的主要原因和立场,在论证环节上存在值得斟酌之处。

虽然如此,本书依然是关于汉魏六朝时期这类制度记述文献的重要探索。不以制度、人物或政治事件作为讨论的中心,而将原先仅作为史料进行利用的文献本身推向聚光灯下,以文献为锚点管窥当时的政治、文化与社会,使本书在视角、方法、观点等方面皆有发前人所未发之处,是近年来中古制度史、学术史研究中值得一读的著作。

---

[1] 黄桢:《汉唐间的制度文献与制度文化》,第22页。
[2] 佐藤达郎:《漢六朝時代の制度と文化·社会》,第108—109、113页。

探索名号背后的政治文化
——评郭硕《北魏时代的名号变迁与政权转型》

徐慧慧

在中古时期国家的政治实践中,"正名"占据着重要地位。在"正名"的驱动下,王朝会调动大量的资源去塑造、诠释各种各样的名号。名号的产生过程,正是对诸多思想资源进行重新熔铸进而实现再生产的过程。郭硕新近出版的《北魏时代的名号变迁与政权转型》便是一部研究北魏名号背后的政治文化并透过名号变迁观察北魏政权发展的学术著作。

该书以北魏一朝对名号这种政治符号的利用与反馈为中心,讨论了北魏诸多别具特色的名号,深入发掘了名号背后的历史信息及政治文化,澄清了学界许多争论已久的重要问题,对名号所涉政治与社会语境的分析研读,构建了一种揭示北朝国家转型的研究理路,为拓展中古史的研究空间提供了可能。以下仅对该书所发新见及采用的研究方法略作评介。

在绪论部分,郭硕首先就名号与名号系统及其在北魏时代的意义进行了概述,指出本书的问题方向在于通过考察名号及北魏政治文化两者之间的名实互动关系,进入北魏政治文化的深层结构以深入考察其发展变迁过程。其后五章则主要从名号入手,按时间顺序分别考察拓跋政权的名号整合、北魏立国之初的政权巩固、北魏初期汉族士人的政治设想、迁都洛阳后北魏的国家转型以及北魏后期的政治文化,是对北魏一朝的纵向研究,最后一章则是对北朝和南朝正统之争的横向研究。

该书第一章着眼于北魏建立统治之前的诸名号。首先是"代王"号的兴废,从西晋授予、猗卢死后放弃,到什翼犍时代恢复,郭硕从这一过程考察拓跋部从他授名号到自立名号的发展历程,这种自立名号获得了拓跋氏内部的认同,并逐渐取代部落认同,而"代"国号正是这种认同的维系。其次,郭硕注意到"单于""可汗"等首领名号在北魏官方文献中趋于消失,考察了其背后的深层原因。郭硕认为,"单于""可汗"等北族名号可能与"代人""代王"等华夏名号所指重合,所以在汉文史料中被替换,这正代表了北族部落向华夏政权发展的历史方向。最后,郭硕通过考察北魏立国之初"代""魏"国号兼行这一奇怪现象,揭示了北魏以"代都"为基础控御"魏土",借以实现对中原地区的有效控制,"代"国号保持了"代人"群体的凝聚力,而"魏"国号则强调了北魏政权对河北士人的包容性。

第二章重点考察北魏立国之初的名号体系,并由此观察名号对政权的巩固。首先,北魏创造了一套新的礼制——天兴礼制——来为正名服务,不过由于这套礼制过于精致和复杂,所以很难比"西郊祭天"这类活动更能得到拓跋部众的认同。其次,道武帝通过对黄老治术的全面吸收和运用,塑造了其"真人"形象,加之利用强力的军事力量,实现了对代北和河北地区的控制。最后,明元帝通过为其父拓跋珪立庙祭祀,逐步树立其父崇高的地位,并以此来强化皇权的正统性。其父拓跋珪的谥号后由"宣武"改成"道武",郭硕认为,这改变的背后不是"纯孝之心",而是以"道"的方式实现皇权顺利传承。

第三章讨论北魏初期的道教名号和崔浩的政治理想。首先,寇谦之和崔浩合作构造了"太平"名号系统,也构造了一套皇权和神权的对应体系,北魏政权将这一名号系统及背后的礼仪系统加进原有的王朝政治体系中,并且有传诸后世的打算。其次，寇谦之的"天师"身份来自神授，宗教领袖以"人神接对"的方式涉足实际政治，与皇权是难以兼容的。最后，郭硕认为崔浩之死是北魏政权的历史发展阶段所决定的。崔浩虽死，但崔浩等人所主张的治国之道，在文成、献文帝时期一直延续下来了，而后孝文帝进行的全面改革，其革新的广度和深度远超崔浩。从长时段来看，北魏华夏化的势头仍然势不可当。

第四章聚焦于孝文帝时期的国家转型。首先，孝文帝在文明太后去世后，宗庙礼制变革的核心内容是对皇权的血统传承与自身在宗庙中的位置进行重新确认。其次，孝文帝重新议定北魏的德运并改造自己的祖先，使北魏走出了十六国时代而将自身置于汉晋华夏王朝的序列，超越了华夷之隔。最后，孝文帝迁都洛阳，对洛阳"中京"称号的强调，突出洛阳"天下之中"的文化内涵，表明北魏政权在文化上超越了"代""魏"地域文化结合的状态，走上了全面实践汉晋以来华夏政权中原核心本位的道路。

第五章关注北魏后期的政治文化，包括外戚、女主和权臣的名号。首先，郭硕发现《魏书》等传世文献和高氏家族墓志、《嵩显寺碑》等出土文献中对高肇专权的记载与评价有相当大的反差，郭硕认为，高肇家族从所谓的"东夷之俘"到获取"勃海高氏"这个华夏高门的招牌，其中体现了各种社会力量的博弈：北魏强势的皇权与地方高门的不断互动，皇权通过控制选官权力来实现对地方力量的制衡。其次，郭硕观察到北魏几位秉政的太后，其名号与传统礼法均有不符之处，郭硕认为这是儒家传统留给北魏王朝的文化调试问题，伴随着北魏的衰亡，这些结构性弊端并未消失，还影响到隋唐。最后，尔朱荣发动"河阴之变"，多自立名号，这些名号并没有因为尔朱荣身死而消散，反而成为继起者争相利用的资源，巧妙地融入东魏西魏两个政权乃至重新统一以后的政治文化之中。

第六章主要透过名号观察南北政权竞争与华夷观念转型。郭硕发现南朝史书对北魏政权的称谓，从最初的"索头"到南北对立之际称"索虏"，再到南朝后期称之为"魏虏",称谓的变化其实是南北互动中双方的实力对比造成的。北魏迁都洛阳,并创造出"衣冠士族,并在中原"的文化局面,让南朝君臣极为震撼,产生极大的危机感。北魏的文化变革让"索头"之号变得名不副实,故而在南朝史书中不再被使用。潜移默化之间,这种南北差异与隔阂已经趋于消弭无形。其次,梁武帝重用南齐宗室和北魏利用南齐宗室,双方的正统之争正是体现了承认对立政权的合法性,而梁武帝接受"以雒阳为拓跋氏固有之雒阳",实际上是承认了北魏立足中原的合法性。最后,《魏书》中魏收精心选择"岛夷"这个儒家经典中的名号代指南朝,其关键在于通过史书的叙事,将北魏承晋的正统接续变成历史的必然延续。《岛夷传》也和《索虏传》《魏虏传》一样成为南北朝历史的叙事典范,构成了分裂时代以华夷观念区分政权正闰的史传叙事模式。在郭硕看来,"岛夷"称号背后的华夷之辨,已经消弭了十六国北魏以来传统的族群区隔,转而以地理区位和文化崇尚作为华夷区分的标准,各族人群也由此完成了身份再塑,融合进以"华夏"为崇尚的文化体系中。

本书的亮点主要有以下几点。

一、从追寻名号的清晰知识源流上来获得史事新解

学界针对名号既有的的代表性研究有罗新《中古北族名号研究》、辛德勇《建元与改元:西汉新莽年号研究》、胡阿祥《吾国与吾名:中国历代国号与古今名称研究》、刘浦江《正统论下的五代史观》等,这些研究重点是针对个别问题而进行点状研究,而郭著则关注各类不同名号之间的关系,并探讨名号生成以后在政治层面的实际运用和使用后社会层面的反馈问题。前人的研究虽多集中于个案研究,却为郭硕进行系统研究提供了坚实的基础,郭硕正是在前人对北魏名号、政治与社会转型等相关研究的基础上,将具体的名号置于历史发展的大格局中进行讨论,着力于长时段的整体观察和具体问题的

深挖。此外，郭硕着眼于名号所反映的政治思想，更多关注名号的产生对当时政治与社会的意义。例如书中提到正统问题虽然是政治文化的一个重要层面，但名号最重要的功能是"号令天下"，除了论证政权的正统渊源，更重要的还有贯彻政治思想、处理内部问题与矛盾的功能。这表明郭硕在研究政治集团时未局限于正统性讨论，而是试图从更广泛的角度来理解政治集团的运作和变迁。

从研究路径方面而言，郭硕将名号与政权转型相关联，通过梳理北魏一朝的名号变迁，将名号与政权转型紧密联系起来，这一视角不仅关注名号本身，更将其置于北魏政治、社会、文化的广阔背景中进行考察，从而揭示了名号背后的深层含义。在此基础上，郭硕对北魏一朝的名号进行了全面系统的分类，包括代国时期的代王号、单于号、可汗号等，北魏早期道教、谶纬等带有神秘色彩的名号，孝文帝时代华风浓郁的名号，北魏时代的外戚、女主与权臣所使用的特殊名号，以及南北互动中所使用的各类名号等，通过探讨"代""魏""中京"等代表性名号，揭示了北魏政权从"代人本位"到"代魏区域本位"再向"中原本位"的转型过程。这种深入探讨，有助于我们更深刻地理解北魏政治文化的内涵和演变。

郭硕的研究不仅为我们提供了理解北魏名号的新视角，更为中古史研究提供了新的思路和方法。名号不仅仅是简单的文字标识，而是承载着丰富的政治、文化和社会信息。通过对名号的研究，我们可以更深入地理解当时的政治结构、统治理念和社会变迁。通过解读北魏时代的各种名号，郭硕揭示了其背后的政治理想和权力关系。例如郭硕分析了"真人"号与道武帝的"好黄老"思想、"太平"理想与道教、儒教的融合等，展示了名号如何成为宣示政治理念和权力关系的重要工具。郭硕的研究成果不仅为我们提供了关于北魏时代名号变迁和政权转型的深入理解，还为后续的中古史研究提供了新的思路和方向。比如他提出的以讨论政治理想的表达与权力关系的宣示来体现北朝国家转型的研究理路，为拓展中古史的研究空间提供了可能。

二、从多层次史料的辨正中准确解读名号背后的历史内涵

郭硕充分运用墓志碑刻、造像记、官印乃至墓葬规制等材料展开研究。例如郭硕发现《魏书》等传世文献和高氏家族墓志、《嵩显寺碑》等出土文献中对高肇专权的记载与评价有相当大的反差，通过对史料的细致爬梳，郭硕认为不同记载的背后反映的是宣武帝利用高肇与辅政诸王进行政治斗争从而实现皇权对地方力量的制衡这一政治背景。另外，郭硕从1956年内蒙古蛮汉山出土的一批官印中又发现了两个问题，一是西晋政府对拓跋氏族属的确认是"鲜卑"，二是拓跋氏是西晋众多的"外臣"之一。

本书所涉及各种名号的史料文本，多数经史臣的增删改窜，文献流传过程中又多有散佚增补，因此辨析考订的工作非常重要。对各种不同史源的史料，不仅考虑其能够相互印证的部分，更重视其相异的内容，充分考虑其生成的语境，进行分层、分类处理。如郭硕将《资治通鉴》的记载追溯史源至《魏书》《宋书》，列表进行对比分析，得出代国建立之年的时间。充分利用制度史、思想史、民族史的研究方法，将名号有关的史料放在制度、思想、民族的背景下分析，观察名号与这些因素之间的关联和影响。郭硕通过对史料的爬梳，考证出"代王"号几经兴废的过程：西晋授予、猗卢死后放弃、什翼犍时代恢复，而《资治通鉴》则认为拓跋氏是从部落首领到代王再到北魏皇帝的发展过程，对其可能回到部落首领状态的情况未加考虑，造成对史事的误读。

三、在多方位论证的基础上推究名号的政治文化深意

郭硕在论证过程中严格遵守孤证不立的原则，姑且试举两例。在讨论洛阳"中京"称号的含义时，先释"京"为"京都"，再着重讨论"中"。郭硕

从北魏君臣的言论中，得出"中"其实是"光宅土中"的"土中"之意。而"土中"的实际意义是"实均朝贡""均天下所据"，孝文帝认为洛阳居南北之中是"天下之中"，即天地之中心，"应天授"。这才是洛阳被称为"中京"的核心含义——北魏欲居"天下之中"。此外，前人认为，孝文帝迁都目的是率军南伐统一全国，迁都只是南征战略的一个环节。而在郭硕看来，要南征不一定非得迁都洛阳，也不必把首都定在边境以南征，反而是定都洛阳而不得不南征，因为洛阳居边境，无险可守，再举史料论证洛阳如何"无险可守"。

北魏的思想文化对名号与政权转型产生了相当大的影响，正如郭硕所言，"通过考察北魏用名号来缘饰政治合法性的知识背景，以及用名号展示出特定时代的治道与治术，似乎可以看到知识与思想的潜流在王朝层面的存在与影响"（第476页）。纵观全书，本书有两条关键线索：首先是"'代'、'魏'与'中京'三个具有地域特色的名号及其背后的政治文化结构"，其次则是"通过道武帝、太武帝、孝文帝时代的若干名号清理出黄老、道教与儒学影响下北魏治道与治术的变迁过程"（第476页）。前者侧重的是政治文化方面，后者更偏重思想文化领域。郭硕在讨论明元帝为何改拓跋珪谥号"宣武帝"为"道武帝"时，指出明元帝并没有用"孝"作为拓跋珪的谥号，可见并非要宣示自己的"纯孝之心"。需要明确名号所传达的政治信息：拓跋珪虽好黄老，但并没有"无为而治"，反而残暴，明元帝改谥，表达了其自身以黄老之术统御天下的政治策略，并有将其传之后世的意愿。

此外，郭硕还讨论了崔浩和寇谦之的儒道结合，共同谋划北魏政权建设。"由华夏传统的天命观、宗教观来重新解释并替代拓跋氏原有北族传统，正是以崔宏、崔浩父子为代表的汉人士族改造北族文化的一种策略"（第179页），另一方面，"寇谦之用'人神接对'的方式将宗教因素导入政治之中，并能在北魏大政方针上与崔浩形成密切的配合"（第195页），这是崔浩与寇谦之合作的具体表现。郭硕认为，崔浩对"师"与"君"关系的设计，超出了君强臣弱的代魏合作关系的范畴，遭致君主不满，是崔浩之死的关键所在。

郭硕从"天师""太平""真君"等道教名号来溯源崔浩的政治理想，崔浩与寇谦之的合作是北魏名号变迁和政权转型过程中的关键阶段，甚至影响到后来的孝文帝改革。北魏这一特殊时期、特殊政权、特殊组织形式下的政治发展、文化革新，经由崔浩等汉族士家的推动，最终被汉民族文化同化。这是一个艰难的过程，但成效显著。

第六部分 学人纪念

追思黄烈先生的中国古代民族史研究
——"纪念黄烈先生诞辰一百周年国际学术会议"上的发言

楼 劲

值此黄烈先生百年诞辰之时,与黄先生的亲属、弟子和诸多后学共同缅怀他毕生的事业,重温他卓越的学术成就,回顾历史而面向未来,令人百感交集,尤增缅怀。

近年来,随着铸牢中华民族共同体意识工程和中华民族交往交流交融史研究的展开,各界资源的投入与学界倾注的力量均前所未有。我国各族历史和各族关系史的诸多领域出现了空前繁荣的景象,取得了举世瞩目的成就,一批重大疑难问题得到了解决或推进的契机,在不少方面都刷新了我们对不同时期各族及其相互关系的认识。同时也使一些未知的问题凸显出来,暴露了不少研究短板和学术缺陷。所谓"学然后知不足",这是合乎学术发展规律的。在这样一个时代与学术相互催驱、迅猛发展的阶段,我们纪念黄烈先生百年诞辰,从他从事的中国古代民族史研究及其他各领域取得的多方面成就中,加深体会其理论联系实际的优良学风,解放思想、实事求是的科学精神,很好地处理继承与发展的关系,就有了更为重要而切实的意义。

黄烈先生是在中华人民共和国培育成长起来的重要历史学家,是可以从商周贯通至魏晋隋唐史的杰出学者。他所主持的《郭沫若全集》史学部分八卷的通稿工作,以及他对卜辞以来古羌方、羌人资料的系统梳理,集中说明了他在三代、先秦史和通史方面的贡献。而其最为突出的成就,是在魏晋南北朝史和中国民族史领域,魏晋南北朝隋唐时期的民族与民族关系,是黄烈先生思考、探索中国民族史诸多重大问题和民族理论最为重要的领域与个案。

　　当然,中国魏晋南北朝史学会全体同仁永远铭记的是：黄先生又是1984年学会创会时的会长,为学会的建立与发展做出了不可磨灭的贡献。黄先生与唐长孺、周一良、王仲荦、何兹全、缪钺、熊德基、田余庆等先生一起,为学会奠定了坚实的发展基础和开放、团结的组织结构,也为学会搭建了高质量、多层次的学术交流平台,学会同仁受其恩泽,人到于今称之。

　　民族问题自古有之,极其重要。尤其是民国建立以来,在世态巨变,国、族认同之况新旧错杂的大势中,民族问题更是切关中国和中华民族未来发展,国共两党均对中华民族的界定做出过阐述,也都由此触及和提出了中国民族史的核心问题。中华人民共和国成立以后的"汉民族形成问题"讨论,续此汲取并突破前苏联民族学理论的某些论断,取得了一系列重大成果。黄烈先生从20世纪60年代开始的中国古代民族史研究,即是在此背景下展开,其出发点始终都是以中华民族的历史观照当代中华民族的发展。很快,黄先生即以"五胡"族源和汉魏以来民族关系探索的系列论文,推进了相关领域一些重大疑难问题的认识,获得了较为广泛的学术影响。至20世纪80年代,他的代表作《中国古代民族史研究》出版,不仅以众多专题研究代表了中古民族史各领域的研究前沿,更有出色的理论建树,突出表现为该书的导论从基本概念到民族政权、民族战争和民族整合等多个重大问题,系统探讨了中国古代民族史研究的基础理论,这与该书各专题研究一起对我国的民族学和民族史学科产生了深远影响,并奠定了黄先生作为杰出民族学家、民族史家的历史地位。

我以为黄烈先生以《中国古代民族史研究》为代表的系列成果,在以下方面做出了不可磨灭的贡献:

一是明确提出中国历史是由中国各族共同创造,各族都为祖国历史做出了贡献。黄烈先生的这一概括,建基于各族形成史和交流融合史的深入研究,由此质疑了华夏-汉族王朝为中国或以现代中国领土范围为中国这两种说法,提出了历史上的中国是以华夏-汉族为主干的多民族相结合的历史地形成的实体,包括了在内地错居及分布在周边的各族。这就与范文澜、白寿彝等先生的研究成果一起,构成了今天中华民族共同体概念较早的理论表现形态,代表了20世纪初现代学术形成以来两代学者在这一概念探索、形成史上的贡献。这一概念是在不断总结认识、持续积累成果的基础上形成的,今后还将如此经历修正充实,涌现一代代新的代表性学者,推动中华民族共同体历史研究的不断深入。

二是重视并综合各族源流史、发展史和各族关系史、融合史的研究,在以王桐龄、江应樑、王钟翰等先生为代表的侧重各族关系的民族史架构,与吕思勉、林惠祥等先生为代表的侧重各族源流的民族史架构的基础上,黄烈先生将之表述为"侧重纵向或横向的研究"。在充分汲取诸家研究成果得失的基础上,他独创了唐以前和唐以后两大阶段说,以及前段研究须更注重各族源流,后段则须适当侧重各族关系尤其交流融合进程的中国民族史研究框架。这一框架体现了对中国古代各族和中华民族发展史规律、阶段、特点、脉络的独到认识和深刻理解,为中国民族史研究留下了一系列重大课题,也为今后的中国民族史著述提供了足资参照的体系、体例。

三是对中国古代民族的性质、民族意识和观念、民族战争、民族同化与融合、汉化途径、民族与宗教关系等基本问题,黄烈先生进行了远较以往细腻的探讨。他提出相当一部分战争不能视为单纯的民族战争,而是兼具统一兼并战争性质；他对少数民族政权统治是单一还是复合，主导民族在社会发展和政治整合上属于何种类型，少数民族政权与汉人领袖的关系是处于怎样的状态，均展开过具有奠基意义的分类研究。他还开启了民族观和民族政策相连发展的讨论，揭示了政权与民族发展的深刻关联，提出了民族解体与融合的新概念。所有这些，都为中国民族史学科理论和概念体系的建设做出了不可取代的重要贡献。

四是对中古尤其是魏晋南北朝时期羌、氐、南匈奴、乌桓、鲜卑和卢水胡等族源流及族际关系的深入研究，考镜源流，辨章学术，澄清了一系列重要疑难问题，至今仍是国内外同行展开相关研究必须参考的重要成果，也是我们这一代学者研习魏晋南北朝史和当时各重大问题的必由阶梯。

以上四端，仅为黄烈先生毕生成果的若干侧面，却均为重大史学和理论建树，在当时就已振聋发聩，引起热烈讨论，至今也多进入了中国特色社会主义民族和民族关系的学科内涵，不少迄今愈显重要，仍是相关学术前沿的要冲。黄烈先生的这些建树，必将随时代推移历久弥新，发生久远深刻的影响，值得我们不断重温，认真学习，竭诚体悟。尤其是对于今天讨论中国古代民族的交往、交流与融合来说，对于那些越是在高涨的研究热潮中就越是容易飘浮、过头的倾向来说，黄先生研究中华民族发展史的科学立场、方法与态度，更需要我们不断重温，不断弘扬。学会全体同仁将永远铭记他老人家的德泽功业，缅怀、学习他对中国古代民族史的观点、认识，同时也在他和其他老一辈学者开辟的研究领域上继续探索，以更勤奋的工作和更多更好的学术成果纪念黄先生、告慰黄先生。

"纪念王仲荦先生诞辰 110 周年国际学术研讨会"会议综述

司家民

历史学是一门重视荣耀与传承的学科。2023年10月14至15日,由山东大学历史文化学院、中国魏晋南北朝史学会联合主办的"纪念王仲荦先生诞辰110周年国际学术研讨会"在山东济南召开,来自全国20多所高校和科研单位的专家学者,部分王仲荦先生弟子,以及山东大学人文社科研究院、历史文化学院、学校师生代表等60余人参加会议。

一、开幕式

14日上午,会议在山东大学中心校区正式开始。开幕式由山东大学历史文化学院院长方辉主持。山东大学副校长曹现强,中国魏晋南北朝史学会会长楼劲,中国唐史学会会长拜根兴,中国宋史研究会会长李华瑞,日本德岛县日中友好协会会长、日本魏晋南北朝史学会原会长葭森健介,武汉大学历史学院党委书记、中国敦煌吐鲁番学会副会长刘安志,中华书局总编辑尹涛,王仲荦先生弟子代表、中国传媒大学齐勇峰分别致辞。

曹现强指出，王仲荦先生一生潜心史学的教学和研究，为山东大学历史学科的发展做出了杰出贡献。山东大学将赓续传统，以守正创新的正气和锐气，促进中国史的深化研究，有力阐释中华文明特质和形态，推动中华文化更好地走向世界，为中国式现代化建设和发展人类文明新形态贡献更多中国史学、中华文明的智慧和力量。

楼劲总结了王仲荦先生在学术研究、人才培养等方面做出的卓越贡献，呼吁继承老一辈历史学家的传统，将中古史研究推向更高水平。拜根兴介绍了王仲荦先生对中国唐史学会创建和发展做出的重要贡献。李华瑞追忆了王仲荦先生的感人事迹。葭森健介讲述了王仲荦先生在日本京都大学演讲的经过，希望中日学者保持交流，为历史学发展做出更大贡献。刘安志重温了王仲荦先生与武汉大学唐长孺先生的深厚友谊。尹涛回顾了王仲荦先生与中华书局的深厚交往。齐勇峰回忆了王仲荦先生对学生的教诲，表达了对恩师的深切缅怀之情。

会议开幕式上，举行了《王仲荦著作集》（精装本）新书发布仪式。山东大学人文社科研究院院长郑敬斌，山东大学历史文化学院党委书记刘军，中华书局学术著作出版中心主任罗华彤，王仲荦先生弟子、山东鲁信置业有限公司董事长傅克辉为新书发布揭幕。

二、主题发言

会议主题发言分为两个阶段，分别由楼劲教授和浙江大学历史学院常务副院长、中国魏晋南北朝史学会副会长孙英刚教授主持。

第一阶段，中华书局原执行董事、山东大学特聘教授徐俊首先以《王仲荦先生与"南朝五史"点校》为题，述说了王仲荦先生参与"南朝五史"的点校历程，以及王仲荦先生等学者集中借调北京，共同点校二十四史的情况。

故宫博物院研究员、故宫研究院古文献研究所名誉所长王素报告了《魏晋封建论与〈魏晋南北朝隋初唐史〉》，他结合自己的研究，指出了王仲荦先生《魏晋南北朝隋初唐史》上册蕴含的"魏晋封建论"内涵，还回忆了与王仲荦先生三次见面的经历。

中国魏晋南北朝史学会副会长、华东师范大学章义和教授宣读了他与华东师范大学博士研究生徐灏飞合著的《读〈金泥玉屑丛考〉——谈王仲荦先生对汉代物价史研究的贡献》一文，他们指出，王仲荦先生所撰《金泥玉屑丛考》"有益于我们更好把握汉代货币经济的基本特征，汉代物价体系影响下所塑造的社会结构，以及汉代货币经济与汉代币制改革间的关系"。

第二阶段，中山大学景蜀慧教授报告了《〈陈书〉修订所用早期版本的校勘价值》。景蜀慧教授介绍了八种宋刊本《陈书》的基本情况，并说明了这些早期版本在修订《陈书》过程中发挥的校勘价值。

山东大学刘玉峰教授发言的题目为《唐代国家制度与社会结构研究的梳理及思考》。刘玉峰教授系统梳理了中外学者对唐代国家制度与社会结构的研究成果，同时指出，在唐代社会结构、社会形态、社会性质的研究中，存在着研究不够深入以及概念化、抽象化的缺陷。

山东大学人文社科研究院副院长、历史文化学院韩吉绍教授报告题目为《〈太清金液神丹经〉卷下与早期南海历史地理》。韩吉绍教授指出，东晋葛洪的《太清金液神丹经》卷下"是现存最早的关于南海及海上丝绸之路交通的专门著作"，"保存了很多早期海丝路国家间交通路线、里程、航船技术以及商业活动资料，集中反映了魏晋时期、佛教海外地理出现以前中国对南海、海上丝路以及世界历史地理的认知"。

三、专题报告

14日下午，会议进行分组专题研讨。此次会议设置了两个会场，与会学者围绕王仲荦先生的学术贡献、魏晋南北朝史研究前沿问题、隋唐史研究前沿问题等展开了热烈讨论。

第一场第一组由山东大学谭世宝教授主持。葭森健介教授首先进行了题为《东亚的"礼治"与"法治"》的发言，他参考王仲荦先生《北周六典》对官制的认识，考察了中国和日本的"礼治"与"法治"的关系问题，并在此基础上对比了东亚法治与西方"法"的差异，他强调，"东亚有东亚法治的历史，西方有西方法治的历史。在我看来，仅从西方法律的角度来观察东亚法治，极有可能做出错误的判断"。拜根兴教授报告的题目为《王仲荦先生与中国唐史学会》，他细心考证，从王仲荦先生"参与筹备并出席学会成立大会""出席并主持唐史研究会第一、二届年会""推荐人才、参与学会学术活动"三个方面的事例，展现了王仲荦先生在促进中国唐史学术组织的建立，以及推动中日学术文化交流方面的重要贡献。首都师范大学张金龙教授和山东省社会科学院张锐助理研究员报告的题目是《王仲荦先生〈北周六典〉的史学贡献》，他们关注王仲荦先生的代表作《北周六典》，阐述了该书三个方面的学术价值，即"基本还原了北周王朝的制度框架；对西魏北周历史上的若干重要问题进行了深入研究；实现了传统史学与现代史学的结合，开创了新型志书体例"。齐勇峰教授在会议上讲解了《新时代孝道文化的传承和创新发展》，他从历史与现实角度出发，指出了研究孝道文化的重要价值，并提倡传承中国精神，发扬孝道文化。

第一场第二组由山东大学历史文化学院副院长代国玺教授主持。谭世宝教授报告了他与山东大学历史文化学院谭学超讲师合著的《姑臧、卧龙、鸾鸟、休屠等城的名实源流新论》，他们梳理了汉代西北的姑臧、卧龙、鸾鸟、休屠等城名的历史与文献源流，排除了匈奴人建筑休屠以外的姑臧等一系列城镇的可能性。中国人民大学黄朴民教授报告题目为《隋唐五代的兵家与兵学简说》，他从隋唐五代兵家的理论建树及兵家思想的时代特征两个方面展现了隋唐五代的兵学在中国兵学发展史上的独特面貌。山东大学哲学与社会发展学院胡孝忠副教授报告的题目是《王仲荦先生轶事考》。胡孝忠副教授利用民国书刊档案，考证出"王牛"这一王仲荦先生的别名，他还发现了王先生为章太炎先生写的祭文。另外，他对王先生在上海就学、工作、交游的诸多细节，以及王先生在青岛国立山东大学任教期间与其他教授一起联名宣言反对美国扶植日本等事迹进行了考察。青岛大学杨恩玉教授报告了《郑佩欣先生的治学精神与治史方法》。郑佩欣先生（1993—2010）生前是山东大学历史文化学院教授，中国魏晋南北朝史学会第一届秘书长、第二届副会长。杨恩玉教授指出，郑先生性格豁达洒脱、淡泊名利，且具有殚精竭虑、精益求精的治学精神。他阐发了郑先生"从经济史入手、以经济史为根基的治史路径""娴熟贯彻发展和辩证方法""卓越的通达史识、宽广的学术视野"等优良学术品质。滨州学院马晓菲讲师代表谭世宝教授、谭学超讲师以及山东交通学院王晓冉讲师，报告了他们合著的《〈汉书·西域传〉与历代史地论著及地图之缺陷论稿——以燉煌、玉门关、玉门阳关等名及通西域之路考辨为中心》一文，他们认为，汉武帝"列四郡，据两关"实际只是"列一郡，据一关"；《汉书》所记西汉的"玉门阳关""玉门关""阳关"，实为同关异名；敦煌以西的玉门关及西南的阳关，并非西汉通西域之路北道与南道的起点。根据这些新观点，他们勘正了宋代以来历史地图的有关错误。

第二场第一组由中国魏晋南北朝史学会副会长、南开大学张荣强教授主持。楼劲教授首先报告了《〈魏书·序纪〉中的南迁传说及相关问题》。楼劲教授指出，以《魏书·序纪》为代表，"南迁"为鲜卑各部的共同传说，且可与乌桓、柔然等传说其先原出漠北相印证，"这是其同属东胡族系的体现"。此外，南迁传说是相关族部对其自身传统和历史自觉梳理的产物，具有多重时空内涵。敦煌研究院马德研究员报告的题目为《北朝的石窟与"石窟寺"献疑》，其发言内容指出，"石窟寺"并不是所有石窟的代称，"而是像其他佛教寺院一样的某寺院的名称"，因此，并不能将所有的石窟都称"石窟寺"。南京师范大学薛海波教授发言题目为《北魏孝文帝构建门阀制新论》。薛海波教授认为，北魏宗室鲜卑勋贵执政力退化是促使孝文帝构建门阀制的核心因素，且门阀体制使鲜卑勋贵在北魏权力结构中的主导地位更为巩固，而北魏后期军阶泛滥是门阀体制难以维系的重要原因。吉林大学王连龙教授报告了《北朝时期高句丽移民的考古学观察》一文。王连龙教授从考古学角度讲解了北朝高句丽移民的动向。魏晋十六国时期，辽西至邺城一带的数十万高句丽移民聚族而居，形成移民族群。至前秦灭前燕后，部分高句丽移民徙至关中。再至北魏征伐北燕过程中，部分高句丽移民迁徙至平城地区。山东大学历史文化学院谢振华讲师报告题目为《移动的神山与异域之名：北魏度斤镇新考》。谢振华讲师介绍了北魏度斤镇的地理方位、始置年代、得名由来、在北镇防线中的地位，他指出，"度斤旧镇"于隋初更名为"通汉镇"，"意味着该地名中的域外色彩正式消亡，折射出北境诸族自魏末以来逐步融合于华夏的历史进程"。

第二场第二组由山东大学《文史哲》杂志编辑部副主任孙齐副研究员主持。中国魏晋南北朝史学会副会长、北京师范大学严耀中教授做了题为《玄谈与孟子》的发言。东汉儒学严重僵化，玄学在魏晋六朝期间应变而起。严耀中教授认为，孟学义理合乎时宜，在玄谈中就显露出了孟子学说的要义，并且玄谈中的性善说与道家思想能够达成一定之会通，亦有利于孟子学说进一步扩散。四川大学张勇教授报告了《四川大学图书馆藏〈大般若波罗蜜多经卷第廿二〉考》，他细致介绍了川大藏《大般若波罗蜜多经》写本的传播轨迹，并对其抄写年代等问题进行了考证。张荣强教授报告的题目是《从"土断"到"地著"——中国古代户籍制度的发展及其由前期向后期的转变》。张荣强教授认为，东晋时期，江南统治者专门建立侨州郡管理渡江流民，这实际上就是在南方恢复了侨民的本籍。随着土断的不断深入，侨民成为江南的土著民。寄籍的法律地位在唐代正式确认，这是随着土地制度、赋税制度转变才得以实现的。孙英刚教授发言题目是《"飞行皇帝"与"皇帝菩萨"：轮转王术语在中古书写中的出现》。中古时期，佛教传入对当时的政治思想与政治实践产生了深刻影响。孙英刚教授指出，政治修辞和"文学"写作中的

"飞行皇帝""皇帝菩萨"等名号,便代表了与佛教理想世俗君主转轮王有关的理念。他强调,"打破'历史''文学''宗教'研究的壁垒,可能仍是我们需要倾注精力的方向"。山东大学历史文化学院熊昕童讲师发言题目为《论北魏后期的"内典书"与周齐文馆的兴起》,据其介绍,北朝文馆虽是对南朝的模仿,但也有自身的背景。一方面,北朝宫外的秘书省与宫内的"内典书""内校书"形成了内外分立的藏书校书格局。另一方面,东、西魏对立期间,君主开客馆以延揽人才,招致不少南来士人。最终,在宫城之内孕育出新的书籍管理机构,唐代弘文馆、集贤院即其延续。

15日上午,最后两组场专题报告同时进行。

第三场由山东大学历史文化学院武绍卫副教授主持。李华瑞教授首先报告了《论吐蕃王国对唐中后期西夏故地的影响》一文。唐肃宗以后吐蕃占领河西地区,导致西夏故地一度出现蕃化现象。李华瑞教授指出,唐朝的制度与文化对河西地区的影响仍不可小觑。他强调,灵、盐地区常处在汉文明的笼罩之下,是为西夏重建华夏文明最重要的基础。刘安志教授发言题目为《从阁下到阁下:语词变迁背后的知识考古》。在各种历史文献中,"阁下"这一对人的尊称用词,与"阁下"时常混用。刘安志教授介绍了汉唐至清代的二词混用现象,并指出,从"阁下"到"阁下"的演变"反映了一般性知识形成与发展的某些特点",探讨此类问题,可以为古籍整理提供参考与帮助。陕西师范大学黄寿成教授报告了《武周政权时期的武氏家族》,梳理了武氏家族居于宰相、尚书省位置的成员数量与任职时间,以及武氏家族对军队的掌控情况。他认为,武氏家族成员对于该政权的控制力有限,说明武则天对于武氏家族成员并非绝对信任。武汉大学吕博教授报告题目是《读〈高陵令刘君遗爱碑〉论关中郑白二渠水利往事》。刘禹锡的《高陵令刘君遗爱碑》记载了高陵县令刘仁师不屈不挠的治水事迹,吕博教授认为,高陵县的境遇是关中地区水利问题的缩影。有唐一代,郑白二渠流域因官僚贵族侵占田地、抽取水流,灌溉规模锐减,这导致作为"关中基本经济区"基础的"水利田"

不复存在。北京师范大学徐畅副教授报告题目为《关于唐代文学人物创作分期的论争与学理反思——以白居易为例》。历史分期、文学史分期与人物分期是对历史规律性把握的重要方法，徐畅副教授以白居易思想创作的分期法为切入点，反思了现有分期方案的不足。在此基础上，她指出，应当对白居易官宦生涯中的君臣关系进行细致观察，并强调以帝位为"自然段"理解文人官僚白居易的生平、仕途、思想、创作。兰州大学吴炯炯教授发言题目是《唐高宗、武后朝宰相王德真家族世系辑考》。王德真出自京兆王氏，曾在唐高宗、武后朝两度入相，但王德真家族具体世系已湮灭无闻。吴炯炯教授根据《新唐书宰相世系表》《古今姓氏书辩证》等传世文献，以及王德真家族成员墓志资料，对王德真家族世系进行了疏理，重列京兆王氏王德真一族之世系。

第三场由中国魏晋南北朝史学会副会长、中国社科院古代史研究所戴卫红研究员主持。戴卫红研究员同时是本场第一位发言人，报告题目为《三国吴简所见"部曲"及"部曲田曹"》，她介绍了三国吴简中部曲的成分、部曲的活动以及对部曲的管理，她认为，吴简中部曲的成分比较复杂，其活动涉及缴纳租米、租赁房屋、商业买卖以及平叛武陵蛮的军事战争。部曲不仅受所属将相功臣的管束，也受孙吴地方县官管理。北京师范大学凌文超教授报告了《孙吴临湘侯国军吏身份的双重性》一文。嘉禾吏民田家莂等竹简中见有"军吏"，关于军吏的身份，一直众说纷纭。凌文超教授认为，"军吏"与"士"的身份不同，其本质身份并非为"兵"，而是"吏"，与州郡县吏身份具有一致性。依据事实而言，军吏身份兼具"吏"与"兵"两重属性。上海师范大学姚潇鸫教授发言题目是《释"给亲信"》。魏晋尤其是南朝时期，史籍中出现了"给亲信"若干人的记载，尤以萧梁时期最多。姚潇鸫教授指出，"给亲信"与北魏末期出现的亲信兵制度截然不同，其目的在于增加官员俸禄，往往与官员任职调整有关，而非给予"护卫之吏"。陕西师范大学权家玉副教授报告题目为《荀彧之死：魏臣向汉与汉魏禅代的再认识》。荀彧在汉魏间的政治态度,长期备受关注。权家玉副教授指出,荀彧之死公案本身或无关于当事人的政治态度,其背后是西晋政权对曹魏如何定位的问题。他强调,今日所见汉魏之交的历史,部分是西晋人希望呈现的历史。对荀彧晚年变化的记载,恰是汉魏之交历史记录变形的风向标。故宫博物院馆员崔启龙博士后报告题目是《略论走马楼吴简中的"四柱结算法"》。"四柱结算法"是中国古代一种较为先进的会计结算方法。崔启龙博士后认为,早在三国时期,官厅会计技术就已颇为成熟。他指出,走马楼吴简所见孙吴临湘侯国籍帐文书的"月旦簿"(仓库月度会计报告)已普遍使用"四柱结算法",在县曹汇总结算时甚至用"五柱结算法",但户籍文书仍循"三柱"之旧,其中的不同反映了当时特殊的行政需要。

四、闭幕式

15日上午,在所有专题讨论结束后,闭幕式召开。闭幕式由韩吉绍教授主持。谭世宝教授、谢振华讲师、孙齐副研究员、武绍卫副教授、戴卫红研究员依次进行了小组总结。

最后,章义和教授进行会议总结发言。章义和教授指出,王仲荦先生具有融旧学与新知,兼考史与著史,文史兼通、道济天下的治学风格,使其成为历史学科的代表性人物。这次会议召开,充分体现了王仲荦先生巨大的学术影响力和人格感召力。通过本次会议,还可以看到中古史学界研究领域的拓展和研究方法的革新,以及一大批青年学者正在迅速地成长。末尾,他用"克绍箕裘、踵事增华、拓垦新域、再铸辉煌"16个字作为总结,为本次会议画上了圆满的句号。

附:王仲荦(1913年10月12日—1986年6月4日),浙江余姚人,1930—1936年师事章太炎先生,1938年始执教于上海太炎文学院、重庆中央大学。1947年起任职于山东大学，曾任历史系主任、校学术委员会副主任委员、《文史哲》编委会副主任等，是山东大学"文史见长"学术特色的主要缔造者之一和历史学科的代表性学者。王仲荦一生潜心于史学的教学和研究，撰有《魏晋南北朝史》《隋唐五代史》《北周六典》《北周地理志》等总计500多万字的历史著作，为中华人民共和国马克思主义史学的发展做出了杰出贡献。

"纪念万绳楠先生百年诞辰研讨会"述要

周 莹

万绳楠,1923年11月生于江西南昌,1996年9月去世。曾师从著名史学家陈寅恪先生治魏晋南北朝史和隋唐史,并涉猎宋史、长江流域开发史等研究领域。万先生的遗著至今仍被广大学者引用和参考,对中国历史学科的发展产生了广泛而深远的影响。万先生以其严谨的治学态度和深厚的学术功底,为后人树立了典范性的榜样。2023年12月28日,安徽师范大学历史学院、中国区域文化研究院为纪念万绳楠先生100周年诞辰,特邀请40余位国内专家学者莅临芜湖,召开研讨会。会上,中国社科院古代史研究所所长卜宪群研究员、清华大学张国刚教授等专家学者追忆了万先生的治学历程与人格魅力,分享了与万先生交往的点滴故事,表达了对万先生学术贡献的崇高敬意。

一、研治有道,育才有方

中华人民共和国成立后,万绳楠先生先后任教于安徽大学(安徽师范大学前身)、合肥师范学院、安徽师范大学,为安徽师范大学历史系创办者之一。在万先生数十年的研治生涯中,培养了数量众多的人才,为中国历史学科的人才队伍建设做出了卓越贡献。

卜宪群研究员于1980年进入安徽师范大学历史系学习,1984年本科毕业后留校,跟随万先生攻读硕士学位。卜宪群从万先生的生平事迹出发,认为万先生是一名信奉马克思主义的、坚定不移跟党走的史学家。1949年,万先生从清华大学历史研究所毕业后,投笔从戎,辗转各地积极从事革命工作。"文化大革命"时期,万先生受到冲击。彻底平反后,万先生对党的信念、对教育工作的热爱没有丝毫动摇,坚决完成党交给的各项科研和教学任务。1984年,万先生实现了加入中国共产党的夙愿,孜孜不倦地继续为党培养人才,发展马克思主义史学。当然,万先生是一名优秀的马克思主义史学家,不仅仅表现在其人生经历上,更重要的是其善于运用唯物史观观察和分析历史。对于后者,卜宪群总结了四个主要方面:一是坚持人民推动历史前进的群众史观,二是坚持阶级分析方法,三是坚持辩证唯物主义的联系观,四是坚持唯物史观的社会形态学说。由此,卜宪群认为,万先生"虽然就学于解放前的大学,但新中国成立前即投身革命,新中国成立后努力学习马克思主义、坚持马克思主义、运用马克思主义,完全可以说他治学信奉马克思主义,是一位新中国培养起来的马克思主义史学家"。万先生无论是在科研上还是在教学中,遵循的首要原则就是坚持马克思主义思想的指导,运用唯物史观研究历史。这是万先生得以研治有道、育才有方的核心所在。

张国刚教授于1976年11月至1979年7月在安徽师范大学历史系学习,其间万先生曾讲授大三的课程秦汉魏晋南北朝史。在大学期间,张教授与万先生往来密切,常去万先生家中交谈学习。张教授深情回忆了大学时期与万先生的交往故事。因万先生是江西人,讲授秦汉魏晋南北朝史时多带有浓重的江西口音,尤其是其所说的"汝颍多奇士"一句,给张国刚留下的印象最为深刻。1979年,张国刚本科毕业,顺利考取了南开大学历史系中国古代史专业硕士研究生,是"文化大革命"后安徽师范大学历史系第一个以在校生身份考上硕士研究生的人。万先生对此非常高兴,多有嘱托,加以勉励。同时,他写就一封亲笔信,将张国刚介绍给在保定河北大学工作、常住天津的漆侠先生。1989—1998年,张国刚远赴德国深造,并在德国特里尔大学汉学系执教。其间,因重洋阻隔,张国刚未曾获得万先生辞世之消息。对此,张国刚极感遗憾,泫然自悲。万先生关心和爱护晚辈之心,拳拳可见。

华中师范大学邢来顺教授与张国刚教授一样,在本科学习期间深受万先生的影响,特别是通过万先生对乌林之战的深入讲解和史料实证,使其领略了史学研究的魅力,从而走上了史学研究之路。"万先生在我本科期间讲古代史的时候,讲到三国史的时候,给人留下了极深的印象。因为我们平常都是讲赤壁之战,但是他强调是乌林之战,他在讲乌林之战的时候,不是一般的泛泛而谈,而是讲为什么是乌林之战,并列出了许多的史料来加以确证,让我们这样一些初步涉足历史学科的学子,领略了史学的实证精神和魅力,引领着我们走上史学研究之路。"万先生所展现的强烈的实证精神和严谨的教学态度,为渴望知识的莘莘学子在史学研究道路点亮了一盏明灯。

除了以上学者,暨南大学刘正刚教授、安徽省社科院方英研究员、安徽师范大学汪福宝教授、安徽师范大学庄华峰教授等学者也从各个侧面回忆了他们印象中的万先生,表达了对万先生的敬仰与感激之情。

二、治学广博,成就斐然

万绳楠先生治学广博,涉及中国古代史多个研究领域,尤以魏晋南北朝史研究见长。

卜宪群研究员认为万先生在当时对许多魏晋南北朝史的政治、经济和思想文化问题的思考,明显具有学术前沿的性质。譬如,在《从陈、齐、周三方关系的演变看隋的统一》一文中,万先生对为什么由继承北周的隋朝来统一,而不由北齐或者陈朝来统一做了细密周到的分析,指出"可知统一之所以由北不由南,而北又不由北齐而由北周及其继承者隋朝,是因为本来要与北齐结好的南朝,却偏偏走上了联周反齐之路"。这一观点较以往只重视隋文帝在统一中的作用的认识更加全面。在宋史领域,卜研究员认为万先生的贡献主要体现在《文天祥传》,以及《关于南宋初年的抗金斗争》《关于王安石变法的几点商榷》《宋江打方腊是难以否定的》《诗史奇观——文天祥〈集杜诗〉》等系列文章上。除了以上论著,万先生从20世纪60年代开始就十分关注魏晋南北朝区域经济史研究。从60年代到90年代,他撰写了《六朝时代江南的开发问题》《南朝时代江南的田庄制度》《南朝田庄制度的变革》《江东侨郡县的建立与经济的开发》等一系列论文,对长江中下游区域经济史进行了深入研究。在此基础上,1997年,万先生等著的《中国长江流域开发史》一书出版。卜宪群认为,"通过该书,我们不仅可以认识到长江流域文明发展史在中华文明发展史上的重要地位,把握长江流域经济开发的历史经验教训,也能为今天长江流域的开发提供历史借鉴"。万先生能在史学领域全面开花,尤其是在魏晋南北朝史研究中取得巨大成就,卜宪群认为主要是万先生具有"厚实的史学功底、敏锐的洞察力、勤奋的治学精神、长期的不懈探索"。

张国刚教授从百年来的学术谱系出发,详细阐述了万先生的学术贡献。在这里,主要涉及两个问题,即魏晋南北朝史研究的"四小旦"与"四大旦"关系如何?万先生的学术贡献究竟应该如何评价,究竟处在什么样的学术谱系中呢?对于第一个问题,张国刚认为,"'四大旦'与'四小旦'之间有十分明显的一同一异。同的是,他们都是新学术的热烈拥护者,从事的也不再全是辑校笺注、钩沉索隐之类学问,也不大用文言写作。不同的是,'四小旦'运用唯物史观研究历史已经驾轻就熟,且成果斐然。他们都是马克思主义史学的实践者,而不像'四老'那样更偏重是倡导者的角色,也不像'四大旦'(国学派)那样是努力的角色。他们('四小旦')高举前辈老师揭起的学术大纛,勤劳耕耘,史论并茂"。从以上关系出发,不难寻见万先生对于中国学术发展所做的贡献。有着革命经历的万先生作为"四小旦"之一,能够熟练地运用历史唯物主义和辩证唯物主义研究中国历史。由此,他有力推动了"国学派"与"马哲派"（郭沫若、范文澜、翦伯赞、吕振羽等）合流，促进了中国学术从传统走向现代。

上海师范大学姚潇鸫教授主要谈了万先生在佛教史研究中的成就。万先生提出东晋以后佛道二教逐渐发展，但是对封建社会起到支配作用的还是儒家思想，认为统治者借助佛教来支持名教思想，揭示了佛教在中国能够站住脚跟并得到迅速发展的根本原因。万先生在研究当中大量使用了碑刻资料，比较注意到佛教石窟资料使用，在魏晋南北朝时期佛教的发展历程、佛教中国化以及佛道关系等问题上有独到看法。

三、遗产丰富，福泽后世

万绳楠先生一生著作等身，涵盖了中国历史、哲学、宗教等多个领域。万先生的学术遗产如同一座宝库，内容丰富，意蕴深远。

中国魏晋南北朝史学会会长、中国社科院古代史研究所楼劲研究员指出，新时代历史学科的建设发展的关键之一，是要处理好继承与发展的关系问题，而其核心就是要更好地总结前辈学者的研究得失，继承他们在理论、方法和观点上求真、明理的创拓之美，并以此推进各研究领域和诸重大问题的探索创新，达成学术的高质量发展。继承和利用好万先生的学术遗产，将有助于新时代历史学科的建设。

万先生的学术遗产众多，卜宪群研究员重点讲述了万先生的治学思想遗产。万先生的论著对历史研究的发展产生了十分广泛的影响，其取得的这些学术成就与他的治学思想是不可分割的。卜宪群在前人研究的基础上，总结出万先生三点治学思想。第一，吸收三种史学的精华。观察万先生治学方法，明显可以看到三种史学思想对他的影响，首先是受我国传统史学求真致用思想的影响，其次是受近代实证史学思想的影响，再次是全面接受马克思主义唯物史观。至于这三种史学思想对万先生影响程度如何，卜宪群认为"传统史学和近代实证史学对万先生的史学思想影响虽然很大,但也只限于方法论层面,决定先生史学研究的根本指导思想还是唯物史观"。第二,秉持创新思考的精神。万先生治学的基本方法在于有专攻、通古今、跨学科、求关联、文史结合、相互发明与全面占有材料。如此,万先生的论著从标题到文风都有自己的特点,从标题上看,每级标题的问题意识都极强,从具体问题入手,抽丝剥茧,层层深入;从文风看,语言洗练干净,抓住问题直奔主题,不绕弯子。由此,卜宪群总结,"这种治学精神,使先生的论著以解决历史问题作为基本出发点,以深厚的史学素养和理论素养洞察历史变化,在众多领域取得了很多创新性认识"。

此外,卜宪群还认为万先生的治学思想充满时代进步气息。万先生是一位经历了民国时期、中华人民共和国建立直至改革开放后的史学家,长期活跃在中华人民共和国的史坛和教坛上。在近50年的革命、教学和研究生涯里,他坚持马克思主义立场,立足现实,以辩证唯物主义和历史唯物主义的观点观察分析历史。这主要表现在三个方面:首先,对封建君主专制制度的深刻批判;其次,对儒家专制思想的尖锐批判;再次,始终站在人民的立场。魏晋南北朝史研究较30年前无论在史料的扩展、理论方法的更新、研究视角的转化等方面都发生了很大变化,但以唯物史观作为历史研究的指导思想没有变,实事求是的史学方法没有变,史学为人民服务的经世致用精神没有变。最后,卜宪群总结,《全集》是先生给我们留下的丰富史学遗产,它一定会、也能够会为新时代中国史学'三大体系'的构建发挥重要作用"。

张国刚教授立足当下,从今天所遇百年未有之变局出发,探讨如何建立新的学术体系。百年来的中国学术经历了两种学术体系的转变:一种是传统的经史子集的学术体系,以桐城派的考证、义理、辞章为评价标准;一种是以马克思主义改造旧学问。如今,我们正处于以中国式现代化全面推进民族复兴伟业的历史征程中,需要建立一种具有中国气派、中国特色的学术体系。张国刚认为,这种新体系的建设离不开对陈寅恪、万绳楠等老一辈史学家为了中国学术事业而奋斗的精神的继承，离不开马克思主义与中华民族优秀传统文化的结合。如此，新一代的学者在建构中国学术体系时方能迈开新步伐，返本而开新，从中国历史实践中生发出、总结出、抽象出新的概念系统、理论范式、话语体系。

万先生是一位信奉马克思主义的史学家，善于运用唯物史观观察和分析历史，为国家写史、为人民立传。其厚实的史学功底、敏锐的洞察力、勤奋的治学精神，在中国历史研究的多个领域成就斐然。万先生的论著对历史研究产生了广泛影响，将在新时代中国史学体系的构建中发挥重要作用。

作者研究或学习所属单位

蔡田雨　华东师范大学历史学系博士生
堵嘉锋　华东师范大学历史学系硕士生
章泽玮　中国社会科学院大学历史学院博士生
胡秋银　安徽大学历史学院副教授
樊泳泽　复旦大学历史学院博士生
谭秋含　中山大学历史学院博士生
许志强　南京市考古研究院副研究员
陈　阳　武汉大学历史学院博士生
张荣强　南开大学历史学院教授
武　鑫　西北师范大学历史文化学院博士生
贾小军　河西学院历史文化与旅游学院教授
刘　卓　厦门大学历史与文化遗产学院博士生
孙英刚　浙江大学历史学院教授
雷姝婧　陕西师范大学中国西部边疆研究院硕士
唐燮军　湖州师范学院人文学院教授
胡怡波　复旦大学历史学系硕士
徐慧慧　宁波大学人文与传媒学院硕士生
楼　劲　中国社会科学院古代史研究所研究员、山东大学讲席教授
司家民　山东大学历史学院博士生
周　莹　安徽师范大学历史学院讲师